高职高专"十二五"规划教材

现代教育技术

刘珍芳　张小红　　主　编
宁小红　陈丽敏　贺　亮　副主编

化学工业出版社
·北京·

本书共分四个学习模块。学习模块一：主要学习教育技术理论基础，包括教育技术概述、教育技术的理论基础。学习模块二：主要学习资源的设计与开发，包括教学资源的获取与利用、多媒体课件的设计与开发、PowerPoint多媒体课件的制作、Flash动画的制作。学习模块三：主要学习信息化环境与教学应用，包括信息化教学环境的应用、信息化教学设计与评价、微课程。学习模块四：是技能实训指导，包括了图像的制作与处理、声音的录制与剪辑、视频的拍摄与制作、个人博客制作、教学课件制作、交互式电子白板使用、信息化教学方案设计七个实训的指导书。

本书有配套的课程学习网站，便于师生开展网络教学。该书既可作为高职高专或普通本专科师范类专业学生教材，也可作为中小学教师（幼儿教师）教育技术能力的培训教材。

图书在版编目（CIP）数据

现代教育技术 / 刘珍芳，张小红主编. —北京：化学工业出版社，2013.8（2022.1重印）
高职高专"十二五"规划教材
ISBN 978-7-122-17967-8

Ⅰ. ①现… Ⅱ. ①刘… ②张 Ⅲ. ①教育技术学-教材 Ⅳ. ①G40-057

中国版本图书馆 CIP 数据核字（2013）第 160615 号

责任编辑：蔡洪伟　　　　　　　　　　　　装帧设计：王晓宇
责任校对：边　涛

出版发行：化学工业出版社（北京市东城区青年湖南街 13 号　邮政编码 100011）
印　　刷：北京印刷集团有限责任公司
787mm×1092mm　1/16　印张 16¾　字数 478 千字　2022 年 1 月北京第 1 版第 8 次印刷

购书咨询：010-64518888　　　　　　　售后服务：010-64518899
网　　址：http://www.cip.com.cn
凡购买本书，如有缺损质量问题，本社销售中心负责调换。

定　　价：42.00 元　　　　　　　　　　　　　　　　　　　　　　版权所有　违者必究

前 言

现代教育技术作为一门新兴的应用学科，它的发展推动了教育信息化和教育现代化进程，并成为教育改革的制高点和突破口。现代教育技术是教师教育专业发展必备的职业技能之一，日益成为现代教师素质和能力结构中的重要组成部分。本教材以"中小学教师教育技术能力标准"为依据，系统培养师范生信息化素养和教育技术能力，运用现代教育技术的相关理论指导教与学的实践，优化教与学过程，促进教育教学改革。

本教材主要内容包括"教育技术理论基础"、"资源的设计与开发"、"信息化环境与教学应用"和"技能实训指导"四大学习模块。内容新颖，深入浅出，内容安排也兼顾理论层面的知识学习与操作层面的技能掌握。这种知识组织方式符合从整体到部分，从一般到具体的思维方式，有利于学生逐步深入地理解和掌握知识、形成技能。

本书有以下几大特点。

（1）以教育部颁布的《中小学教师教育技术能力标准（试行）》作为《现代教育技术》编写的参考和依据，以人为本，以有用、实用作为教材编写的内容选取原则，以好学、爱学作为教材编写所追求的目标。

（2）突破以往教材编写的套路，采用"任务驱动、项目导向"的编写思路。每章后面都设计了几个实训项目；在实例教学中，精心设计任务，由任务驱动来完成一个完整的项目；最后的"实训指导"让学习者在任务的引导下掌握技能，培养他们的现代教育技术能力。

（3）面向中小学教育、学前教育、中职教师教育，突出知识的系统性与连贯性，由浅入深，紧密结合实例，强调基础性，突出可操作性，训练学生的基本操作技能，重视培养学生的现代教育技术应用能力。

全书由刘珍芳拟定编写提纲并作最后统稿。具体编写分工如下：学习模块一由张小红编写；学习模块二由刘珍芳、宁小红、陈丽敏编写；学习模块三由刘珍芳、贺亮、张小红编写；学习模块四由刘珍芳、陈丽敏编写。此外黄大亮、吴春瑛参加了本书部分内容的资料整理和编写工作。

本书参考并引用了大量的专家学者的著作和网上资源，在此致以诚挚的谢意。

由于本书编写者水平有限，加之时间仓促，疏漏在所难免，敬请读者谅解并不吝赐教。化学工业出版社对本书的出版提供了极大的帮助，全体编写人员在此表示衷心感谢！

编　者
2013 年 5 月

目 录

学习模块一 教育技术理论基础

第一章 教育技术概述 2
第一节 教育技术的概念与研究内容 2
一、教育技术的概念 2
二、教育技术的研究内容 6
第二节 教育技术的起源与发展 7
一、国外教育技术的起源与发展 7
二、我国教育技术的起源与发展 10
三、教育技术的发展趋势 11
第三节 现代教育技术与教育改革 13
一、现代教育技术与教育信息化 13
二、现代教育技术对教学改革的影响 15
第四节 教育技术与教师专业发展 15
一、教师专业知识发展 16
二、教师教育技术能力标准 16
三、信息技术与课程整合 19
思考与实训 22

第二章 教育技术的理论基础 23
第一节 学习理论 23
一、行为主义学习理论 23
二、认知主义学习理论 25
三、客观主义学习理论 28
四、建构主义学习理论 29
第二节 教学理论 29
一、赞可夫的发展教学理论 29
二、布鲁纳的"结构-发现"教学理论 30
三、巴班斯基的最优化教学理论 31
四、范例教学理论 31
五、人本主义课程与教学观 32
六、建构主义学习理论指导下的教学 32
第三节 视听教育理论 34
一、视听教育理论的内容 34
二、视听教育理论的心理依据 36
第四节 教育传播和系统科学理论 37
一、教育传播理论 37
二、系统科学理论 40
思考与实训 42

学习模块二 资源的设计与开发

第三章 教学资源的获取与利用 44
第一节 多媒体素材概述 44
一、多媒体和多媒体技术 44
二、多媒体技术的特性 45
三、多媒体素材的类型 45
四、选择多媒体素材的原则 46
第二节 多媒体素材的采集与处理 47
一、文本素材的获取与处理 47
二、图像素材的获取与处理 48
三、音频素材的采集与处理 55
四、视频（动画）素材的采集与处理 61
第三节 网络教育资源的利用 66
一、网络教育资源的类型与特点 66
二、网络教育资源的检索与技巧 69
三、网络教育资源的交流与下载 72
思考与实训 75

第四章 多媒体课件的设计与开发 76
第一节 多媒体课件概述 76
一、多媒体课件的内涵 76
二、多媒体课件的类型 76
第二节 多媒体课件的结构 77
一、顺序型 77
二、交互型 77
第三节 多媒体课件的设计原则与应用 78
一、多媒体课件的设计原则 78
二、多媒体课件在教育教学中的优势 79

第四节　多媒体课件的开发流程 ……………… 80
　　第五节　多媒体课件的制作工具 ……………… 82
　　思考与实训 …………………………………… 83
第五章　PowerPoint多媒体课件的制作 …… 84
　　第一节　PowerPoint 2010 概述 ……………… 84
　　　一、PowerPoint 2010 简介 ………………… 84
　　　二、PowerPoint 2010 的启动、退出和
　　　　　保存 …………………………………… 85
　　第二节　PowerPoint 2010 基本操作 ………… 87
　　　一、添加文字并排版 ……………………… 87
　　　二、添加公式符号和编号 ………………… 87
　　　三、添加形状、图表、表格和 SmartArt
　　　　　图形 …………………………………… 87
　　　四、添加图片及对图片进行简单的操作 … 88
　　　五、添加声音 ……………………………… 91
　　　六、添加动画和视频 ……………………… 91
　　第三节　美化课件 ……………………………… 93
　　　一、设计幻灯片的版式 …………………… 93
　　　二、调整幻灯片的外观 …………………… 93
　　　三、添加幻灯片切换效果 ………………… 94
　　　四、添加动画效果 ………………………… 95
　　　五、添加交互导航 ………………………… 96
　　　六、PowerPoint 与其他文稿的交互 ……… 96
　　第四节　综合实例 ……………………………… 99
　　　实例 1 《梨子提琴》活动课件的设计与
　　　　　　　制作 …………………………… 99
　　　实例 2 《圆的周长》活动课件的设计与
　　　　　　　制作 …………………………… 103
　　思考与实训 …………………………………… 106
第六章　Flash动画的制作 …………………… 107
　　第一节　Flash 基础知识 …………………… 107
　　　一、Flash 8 工作界面 …………………… 107
　　　二、Flash 的基本操作 …………………… 108
　　　三、Flash 的基本概念 …………………… 110
　　第二节　Flash 8 常用工具与面板的使用 …… 113
　　　一、常用工具箱 …………………………… 113
　　　二、常用面板 ……………………………… 115
　　第三节　Flash 动画制作 …………………… 116
　　　一、逐帧动画 ……………………………… 116
　　　二、补间动画 ……………………………… 118
　　　三、引导动画 ……………………………… 122
　　　四、遮罩动画 ……………………………… 125
　　第四节　声画同步制作 ……………………… 127
　　　一、导入声音 ……………………………… 127
　　　二、引用声音 ……………………………… 127
　　　三、编辑声音 ……………………………… 128
　　　四、声音和字幕同步的制作方法 ………… 128
　　第五节　综合实例 …………………………… 130
　　　实例 《乌鸦喝水》活动课件的设计
　　　　　　与制作 ………………………… 130
　　思考与实训 …………………………………… 134

学习模块三　信息化环境与教学应用

第七章　信息化教学环境的应用 …………… 136
　　第一节　信息化教学环境概述 ……………… 136
　　　一、信息化教学环境的概念 ……………… 136
　　　二、信息化教学环境的类型 ……………… 136
　　　三、信息化教学环境的特点 ……………… 136
　　第二节　视听演示型教学系统 ……………… 137
　　　一、视听媒体教学系统 …………………… 137
　　　二、微格教学系统 ………………………… 140
　　　三、多媒体教学系统 ……………………… 144
　　第三节　网络化教学系统 …………………… 147
　　　一、校园网 ………………………………… 147
　　　二、多媒体网络教学系统 ………………… 150
　　第四节　交互式电子白板系统 ……………… 152
　　　一、交互式电子白板简介 ………………… 152
　　　二、交互式电子白板的基本操作 ………… 153
　　　三、交互式电子白板的高级应用 ………… 157
　　　四、交互式电子白板的教学应用案例 …… 165
　　思考与实训 …………………………………… 168
第八章　信息化教学设计与评价 …………… 170
　　第一节　教学设计概述 ……………………… 170
　　　一、教学设计的概念 ……………………… 170
　　　二、教学设计的形成与发展 ……………… 170
　　　三、教学设计的理论基础 ………………… 171
　　第二节　教学设计的基本过程 ……………… 172

一、教学设计的前期分析……………172
　　二、学习目标的阐明…………………175
　　三、教学策略的制定与教学媒体的选择…178
　　四、方案编写与成果评价……………183
第三节　信息化环境下的教学设计………187
　　一、什么是信息化教育………………187
　　二、信息化教学设计的基本原则……188
　　三、信息化教学设计的典型模式……188
第四节　教学评价…………………………190
　　一、教学评价概述……………………190
　　二、信息化教学评价…………………192
第五节　综合实例…………………………200
　　实例1　《长方体的认识》教学设计……200
　　实例2　《赵州桥》教学设计…………204
思考与实训…………………………………206

第九章　新生代课程——微课程……………208
第一节　微课程概念及发源………………208
　　一、微课程概念………………………208
　　二、微课程的分类……………………211
　　三、微课程的特点……………………212
第二节　微课程的设计与开发……………212
　　一、微课程的开发……………………212
　　二、微课程的评价……………………215
　　实例　"《小雪花》歌曲演唱与声势律动"
　　　　　教学设计"……………………215
第三节　微课程的应用展望………………218
　　一、微课程的应用现状………………218
　　二、微课程的发展前景………………220
思考与实训…………………………………220

学习模块四　技能实训指导

实训一　图像的制作与处理………………222
　　一、实训目标…………………………222
　　二、实训环境…………………………222
　　三、实训步骤…………………………222
　　四、实训小结…………………………228
　　五、评价标准…………………………228
实训二　声音的录制与剪辑………………229
　　一、实训目标…………………………229
　　二、实训环境…………………………229
　　三、实训步骤…………………………229
　　四、实训小结…………………………231
　　五、评价标准…………………………232
实训三　视频的拍摄与制作………………233
　　一、实训目标…………………………233
　　二、实训环境…………………………233
　　三、实训步骤…………………………233
　　四、实训小结…………………………235
　　五、评价标准…………………………235
实训四　个人博客制作……………………236
　　一、实训目标…………………………236
　　二、实训环境…………………………236
　　三、实训步骤…………………………236

　　四、实训小结…………………………237
　　五、评价标准…………………………238
实训五　教学课件制作……………………239
　　一、实训目标…………………………239
　　二、实训环境…………………………239
　　三、实训步骤…………………………239
　　四、实训小结…………………………243
　　五、评价标准…………………………243
实训六　交互式电子白板使用……………244
　　一、实训目标…………………………244
　　二、实训环境…………………………244
　　三、实训步骤…………………………244
　　四、实训小结…………………………255
　　五、评价标准…………………………256
实训七　信息化教学方案设计……………257
　　一、实训目标…………………………257
　　二、实训环境…………………………257
　　三、实训步骤…………………………257
　　四、实训小结…………………………257
　　五、评价标准…………………………258

参考文献………………………………………259

学习模块一 教育技术理论基础

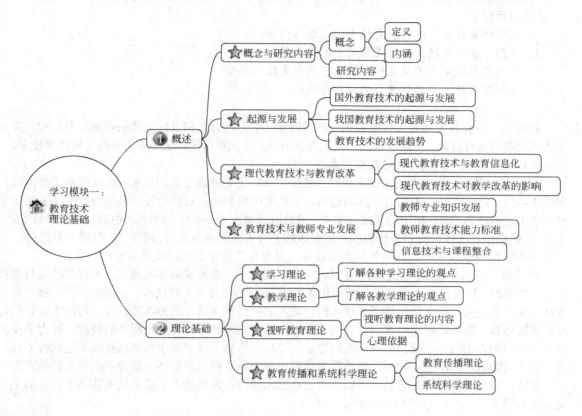

第一章 教育技术概述

【学习目标】
1. 理解教育技术、现代教育技术的概念与内涵。
2. 了解教育技术的产生、发展及其发展趋势。
3. 理解教育技术能力是教师专业素质的重要组成部分。
4. 了解信息技术与课程整合的概念与内涵。

教育是一种有目的地对人传授知识、培养技能（学习能力）和良好道德品质的社会活动。为了达到预期的教育目的，就需要采用一定的教育方式、方法和手段，这实质上就是一种教育技术。因此教育行为一出现，就伴随着教育技术的产生。

对技术的理解，马克思主义哲学从辩证唯物主义和历史唯物主义的角度，高度揭示了技术的起源和本质。技术起源于人类对工具制造和对工具使用的劳动，最初的技术是指与人的手工操作有关的工艺和技巧。随着历史的发展，技术一词的内涵也在不断变化。《辞海》中对技术的解释是：① 泛指根据生产实践经验和自然科学而发展成的各种工艺操作方法与技能；② 除操作技能外，广义的还包括相应的生产工具和其他物质设备，以及生产的工艺过程或作业程序、方法。

随着科学技术的进步，人们发现在日常生产和生活中，要解决具体问题时，不仅要涉及与物质相关的手段，同时还要涉及与人的智力相关的手段。《科学辞典》对技术一词的解释是：技术是为社会生产和人类物质文化生活需要服务的，供人们利用和改造自然的物质手段、智能手段和信息手段的总和。物质手段可以理解为与人的手工操作有关的和具体物质相联系的技能；智力手段可以理解为和人的智力相关的解决问题的方法和技巧。信息手段中既包括物质技能又包括智力技能。在人类的教育活动中，物质手段通常指教育中应用的各种教学媒体，智能手段指各种教育方式、方法，信息手段指各种信息技术媒体和信息技术能力。因此技术不是单纯的物质工具，而是集人类智慧经验、方法技能和手段的综合体。

教育技术在教育教学中的应用，优化了教学过程，已经成为除教师、学生、教材等传统教学过程基本要素之外的第四要素[❶]。

第一节 教育技术的概念与研究内容

一、教育技术的概念

（一）什么是教育技术

信息时代的到来，为教育的改革和发展提供了十分有利的机遇，教育教学领域的观念、理论和方法也随之不断更新，教育技术正是在此背景下产生和发展起来的。自从20世纪70年代首次出现教育技术的术语以来，教育技术在其发展过程中有过多个定义，至今尚无一个统一的定义或描述。

根据顾明远先生主编的《教育大辞典》[❷]中的定义，教育技术是人类在教育活动中所采用的一切技术手段和方法和总和。教育技术包括有形（物化形态）和无形（智能形态）的技术。物化形态的技术指的是凝固和体现在有形的物体中的科学知识，它包括从黑板、粉笔等传统的教具到

[❶] 顾明远. 教育技术学和二十一世纪教育. 学校教育现代化建设. 北京：中央广播电视大学出版社，1998.
[❷] 顾明远. 教育大辞典·教育技术卷. 上海：上海教育出版社，1990.

电子计算机、卫星通信等一切可用于教育的器材、设施、设备及相应的软件；智能形态的技术指的是那些以抽象形式表现出来，以功能形式作用于教育实践的科学知识，如系统方法等❶。

从教育产生的那一天起，就有了教育技术，它随着教育理论、实践和信息技术的发展而发展。而当教育技术发展到一定阶段时，才逐渐产生了专门用于研究教育技术现象及其规律的学科——教育技术学。作为一个学科，教育技术学关注信息技术应用于教育过程中所蕴涵的教育、教学规律，教育技术学是连接教育科学理论与教育教学实践的桥梁。

由于"教育技术"是一个从国外引进的概念，所以对教育技术的定义首先应当看它在国外的本意。教育技术一词最早是20世纪60年代在美国出现的，随着信息技术的发展和系统科学思想的引入，人们对教育技术的认识越来越清晰，关于教育技术的理论日趋成熟，对教育技术的概念也有了相对统一的认识。这里影响范围最广、影响力最大的当属美国教育传播与技术协会（association for educational communications and technology，简称AECT）给教育技术的五次定义。其中有代表性的当属AECT94定义和AECT05定义。

1. AECT94定义

1994年，AECT出版了西尔斯（Seels）与里奇（Richey）合写的专著《教学技术：领域的定义和范围》，书中提出了教育技术的定义。该定义是在AECT主持下，通过美国众多教育技术专家的参与编写，并由AECT正式批准使用的，它在一定程度上反映了美国和国际教育技术界的看法。

教育技术的AECT94定义是：Instructional technology is the theory and practice of design, development, utilization, management, and evaluation of processes and resources for learning。国内一般将其译为：教育技术是关于学习过程和学习资源的设计、开发、运用、管理和评价的理论与实践。

该定义明确地指出了教育技术的研究对象是学习过程和学习资源，教育技术的研究领域是：设计、开发、运用、管理与评价。

根据这个定义，教育技术的内涵以及各领域和范畴之间的相互关系可用图1-1描述。

（1）学习是指由经验引起的个人知识或行为相对持久的改变，影响并促进学习是教育技术的最终目的，因此把学习放在图的中心位置，这就说明学习既是教育技术的出发点，又是教育技术的归宿，其他各部分都围绕学习来进行，也反映了以学习者为中心的思想。

（2）"理论与实践"在"学习"的外围，说明了教育技术是一种为了促进学习的理论与实践。它要求学习过程中采用先进的技术手段时，要重视现代教育理论的指导作用并表示理论与实践并重。

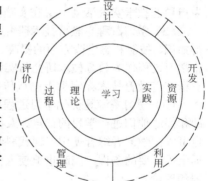

图1-1　教育技术定义的图示描述

（3）学习过程和学习资源是教育技术的研究对象。过程是为了达到特定结果的一系列操作和活动，是一个包括输入、行为和输出的序列。学习过程是学习者通过与信息、环境的相互作用获取知识和掌握技能的认识过程。在教育技术中包括设计和传递过程。学习资源是指支持学习者在学习过程中可被利用的一切要素，包括支持系统和教学材料与环境，即那些可以提供给学习者使用，能帮助和促进他们学习的信息、人员、教材、设备、技术和环境。

（4）设计、开发、利用、管理、评价是教育技术的五个基本范围，也是教育技术的任务。这五个部分之间既相互独立，又相互联系和相互影响。最外面的圆圈采用虚线，表示教育技术研究是开放性的。随着科学技术、教育技术的支持理论和教育状况等因素的发展而在不断的发展变化。

---

❶ 尹俊华. 教育技术学导论. 北京：高等教育出版社，1996.

由此可见，对学习过程和学习资源进行设计、开发、利用、管理、评价这五个方面的研究，均属于教育技术的研究范畴。

多年来，教育技术的 AECT94 定义被我国的许多教科书所引用，也被教育技术实践所采用，所以在较大程度上影响了我国教育技术学科的理论与实践。

2．AECT05 定义

AECT05 教育技术定义：Educational technology is the study and ethical practice of facilitating learning and improving performance by creating, using, and managing appropriate technological processes and resources. 最有影响的翻译是。教育技术是通过创造、使用、管理适当的技术性的过程和资源，以促进学习和提高绩效的研究与符合伦理道德的实践。

该定义的主要贡献是使教育技术的研究范围由教学领域扩展到企业绩效领域。首次明确提出教育技术的实践应符合道德规范的要求；首次将"创造"作为教育技术领域的三大范畴之一，强调了教育技术创新；从对一般的教学过程和教学资源的研究限定为对"适当的技术过程和资源"的研究，突出了专业特色与工作重点，突出了教育技术的双重目的——"促进学习"和"改善绩效"。随着教育事业的发展，教育技术的目的已从"为了学习"扩展到进一步"促进学习"，扩展到学习之外的"绩效"的改善方面，扩展到对学校教育与企事业人员培训的双重考虑，扩展到教学效果、企业效益与教育投入(成本)等多因素的整体评价，彰显教育技术的主要特征，即教育性和技术性。

（二）教育技术的内涵

根据 AECT94 定义可以看出教育技术的内涵包括以下几个方面。

（1）教育技术是一门理论与实践并重的学科。教育技术以系统理论、教育理论、学习理论、传播理论等为理论基础，进一步形成和发展了自身的基本理论。因此，教育技术是以先进的理论为指导的教学实践活动，又在实践的基础上形成和发展教育技术自身的理论。

（2）学习过程是教育技术研究和实践的对象。学习是学习者通过与信息和环境相互作用而获得知识、技能和态度诸方面的提高。这里的环境包括传递教学信息所涉及到的媒体、设施、方法。将学习过程作为教育技术研究与实践的对象，这是教育技术经过长期的探索和实践后才确定的，它标志着教育技术在观念上已从传统的"教"向"学"转移。

（3）学习资源是优化学习过程的必要条件。学习资源是指那些可以提供给学习者使用，能帮助和促进他们进行学习的信息、人员、教材、设施、技术和环境。这些学习资源既可以单独使用，也可以由学习者综合使用。现代科学技术的发展，使学习资源不断变化和丰富，为优化学习过程提供了必要的条件，同时也迫使人们对学习资源进行科学而富有创造性的设计、开发、运用、管理和评价。

图 1-2 给出了教育技术 AECT94 定义中的研究形态、内容与对象以及它们之间的关系。定义中没有具体描述作为物化形态的媒体，这表明教育技术关注的重点已经从"硬件"向"软件"进化，即愈来愈重视技术方法和方法论而不是设施本身。

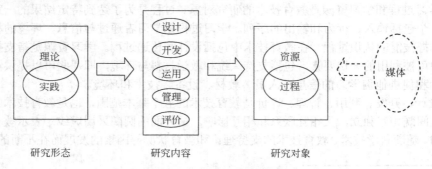

图 1-2　AECT94 定义的逻辑关系

（三）教育技术、教学技术与电化教育

30多年来，国内外对"教育技术（educational technology）"和"教学技术（instructional technology）"这两个术语的使用并不十分严格。欧美国家较早提倡以学生为中心的思想，习惯于采用"学习"的概念，因此认可"教学技术"的叫法。究其原因是，首先，在教育领域，技术的强大作用通常在教学过程中得以发挥，例如多媒体教学、教学系统设计等；其次，随着现代社会的发展与终身学习理念的提出，教学技术已越来越多地用于企事业单位的培训中，而不仅仅用于传统的学校教育环境。

我国则比较习惯于使用"教育技术"的说法。这是由于"教学"主要和教、学问题有关，只是"教育"的一个部分，采用"教育技术"这一术语可以保持一个更为广泛的领域范围。

"电化教育"是我国特有的名词，它出现于20世纪30年代。当时人们把幻灯、投影、电影、广播等媒体作为辅助教学工具的教育方法称之为"电化教育"。《中国大百科全书》对电化教育的定义为，"利用幻灯、投影器、电影、无线电广播、电视、录音、录像、程序学习机和电子计算机等教学设备及相应的教材进行的教育活动"。而我国影响最广、至今仍被广泛使用的则是南国农先生在《电化教育学》（高等教育出版社出版）中的定义：运用现代教育媒体，并与传统的教育媒体恰当结合，传递教育信息，以实现教育最优化就是电化教育。

"电化教育"和"教育技术"的共同点集中体现在它们都具有应用科学的属性，具有共同的目标，那就是实现教育最优化，或取得最优化的教育效果，促进学生的学习。但是从概念的涵盖面来看，它们的区别在于，实现"促进学生的学习、实现教育最优化"这个共同追求目标的途径上、认识上的差别，教育技术的范围要比教学技术、电化教育广泛得多。因此，1993年我国正式确定将"电化教育"专业更名为"教育技术学"专业，20世纪90年代以来，我国许多高校已相继将电化教育中心改为教育技术中心，中国电化教育协会也于2002年11月更名为中国教育技术协会。

（四）现代教育技术与电化教育

"现代教育技术"是20世纪90年代以后在国内被人们大量使用的一个术语，它与"教育技术"在本质上是指同一个概念，但鉴于对教育技术时间跨度的理解不同，而将由电化教育演化而来的教育技术称为现代教育技术。国内学者对于"现代教育技术"较有代表性的定义如下。

① 现代教育技术是以计算机为核心的信息技术在教育、教学中的运用（何克抗，1999）。

② 现代教育技术是指运用现代教育理论和现代信息技术，通过对教与学过程和资源的设计、开发、应用、管理和评价，以实现教学优化的理论与实践（李克东，1999）。

一方面，现代教育技术以现代信息技术（计算机、多媒体、网络、数字音像、卫星广播、虚拟现实、人工智能等技术）的开发、应用为核心；另一方面，现代教育技术并不忽视或抛弃对传统媒体（黑板、挂图、标本、模型等）的开发与应用。

与一般意义的教育技术相比较，现代教育技术更多地注意探讨那些与现代科学技术有关的问题，充分利用众多的现代科技成果，作为传播教育信息的媒体，吸收系统科学和系统思维的方法，使教育技术更具有时代特色，更加科学化、系统化。随着信息技术的发展，目前人们逐渐习惯于使用"现代教育技术"概念，这也使得教育技术带有了更加强烈的现代化、信息化色彩。

所以我们认为，现代教育技术就是以现代教育思想、理论和方法为基础，以系统论的观点为指导，以现代信息技术为主要手段的教育技术，是以实现学习过程、学习资源、学习效益、学习效果最优化为目的，以改变和提升教与学的效率。

这里需要指出的是，我国现存的教育技术既是一个舶来的名词，同时又包裹着具有中国特色的电化教育的内容。有学者认为，在我国存在了近百年的电化教育如今发展为"信息化教育"，其至在有些场合的表述中，书写为"教育技术（电化教育）"。这是因为今天的教育技术事业、教育技术学科、教育技术机构与20世纪的电化教育有着千丝万缕的联系。教育技术在中国是以电化教育的出现为标志的。现代教育技术是现代科学技术与现代教育理论发展到一定阶段的产物，它着重从学习过程和学习资源两个方面有机结合的角度探讨和解决运用现代科学技术和现代教育理论提高教育质量和效率的问题。从以往教育中的视听技术、音像技术发展到当今飞速发展的多媒体技术和网络技术，这绝对不是媒体的量变，而是极其深刻的质变。

二、教育技术的研究内容

按照教育技术的 AECT94 定义，教育技术的研究内容是学习过程和学习资源的设计、开发、运用、管理和评价等五个方面，具体如下。

（1）设计。主要包括理论和实践的四个主要方面：教学系统设计、信息设计、教学策略设计、学习者特征分析。

（2）开发。是把设计方案转化为物理形态的过程。需要使用印刷技术、视听技术、计算机辅助技术、整合技术等。

（3）运用。包括媒体的运用、革新与推广、实施和制度化、政策和法规等。

（4）管理。包括项目管理、资源管理、教学系统管理和信息管理等。

（5）评价。包括问题分析、参照标准评价、形成性评价和总结性评价等。

一般认为，在教育科学研究中存在三种不同的研究层次，即教育哲学层次、教育科学层次和教育的技术层次，如表 1-1 所示。教育的技术层次研究在于探索如何分析、解决具体教育、教学问题的方法，并且强调能够在相同教学情境中重复使用它们来解决问题，即充分体现了技术的可重复性本质。

表 1-1 教育技术和教育哲学、教育科学的比较

类别 内涵	教育哲学	教育科学	教育技术
目的	探索教育的本质	促进人的全面发展	促进学习者的学习
内容	教育的价值、目的	教育规律	有关学习过程与学习资源的设计、开发、利用、管理和评价
主要方法	思辨	思辨、文献、实验、质的研究	文献、实验、开发、系统分析、行动

有专家认为，从我国教育技术界的研究与应用实际来看，教育技术的研究内容可以归纳成以下七个方面[1]。

（1）教育技术的学科基础理论。包括教育技术学科的性质、任务、基本概念、研究方法、教育技术与相关学科的关系等。

（2）视听教育的理论与技术。包括常规视听媒体的教育功能、常规媒体教材的设计、制作、使用与评价技术，各种常规媒体的组合应用，利用常规媒体优化教学过程的理论与实践研究。

（3）计算机辅助教育的理论与技术。包括计算机辅助教学、计算机辅助测试、计算机管理教学等。

（4）教学设计与评价的理论与技术。包括学习理论、教学理论、教育传播理论、系统方法论的应用研究，以及信息技术教育、信息技术与学科教学整合、现代科学测量评价技术与方法的应用研究。

（5）远程教育的理论与技术。包括计算机网络建设与教学应用、远程教育的形式、特点、组织、实施与管理等。

（6）教育技术管理的理论与技术。包括教育技术硬件设施和软件资源的管理方法、教育技术的专业设置、组织机构以及相关的方针、政策等的研究。

（7）新技术、新方法和新思想在教育中的应用。包括网络新技术、人工智能技术、虚拟现实

---

[1] 祝智庭. 现代教育技术——走向信息化教育. 北京：教育科学出版社，2002.

技术等现代信息技术应用于教育的研究、开发与运用。

纵观上述国内外专家学者的意见，教育技术的主要任务是：在系统科学方法论指导下，运用现代教育科学理论和先进的技术手段与方法，对教育教学中存在的问题进行分析，提出解决的策略和方法，进行实施并给予评价和修改，以实现教育教学的最优化。

第二节　教育技术的起源与发展

教育是人类实践活动的一大构成，教育所依靠的物质手段主要是记录、呈现信息的各种媒体，所以教育技术的发展主要受媒体发展的影响。在相当长的一段时期，人们依靠书本、粉笔、黑板等简单的工具，进行教育教学活动，并积累了丰富的教育经验，探索出了一系列教育规律。而教育技术被作为一个专门的领域来研究并被作为一门学科来发展。是在视听媒体和现代信息媒体被应用与教学之后。

一定的教育方式和教学手段，总是随着社会生产力的发展而产生和发展的。从人类形成最初的社会形态开始，教育技术就伴随着产生和发展。最早的教育活动以口耳相传、简单模仿的形式进行。随着文字体系的出现，就把书写作为与口语同样重要的教育工具，使教育媒体从仅仅是语言扩大到语言和文字。随着印刷术的发明，印刷的教科书得到普遍的应用，扩大了教育规模，提高了教学效率，知识的传播范围也扩大了，从而促进了教育事业的发展。随着社会和科学技术的发展，现代科技成果和新的教育理论逐渐引入教育领域，为教育技术提供了物质技术和理论基础。因此教育技术是现代科学技术与教育教学实践相结合的产物。作为一门相对独立的学科，其知识起源于第二次产业革命时期，即自动化、原子能的时代，直到1963年教育技术才成为一门独立的正式学科。

一、国外教育技术的起源与发展

由于教育和信息技术发展水平的差异，教育技术在不同的国家经历了不同的发展阶段，以美国为代表的发达国家的教育技术，如果按教育技术的内涵为划分标准，大致经历了以下四个发展阶段。

（一）视觉教育阶段（20世纪初~30年代）

19世纪末至20世纪初，以电为代表的技术革命使整个社会发生了翻天覆地的变化，推动了经济的迅速上升。同时社会对教育的需求急剧增加，追求教育的效益成为人们共同的愿望和要求。科学技术发展的成果，提供了当时发展教育所需的技术，并带来了教育理论的发展。科学技术的迅速发展和科技成果引进教育领域，对教育技术的发展产生了深刻的影响。

幻灯最早介入教育领域，揭开了教育技术的序幕。幻灯在教学中的应用，为学生提供了生动的视觉形象，使其有"百闻不如一见"的感受，教学获得了不同以往的巨大效果。在这一时期，捷克教育家夸美纽斯的班级教学理论开始受到教育学家的关注。夸美纽斯认为，教师应面向班级授课，一个教师同时教几百个学生是可能的和有益的，同时强调教师进行直观教学的重要性。此间，德国教育家赫尔巴特从儿童天性和兴趣入手，着力研究如何利用教学技术提高学生学习的效果。他认为，兴趣是教学的基础，教学必须激发学生掌握知识和加深知识的兴趣。

1906年美国宾夕法尼亚州一家公司出版了《视觉教育》一书，介绍照片拍摄、制作与使用幻灯片，最早使用了"视觉教育"术语。随之，越来越多的教育工作者参与对新媒体应用的研究。1913年，托马斯·爱迪生（Thomas Edison）宣布："不久将在学校中废弃书本……有可能利用电影来教授人类知识的每一个分支。在未来的10年里，我们的学校将会得到彻底的改造。"1920年无声电影开始在美国被用于教学。美国的一些影片公司提供现成的电影短片供学校放映。随后一些高等学校开始自制教学影片。一些城市和学校相继成立了影片馆，以收藏影片，并采用轮流或预约的方法向学校提供教学影片。10年过去了，爱迪生预期的变化没有出现。然而，视觉教育活动却有了长足的发展。1922年成立了"美国视觉教育协会",1923年成立了美国"全国教育学会视觉教育部"等学术团体,同时出版了一批视觉教育的专门书刊,介绍视觉教育的理论知识。这一时期,教育技术作为一种教育实践活动,主要是指"视觉教育",它始终关注媒体的使用和对新媒体的开发利用,因而形成了教育技术的"物理学观"和"设备观"。

1924年,在美国心理学会的会议上,S.L.普莱西宣布他设计出了第一台可以教学、测验和记分的教学机器。它不仅能呈现视觉材料,还能针对学生的学习情况提供反馈信息,这是教学机器与音像媒体的重要区别。该教学机器用于个别化教学活动,于是产生了早期的个别化教学。

（二）视听教育阶段（20世纪30~50年代）

从20世纪30年代后期开始,幻灯教学的兴起并取得巨大成功,使教育家和教师看到了媒体在教学中的巨大潜力,视觉教育运动随之兴起。人们逐渐地把各种媒体如模型、地图、动画片、幻灯、立体画、无线电广播、录音机、电影、无线广播应用到教育领域,人们开始在文章中使用视听教育的术语。1947年美国教育协会视觉教学分会正式改名为视听教育分会。

1931年7月,美国辛克斯公司在华盛顿做了一个电影教学的实验:在儿童看电影的前后,分别用5种测验表格考查他们的学习成绩,看电影后比看电影前成绩平均增加88分,学生增加知识量35%。美国哈佛大学在马萨诸塞州3个城市中学所进行的实验也证明,用电影教学的学生比不用电影教学的学生成绩提高20.5%。二次世界大战期间,美国政府生产工业培训电影457部,为军队购买了5.5万部电影放映机,花费在影片上的投资达10亿美元,将教学电影用于作战人员和军工技术人员的培训并取得了显著成效,也提高了人们对战后学校教学使用视听媒体的兴趣和热情。

20世纪50年代电视的出现为视听教育提供了更好的技术手段,与电影相比,电视具有制作周期短,传播、复制容易等优点,被迅速应用到教育领域。从30年代到50年代,在美国掀起了一场视听教育运动。与此同时,关于视听教育的理论的研究进一步推动了视听教育的发展,其中以戴尔（Dale）的"经验之塔"理论最具代表性,被作为视听教育的主要理论依据。

20世纪50年代中期,美国心理学家斯金纳根据行为主义学习理论设计了新一代的教学机器,被称之为斯金纳程序教学机,并由试验阶段转入实用阶段,在大学和军队中得到应用。

随着第二次世界大战的爆发,教育的需求骤然增加,特别是在军队的训练和教育方面。同期,有声电影、录音和电视技术逐渐成熟。1924年,美国韦斯顿公司结束了无声电影时代,发明了有声电影。1925年,英国的贝尔德发明了实用电视。1937年英国首播电视获得成功。具有视听双重特点的媒体成为人们最欢迎的信息传播载体。"视听教育"的理论随之形成,教育技术增加了新的内容和含义。1929年美国俄亥俄州广播学校正式成立,1930年哥伦比亚广播系统建立了美国广播学校,1935年又在波士顿附近成立了世界广播学校,播放文学、经济、航海、天文、电子等一系列学科的课程,后来发展到用24种语言向32个国家播放教育节目。

20世纪40年代末,美国教育家戴尔提出了视听教育的理论"经验之塔"。戴尔从理论上分析了视听教育的作用,强调了视听教育媒体在教育中的重要性,对视听教育作了理论上的总结。

（三）视听传播阶段（20世纪50~60年代）

20世纪60年代以后,教育电视的使用由实验进入实用阶段,程序教学机风靡一时。与此同时,由拉斯维尔等人在20世纪40年代创立的传播学开始影响教育领域,有学者将教学过程作为信息传播过程加以研究。

同时,美国IBM公司于1958年首次将电子计算机用于辅助教学。

1957年前苏联成功地发射了世界上第一颗人造地球卫星,引起世界各国的强烈震动。科学技术的竞争,必须大力发展教育,提高全民的科技文化素质。1958年,美国国会通过了《国防教育法》,大规模增加教育经费,研制开发和推广普及新的教育技术媒体,改进各级各类学校的教学条件。1953年,美国在得克萨斯州的休斯敦建立了全世界第一座公共教育电视台,到1960年利用专门频道播放教育节目的电视台已有 50 多个，到 1962 年已建立了 100 多家教育电视台。1960 年时，美国的电视机数量已达到 5640 万台，电视机的普及，促进了电视教学的普及和发展。

20 世纪 50 年代末，受美国心理学家斯金纳行为主义观点的影响，程序教学引入课堂教学领域。20 世纪 60 年代初，美国掀起了程序教学和教学机器的热潮。据统计，1962 年 65 家工厂生产的各式教学机器达 83 种之多。这个时期，闭路电视、语言实验室、程序教学机、行为目标研究、计算机辅助教学相继被用于教学。

在教育理论上，美国开始着重研究多种媒体综合使用及其在学习过程中的作用。现代最伟大的教育家杜威提出，学校即社会，教学应该是以学为主，学生应该在"做中学"。在教学过程方面，杜威提出了"五步教学法"，即创造情境、明确问题、提出假设、解决问题、检验假设。杜威的教育理论和教育实践对学校填鸭式的教学模式产生了巨大的冲击。同期一批教育学家、心理学家从不同的态度对教育和学习做了深入的研究，对传统教育提出了挑战，为教育技术注入了新的活力。到 20 世纪 60 年代初，美国教育界开始提出了"教育技术"这一名称。

上述背景推动了美国教育行业对教育传播的重视，提出了视听传播（audiovisual communications）的概念。1963 年，美国视听教育协会对视听传播的概念进行了描述：视听传播是教育理论和实践的分支，主要研究控制学习过程的信息的设计和使用。它包括：① 关于直观和抽象的信息的各自独特的和相互联系的优、缺点的研究，这些信息可用于任何目的的学习过程；② 将教学环境中的人和设施产生的教育信息使其结构化和系统化。上述研究涉及计划、制作、选择、管理、运用各种部分和整个结构系统，其目标是有效地运用每一种传播方法和媒体来帮助发展学习者的全部潜能。这时，比"视听媒体"概念更为广泛的"教学资源"概念崭露头角，人们逐渐将关注的焦点从原先的视听教具转向整体的教学传播过程、教学系统方面上来。

（四）教育技术阶段（20 世纪 70 年代至今）

20 世纪 70 年代中期，微型计算机问世，计算机教育应用进入新的阶段。1970 年，美国教育传播与技术协会（AECT）成立，首次提出教育技术的概念并对其进行了定义。此后，AECT 又分别在 1972 年、1977 年两次对定义进行修改，并在原有的传播理论、行为主义学习理论的基础上，把系统理论作为教育技术的理论基础。随着多媒体计算机、网络技术、远程通信、激光视盘等媒体技术的发展，教育技术的实践进一步深入，使教育技术的内涵不断丰富。上述发展也推动了教育技术理论的研究，并把认知主义学习理论、建构主义学习理论作为其理论基础。

在这一时期，彩色电视、录像机、卫星广播电视、激光视盘、电子黑板、视频投影、电子计算机等相继应用于教学，为教育技术的又一次飞跃奠定了物质基础。在学校教育中，闭路电视得到了广泛的应用，语言实验室风靡全球，特别是卫星广播电视用于普通教育，使得远程教育有了质的飞跃，极大地扩大了教育的影响和作用。1969 年，英国建立了开放大学，成为远程教育的典范。随后，世界各国都先后建立了远程教育大学，为普及国民教育起到了不可磨灭的作用。同期计算机辅助教学进入迅速发展时期。据统计，1984 年美国中小学已拥有电脑 50 万台，并以每年 20 万至 30 万台的速度增加。1980 年，英国开始执行 MEP 计划，开始计算机教育。1986 年，日本投资 20 万亿日元开展计算机教育。全球掀起了计算机教学热潮。

随着视听领域中传播理论的引入和程序教学的影响，对教育技术的研究开始运用系统科学的方法和理论，人们重新对教育技术概念进行了界定。对教学过程进行系统设计的思想和实践成为这一时期教育技术理论的重要组成部分。传播论、系统论的观点和方法成为教育技术理论的基石。人们认识到，只有用系统的观点对教育的各个部分进行综合的、整体的考虑，对教育过程进行设计，才是突出教育最优化的根本途径。也就是在这一时期，教育技术真正成为一门独立的学科。

进入 20 世纪 90 年代后，由于现代科学技术的飞速发展，人类知识总量迅猛增长。"人口爆炸"、"知识爆炸"成为信息时代的独特风景，知识翻一番的时间和知识老化的周期都日益缩短，从而对每个社会成员提出了终身学习的要求。计算机多媒体技术和互联网的出现，为现代教育技术的又一次飞跃提供了契机，使教育的全民化、终身化、多样化、自主化、国际化成为可能。正因为如此，它也越来越受各国政府的高度重视，将它看成是本国教育信息化，实施素质教育，推动本国教育改革的突破口和制高点。Internet 已成为连接世界各国信息的纽带和向全球提供教育、教学资源的重要途径。随着现代通信技术和多媒体技术的发展，使得无论是网络、带宽，还是网络内容、交互都有了质的飞跃，直接导致了各种各样的网络课件、网络学习平台风起云涌，以 Internet 为基础的现代远程教育实现了真正的全球无国界学习，国际互联网正改变着世界。与此同时，个人计算机性能的不断提高，使得多媒体技术引入教育领域成为可能，集成了文本、动画、音频、视频、虚拟现实等媒体的课件或学习资料大大提高了教学和学习质量。20 世纪 90 年代后期，随着人工智能的引入，计算机辅助教育越来越朝智能化，向强交互性方面发展，为实现真正的个别化学习带来了曙光。随着认知理论的发展，人们越来越强调学习者在学习过程中的主动地位，强调学习者应积极主动地建构对知识的理解，建构主义学习理论逐步进入教育技术领域并且取代行为主义学习理论成为教育技术主流思想之一。这一时期，还引入了大量新的理论，如绩效理论、集成性技术、行动研究等，指导教育技术的各种理论日趋综合化、整合化，它们相互借鉴，相互取长补短，目的都是促进学习者更有效学习。

二、我国教育技术的起源与发展

我国的教育技术萌芽于 20 世纪 20 年代，起步于 30 年代，至今已走过近百年的发展历程。

其实早在 1919 年，国内已有人开始幻灯教学的实验，揭开了我国电化教育的序幕，我国教育界尝试利用电影、幻灯等媒体作为教学工具。1920 年，商务印书馆创办的国光电影公司拍摄了无声教育影片《女子体育》与《盲童教育》。南京金陵大学是我国推行电化教育最早的高等学校，1922 年就开始用幻灯、电影宣传棉花种植技术。1936 年，教育界人士在讨论为当时推行的电影、播音教育的定名问题时，提出并确认了"电化教育"这个名词。1936 年，我国最早的教育技术刊物《电化教育》周刊在上海出版。1937 年，商务印书馆出版了我国第一本教育技术专著《有声电影教育》（陈有松著）。1945 年，我国最早的教育技术系在苏州国立社会教育学院建立。

电化教育于 20 世纪 30 年代进入学校课堂，开始起步，其发源地和早期活动地在江苏无锡、镇江、南京以及上海等地。其特点是：先有其事，后有其名；先民间，后政府；先在社会教育领域，后进入学校教育领域。新中国成立后，电化教育步入初期发展阶段。新中国于 1949 年 11 月在文化部科技普及局成立了电化教育处，负责全国的电化教育工作。1950 年在北京建立了中央电化教育工具制造所。从 1951 年起，先后在辅仁大学、西北大学、北京师范大学、北京外国语学院、西北师范学院等院校开设电化教育课。1958 年前后，我国掀起了教育改革运动，推动了高等学校和中小学电化教育活动的开展。北京市、沈阳市等地相继成立了电化教育馆，由教师、技术人员、工人构成的电教专业队伍也大量涌现。这一时期里，幻灯、录音、电影开始进入城市中小学校和高等院校的课堂，音像教材开始成批制作生产。特别是进入 20 世纪 60 年代后，电化教育进入了有组织、有领导的发展阶段。

1960 年起，上海、北京、沈阳、哈尔滨、广州等地相继开办电视大学。

"文化大革命"期间，电化教育工作处于停顿状态，甚至在倒退。

1978 年春天，邓小平同志在全国教育工作会议上的讲话中指出："要制订加速发展电视、广播等现代化教育手段的措施，这是多快好省发展教育事业的重要途径，必须引起充分的重视。" 1983 年，邓小平同志给北京景山学校题词："教育要面向现代化，面向世界，面向未来。" 1984 年，邓小平同志在上海视察中国福利会儿童计算机活动中心时指示："计算机要从娃娃抓起。" 1993 年 2 月 13 日，中共中央、国务院正式印发了《中国教育改革和发展纲要》，文件中明确提出："积极发展广播电视教育和学校电化教学，推广运用现代化教学手段，要抓好教育卫星电视接收和播放网点的建设，到本世纪末，基本建成全国电教网络，覆盖大多数乡镇和边远地区。" 国家政策层面的重视和组织机构的出现标志着我国电化教育的重新起步。

在组织机构方面，1978 年，教育部成立了电化教育局和中央电教馆，负责全国的教育技术管理工作和业务工作。此后，中央和各省市县都建立了电化教育馆，到 1985 年底，全国已有 2253 个县（区）建立了电教机构，占全国区县的 95%左右，全国绝大部分高等院校和中小学都先后建立了电教中心与电教室，部分高校成立了教育技术科研机构，开设了电化教育专业，逐步形成了包括专科、本科、研究生三个层次的现代教育技术人员培养体系。1979 年创立了中央广播电视大学，地方广播电视大学也相继成立。1986 年创建了中国教育电视台，开始实施卫星电视教育。经几年的努力，教育电视节目的接收系统遍及全国，已形成了世界上最大的教育电视传输网络。在 1979 年以后的十年中，我国的电化教育取得了显著的成绩，形成了一支素质较高的专、兼职电教队伍，制作了大量的电教之材，出版了大量的电化教育刊物和著作，广泛开展了电化教育的理论研究，推动了中、小学电化教育的开展，并取得了显著成果，电化教育事业为工农业生产和现代化建设培养了大量的专业技术人员，在国内外产生了深远的影响。1986 年，中国教育电视台（CETV）创建，截至 1997 年底，我国已经建立教育电视台、收转台 940 多座，卫星电视地面接收站 1 万多座，放像点 6.6 万多个。全国教育电视网络初步形成。

我国的教育技术工作者主要包括三类人员：第一类是教育技术（电化教育）理论研究者，主要来自高等院校中的教育技术系或教育技术研究中心等；第二类是全国电教系统的专业人员，包括中央及省、市、自治区的电教馆人员以及各学校的电教人员；第三类是从事信息技术教育研究、应用的相关人员，以及相关学科的教师。学校中各学科的教师则是教育技术实践领域的生力军。据 1995 年的调查，我国已有教育技术机构 74849 个，专职从事教育技术工作的人员达 20 万人。从 1978 年开始，部分高等院校着手开设教育技术(电化教育)专业。1986 年，国务院学位委员会正式批准北京师范大学等院校设立教育技术学硕士学位授予点。据不完全统计，到 2005 年，全国有 200 多所高等院校设置了教育技术学本、专科专业，40 多所高等院校具有教育技术学专业硕士学位授予权。北京师范大学等 5 所院校具有教育技术学专业博士学位授予权，从而形成了完整的、多层次的、多方向的教育技术专业人才培养体系。

20 世纪世纪 90 年代末，是信息技术大发展时期，多媒体技术和网络技术已呈锐不可当之势进入社会、学校、家庭，教育技术的内容和形式也发生了深刻的变化，使我国的教育技术迅速向深层次发展，进入深入发展阶段。在媒体技术方面基于计算机的信息技术媒体已大量进入教育教学，如卫星广播技术应用于远距离教育，多媒体、人工智能技术应用于个别化学习，交互网络技术应用于协作学习，虚拟现实技术应用于仿真教学等。教育技术理论研究重点从 20 世纪 90 年代以前的视听教育媒体的理论与应用研究，转向了对多媒体组合运用和学习过程的研究，特别是对教学系统的设计、开发、运用、评价与管理的研究，重视对以计算机为基础的信息技术在教育教学中的应用研究，重视教学系统设计和认知学习理论，重视建构主义学习理论对教育技术的指导作用。

进入 21 世纪以来，信息技术广泛渗透经济和社会的各个方面，人们的生产方式、生活方式以及学习方式正在和已经发生深刻变化，全民教育、优质教育、个性化学习和终身学习已成为信息时代教育发展的重要特征。面对日趋激烈的国力竞争，世界各国普遍关注教育信息化在提高国民素质和增强国家创新能力方面的重要作用，纷纷出台战略规划和采取重大举措加快教育信息化发展。现代教育技术是当前教育改革的"突破口"和"制高点"，在全社会已形成共识。

2012 年 3 月，国家《教育信息化十年发展规划（2011～2020 年）》的颁布实施，必将加快教育信息化建设步伐，促使处于低迷徘徊期的教育技术迎来难得的发展机遇，推动教育事业跨越式发展。

三、教育技术的发展趋势

随着现代科学技术的发展和教育信息化建设步伐的加快，教育技术也在不断发展之中，其发展趋势主要体现在以下几个方面。

（一）教育技术理论基础的学习和研究重新得到重视

回顾现代教育技术的发展，一是多媒体技术的发展，二是相应教育技术理论的发展。正因为有新理论的不断引进、融合和消化，对现代教育技术起着积极的指导作用，才使得现代教育技术逐步取得突破性进展。因此，近年来，国际教育技术界在大力推广应用现代教育技术的同时都日益重视并加强对教育技术理论基础的研究，主要表现在以下两个方面。

（1）重视现代教育技术自身基础理论的研究。例如美国教育技术与传播协会于1994和2005年，先后对教育技术给出了全新、与时俱进的定义，对教育技术的研究范围和研究内容进行了专门研讨，这不仅是美国教育技术界的重要理论研究成果，这对整个20世纪90年代及至21世纪初等教育技术的发展起到有力的推进作用，也对我国的现代教育技术产生较大的影响。

（2）加强了认知科学理论和建构主义学习理论的应用研究。认知科学的学习理论在教育技术的发展中开始逐渐占主导地位，它主要涉及现代教育技术学习环境和教学模式的设计、教学媒体的设计和学生模型的设计。随着多媒体计算机和网络技术的普及，为建构主义学习理论的实施提供了物质基础和技术支持，使得建构主义所倡导的学习环境的几个基本属性能够得以实现。教育技术是涉及教育、心理、信息技术等学科的一个交叉学科。教育技术需要技术，尤其是信息技术的支持。作为交叉学科，教育技术融合了多种思想和理论，它的理论基础包括教育理论、学习理论、传播学、系统理论等。在教育技术领域内，上述理论相互融合，以促进人的发展为目标而各尽其力。现在，教育技术研究不仅关注个别化学习，还对学生之间如何协同与合作进行系统的研究，研究技术所支持的学习环境将真正体现出开放、共享、交互、协作等特点，因此，适应性学习和协作学习环境的创建将成为人们关注的重点。教育技术将更加关注技术环境下的学习心理研究，深入研究技术环境下人的学习行为特征、心理过程特征、影响学习者心理的因素；更加注重学习者内部情感等非智力因素，注重社会交互在学习中的作用。

此外，教育技术交叉学科的特性决定了其研究和实践主体的多元化，协作将成为教育技术发展的重要特色。其中包括教育、心理、教学设计、计算机技术、媒体理论等不同背景的专家和学者共同研究和实践，开放式的讨论与合作研究已成为教育技术学科建设和发展的重要特色。

（二）教育技术的实践性和支持性将得到充分重视

教育技术作为理论和实践并重的交叉学科，需要理论指导实践，在实践中进行理论研究。目前，教育技术研究最前沿的两个领域是信息技术与课程整合以及网络教育，所有这些乃至终身教育体系的建立都强调对学习者学习的支持，即围绕如何促进学习展开所有工作。正因如此，人们将会越来越重视包括教师培训、教学资源建设、学习支持等在内的教育技术实践性和支持性研究。

当前对教育技术中"技术"的两分法解决了教育技术的复杂性问题，但同时也给教育技术领域的发展带来了不可忽视的负面影响，其主要表现在整个研究领域的泛化上。如果教育技术到了既包括以各种媒体设备存在的硬技术，又包括各种无形的、智能形态的、表现为各种方法与策略的软技术的时候，教育技术似乎变得无所不包了。对于教育技术学这个尚不成熟的学科来说，无所不包的结果最后只能是在泛化中迷失并消解自己。因而，对教育技术中的"技术"持一种恰到好处的理解对教育技术的发展来说是至关重要的。"以提升学习与绩效为目的，教育技术应包括媒体技术设备以及对这些设备的设计与使用，但不应包括那些不依托媒体设备而存在的纯粹智能形态的理论、策略与方法。"这样界定教育技术的"技术"，不仅可以保持以教学媒体研究为起点与核心的教育技术研究传统毫不动摇，不至于重外国轻中国、数典忘祖，失去教育技术发展的根本，同时还有助于不断扩展教育技术研究的科学知识基础，发展教育技术学科理论的知识体系，做好教育技术理论和实践的本土化工作。这既有利于教育技术的学科发展，也有利于教育技术的实践应用，尤其是在坚持教育技术"应用导向"策略的关键时期。

弄清了这些问题就会明白，未来的教育技术的发展，应该包括新媒体技术设备以及对这些设备的设计和使用，所有的理论研究和实践应用都应该围绕媒体和媒体的设计应用展开。几年前曾有研究者预言，未来的教育技术将是全面代替和包容教育学。这完全是一种盲目冒进的观点，缺乏理性思辨和实现基础。所以现在需要剔除和过滤近年来教育技术泛化的东西，以更加理性和科学的态度框定我们的学科和工作范畴。这也可以说是在教育技术发展的关键时期，以理性回归和辨证思想理解和引领教育技术的"应用导向"，充分体现教育技术的实践性和支持性。

（三）教育技术的应用模式将日益网络化、智能化、虚拟化、多样化

处在教育信息化大背景下的教育技术，未来的发展将充分体现网络化、智能化、虚拟化和多样化。主要表现模式如下。

（1）基于常规教育技术媒体的"常规模式"。即将传统媒体，如幻灯、投影、视听设备、语言实验室等和多媒体结合应用。

（2）基于 Internet 的"网络模式"。其主要标志就是 Internet 应用的迅速发展。在信息社会中，Internet 是进行知识获取和信息交流的强有力工具，它将改变人们的学习、工作和生活方式。基于 Internet 的远程教育目前正在发挥着越来越重要的作用。

（3）基于多媒体计算机的"多媒体模式"。人工智能是一门研究运用计算机模拟和延伸人脑功能的综合性学科。与一般的信息处理技术相比，人工智能技术在求解策略和处理手段上都有其独特的风格。人工智能的一些成果，以及智能计算机辅助教育系统目前已在教育教学领域得到应用。值得注意的是，"多媒体"不是多种媒体的简单组合，而是指能够同时采集、编辑、存储和显示文字、声音、图片、活动图像、动画的技术。以多媒体计算机为工作母机，以各种操作软件为工作环境，对上述各种信息媒体进行数字化加工处理，用来扩展人与计算机交互的多种技术的综合。

（4）基于计算机仿真技术的"虚拟现实模式"。虚拟现实是由计算机生成的交互式人工世界，是继多媒体广泛应用后出现的更高层次的计算机接口技术，其根本目标就是通过视、听、触等方式达到真实的体验和交互，它可以有效地运用在教学、展示、设计等方面。多媒体计算机、仿真技术加上特殊的头盔和数据手套，可以创造一种身临其境的感觉，可以使人全身心地投入到当前的虚拟现实世界中。虚拟现实技术支持下的学习环境将成为人们进行思维和创造的助手，以及对已有概念进行深化和获取新概念的有力工具。

随着教育信息技术的发展，教育技术常规化、网络化、智能化、虚拟化的程度将日益提高，并对教学手段、教学方法和教学模式产生深远影响。其中，常规模式不仅在我国而且在发达国家，在今后一段时间仍然是现代教育技术应用的重要模式，因此必须继续给予足够的重视，在中小学尤其如此。"多媒体模式"和"网络模式"代表着现代教育技术发展的方向和未来。

第三节　现代教育技术与教育改革

一、现代教育技术与教育信息化

2012 年 3 月 17 日，国家《教育信息化十年发展规划（2011～2020 年）》颁布实施，这是中国教育界的一件大事。

2012 年 9 月 5 日，中共中央政治局委员、国务委员刘延东在全国教育信息化工作电视电话会议上作了"加快教育信息化建设步伐，推动教育事业跨越式发展"的重要讲话。刘延东强调，要深入贯彻落实教育规划纲要，创新教育模式和学习方式，加强优质教育资源和信息化学习环境建设，推进信息技术与教育教学的全面深度融合，加快提升教育信息化整体水平，为实现教育现代化、建设学习型社会和人力资源强国提供坚实支撑。

进入 21 世纪以来，信息技术广泛渗透经济和社会的各个方面，人们的生产方式、生活方式以及学习方式正在和已经发生深刻变化，全民教育、优质教育、个性化学习和终身学习已成为信息时代教育发展的重要特征。面对日趋激烈的国力竞争，世界各国普遍关注教育信息化在提高国民素质和增强国家创新能力方面的重要作用，纷纷出台战略规划和采取重大举措加快教育信息化发展。

国家高度重视教育信息化建设。2010年党中央、国务院颁布的《国家中长期教育改革和发展规划纲要（2010~2020）》（以下简称《教育规划纲要》）指出："信息技术对教育发展具有革命性影响，必须给予高度重视"，明确要求"加快教育信息化进程"，并用单独一章对教育信息化工作进行了总体部署，将教育信息化的战略地位提到了前所未有的高度，使教育信息化进入了一个崭新的发展阶段。

（一）教育现代化与教育信息化的含义

顾明远教授认为，教育现代化是传统教育转化为现代教育的过程。教育现代化的内容很广泛，包括教育思想的现代化、教育制度的现代化、教育内容的现代化、教育设备和手段的现代化、教育方法的现代化、教育管理的现代化等。现代化以产业革命为起点，经历了工业化和信息化两个阶段。我们研究的教育信息化，实质上就是教育现代化的第二个阶段。

关于教育现代化确切含义，学术界至今没有一致的看法，更无公认的定义。教育现代化作为一个综合的、开放的、动态性的概念，依靠一定条件而存在，而且必须在整个社会的现代化包括经济现代化与人文现代化联系起来加以考虑。广义而言，教育现代化是社会现代化的重要组成部分，是由工业化引起，并与之相适应，由传统教育向现代教育的整体转换的过程。狭义而言，教育现代化是指教育要适应经济、社会、文化的发展，构建起国民教育体系和终身教育体系相贯通的教育格局，结合国内外教育资源，继承并创新、赶超国内外先进教育发展水平的过程。

教育信息化，是指在国家及教育部门的统一规划和组织下，在教育系统的各个领域全面深入地应用现代信息技术，加速实现教育现代化的过程。教育信息化既具有"技术"的属性，同时也具有"教育"的属性。从技术属性看，教育信息化的基本特征是数字化、网络化、智能化和多媒体化。从教育属性看，教育信息化的基本特征是开放性、共享性、交互性与协作性。教育信息化包含六个要素：信息资源、信息网络、信息技术应用、信息技术和产业、信息化人才以及信息化政策、法规和标准。这六个要素是一个有机的整体，构成符合中国国情的、完整的教育信息化体系。该体系中，信息网络是基础，信息资源是核心，信息资源的利用与信息技术的应用是目的，而信息化人才、信息技术产业、信息化政策、法规和标准是保障。

（二）教育技术与教育信息化的互动

教育信息化水平指标主要反映教育系统对信息化社会的适应情况以及信息技术和网络资源在教育中的应用情况。教育信息化不仅表现为电脑和网络等信息基础设施和信息共享平台的建设情况，更表现为教师和学生教育信息资源的开发和使用情况。教育信息化具体包括两个二级指标："中小学生机比"反映学校教育信息化硬件建设水平；"中小学建网率"反映学校教育对网络资源的使用情况。通过校园网可以存储、采集、交流丰富的教育教学资源，也是学校进行现代化教育教学管理、校园文化建设、加强学校与社会沟通的重要平台。教育信息化可以极大地提高教育过程的效率。

祝智庭教授在《中国电化教育》（2001年第2期）上曾发表过"教育信息化——教育技术新高地"的论文，说明教育信息化已成为教育技术研究的新高地。通过对教育信息化概念、特点、要素的分析，可以看出它与教育技术具有相交性，指标中教育信息化水平在一定程度上反映了教育技术自身的发展，因此教育技术发展水平事实上就是教育现代化指标体系中的不可或缺的重要组成部分，体现了教育技术与教育现代化部分与整体的关系。

教育信息化一方面为教育现代化提供了方法、途径和前提，另一方面，教育信息化的过程极大地丰富教育信息化的内容，同时对教育思想、教育内容、教育方法、教育手段、教育管理等诸多方面所产生的深刻变革，将成为教育现代化研究的重要内容，没有教育信息化，就不可能实现教育的现代化。从现阶段来看，我国教育信息化的重点主要是学校和专门的教育机构，主要内容包括在中小学普及信息技术教育，包括中小学"校校通"工程和高校"数字校园"建设，以及现代远程教育等。从长远看，教育信息化的领域必然会延伸到家庭和社会的各个方面。其中，家庭教育信息化和现代远程教育的实施有利于从根本上消除由于地区之间经济发展的不平衡所产生的教育水平的差距，使全体国民的综合素质普遍均衡提高。

教育技术是提升教育生产力的学科，而教育信息化无疑也是出于这一目的，那么教育技术和教育信息化所追求的目标是完全一致的，二者最多也只是范畴大小的问题。显然，教育技术是小范畴，教育信息化是大范畴，在实施教育信息化进程中，教育技术无疑是最贴近、最有力、最活跃的元素和推力。由此可以说，起步于20世纪70~80年代，一度非常活跃、发展非常迅猛的教育技术，现在又迎来了新的发展机遇，这次机遇是一次本质意义上的大机遇。教育信息化是教育理念和教学模式的深刻变革，是促进教育公平、提高教育质量的有效手段，是实现终身教育、构建学习型社会的必由之路。

二、现代教育技术对教学改革的影响

现代教育技术对教学改革的影响核心在于"信息技术与课程整合理论"的形成以及如何运用信息化教学环境（尤其是网络教学环境）来促进教育深化改革，大幅提升中小学各学科的教学质量与学生的综合素质。这不仅是中国教育信息化健康、深入发展的关键，也是当今世界各国教育信息化健康、深入发展的关键。各学科教学质量与学生综合素质的提升主要通过课堂教学来实现，所以课堂教学是学校教育的主阵地。过去，教育信息化往往在软硬件基础设施建设或教育信息管理方面下很大工夫，当然这些工作也是必不可少的，但不能总是抓基础，总是打外围战，教育信息化必须面向课堂教学这个主阵地，要打攻坚战，才会有显著成效。这就必须把信息技术与各学科教学的整合真正落到实处才有可能，而这又有赖于科学的信息化教学理论的指导。如上所述，信息化教学理论的核心是"信息技术与课程整合理论"。但令人遗憾的是，迄今为止关于"信息技术与课程整合"这一关系到能否通过教育信息化实现学科教学质量与学生综合素质提升，并促进教育深化改革的至关重要问题，目前国际上还没有真正研究出一套比较科学、系统的理论来加以阐述。

众所周知，任何一种关于教育信息技术与课程整合的理论都必须能够对以下三个方面的问题做出全面而正确的回答。

- 教育信息技术与课程整合的目标与意义是什么（为什么要整合）？
- 教育信息技术与课程整合的定义与内涵是什么（什么是整合）？
- 教育信息技术与课程整合的途径与方法是什么（如何进行有效整合）？

换句话说，"为什么？是什么？怎么做？"这些涉及整合的目标、内涵与方法等广大教师最为关心的问题就是信息技术与课程整合中的核心、本质的问题。真正科学的信息技术与课程整合理论必须能对这些问题给出令人满意的回答。

目前国际上许多国家，包括美国和中国在内，在教育信息化方面花了几百甚至上千亿元的资金投入，却看不到明显的效果——搞了教育信息化和没搞教育信息化相比，学科教学质量与学生综合素质变化并不大。其根本原因就在于缺少科学的信息技术与课程整合理论的正确指导，尤其是深层次整合理论的指导，从目前的实际情况看，包括西方发达国家在内，绝大多数的教师对于整合的内涵、实质认识还不太清楚，更未能找到有效整合的途径与方法。

第四节　教育技术与教师专业发展

人类已经进入信息时代，随着科学技术和经济的发展，各行各业的竞争导致对各类人才专业水平的要求逐步加大，也对教师的专业素质提出了更高的要求。一般说来，专业素质主要包含知识、能力等多个方面，其中知识是基础，能力是技能化知识的综合体现，素质则是知识和能力的升华。对于信息时代的教师而言，专业素质可以通过教育技术能力、信息技术与课程整合的水平等方面得到具体表现。

一、教师专业知识发展

教师教育作为一种专业,教师作为一种职业,需要一定的知识储备作为条件。教师的知识广义地讲,可分为理论性知识和实践性知识。理论性知识是一种静态的、相对固定的知识,对教师来说包括学科知识、教学理论、学科教学论等,这些知识储备是作为一个教师的充分必要条件;而实践性知识则是一种动态的、情景化的知识,它是理论性知识结合教师的价值观以及具体的教学情景而来的知识,往往比较抽象。这一部分知识虽然是只可意会、不可言传的东西,但却是教师职业专业性的体现。

1. 教师知识的分类

关于教师应具备的专业知识,美国著名教育学者舒尔曼教授于 1986 年撰文提出了学科教学知识(pedagogical content knowledge)的概念,并且对教师知识做了比较系统的总结,认为至少应该包括以下七个方面。

① 学科内容知识:指的是特定学科专业知识,如语文、数学、英语等。
② 一般教育学知识:如通用的教学原理、技巧及策略等。
③ 教学内容知识:融合学科的内容知识及一般教学知识,将特定学科内容以适应不同特性学生的方式加以组织、表征的知识。
④ 课程知识。
⑤ 学生特性知识。
⑥ 教育环境知识。
⑦ 教育目的知识。

2. 教师知识的获取

进入师范院校学习无疑是获取教师知识的一种最直接的方式,这类院校本身就是为培养未来教师的专业知识服务的。但是,事实上通过师范教育所获得的专业知识,对实际从事教学活动来说往往是不够的,也不一定能够适应未来教师所在的工作环境以及他们将要面对的学生。

在职学习或者在职培训也是一种基本的方法。长期以来,新教师都是通过自己的摸索,逐步学习适应并形成自己的教学实践性知识,因此教师成长的经历会比较漫长,作为教育部门和学校也不得不投入大量的精力来对教师进行各种培训。

3. 教师专业知识发展模式

现在已有一些比较有效的发展模式,如著名的公式:已有的知识经验+实践+反思=成长。而随着信息技术的迅速发展和在教师发展中的广泛应用,不仅可以有效改善教师吸收外来的知识如教育学、课程论、学科知识的途径,也可以有效改进教师对教学实践的反思,从而更加有利于教师的专业发展。尤其是知识管理思想的提出,不仅可以形成一种个人化的专业发展途径,也可以形成一种组织层次和群体形式的知识学习与反思活动,为教师专业发展拓宽了道路。

二、教师教育技术能力标准

(一)美国的国家教师教育技术标准

作为一个信息时代的合格教师,究竟应该具备哪些有关信息技术的基本知识、技能和素养,具备哪些运用信息技术进行教学的知识和技能,才能有效地在课堂教学中使用信息技术?早在 1993 年,国际教育技术联合会(International Society for Technology in Education,简称 ISTE)就制定了美国国家教师教育技术标准(National Educational Technology Standard for Teachers,简称 NETS)[1],具体说明了教师在教学中有效运用计算机和其他电子设备所必须具备的技能和知识。

---

[1] 陈祎. 美国国家教师教育技术标准. 中国信息技术教育. 2006-1-24. http://www.nettime.net.cn/itedu/news/2005125/20051251032 396900.htm.

美国国家教师教育认证委员会（The National Council for Accreditation of Teacher Education，简称 NCATE）将这个标准作为审核教师认证、培训相关项目的依据。

2000年，ISTE推出了NETS的第三版，该版本中共给出23个行为指导，它们分别属于6个能力范畴，充分体现了有关使用技术进行教和学的研究，以及技术等方面的进步。

Ⅰ．技术的操作和概念

教师应对技术的操作和概念形成正确的理解。具体内容包括：（A）形成有关技术的基本知识、技能和概念理解；（B）能持续更新自己有关技术的知识和技能，以跟上技术的新发展。

Ⅱ．策划、设计学习环境和过程

教师策划和设计基于技术支持的学习环境和过程。具体内容包括：（A）设计适应学生发展水平的学习活动，在其中采用能够发挥技术优势的教学策略，满足学习者的不同需要；（B）在设计教学环境和过程时，能利用教学技术研究新成果；（C）明确、查找有关的教学资源，并评价其准确度和合理性；（D）制订学习活动中教学资源的管理计划；（E）制订技术环境中学生学习的管理策略。

Ⅲ．教学、学习与课程

教师完成全部课程计划，其中包含应用技术促进学生学习的最优化方法和策略。具体内容包括：（A）促进技术支持的学习过程，同时达到课程内容标准和学生技术标准；（B）用技术支持以学习者为中心的教学策略，满足学生的不同需要；（C）运用技术发展学生的高级思维能力和创造力；（D）管理学生在技术化环境中的学习活动。

Ⅳ．测试与评估

教师利用技术进行更方便、有效的评估。具体内容包括：（A）运用技术、采用多种评价方法来评价学生对学科内容的掌握情况；（B）利用技术收集、分析各种数据，得出分析结果，并与他人交流分析结果，以改进教学实践，促进学生学习的最优化；（C）使用多种评价方法，判断学生在学习、交流和实践活动中使用技术资源的有效性。

Ⅴ．工作实效和职业实践

教师利用技术促进他们的工作实效和职业实践。具体内容包括：（A）利用技术资源促进持续的专业能力发展和终身学习；（B）对自己的教学活动不断进行评价和反思，以便在利用技术促进学生学习方面作出有效的决策；（C）利用技术提高自己的工作实效；（D）利用技术手段与其他教师、家长和社区成员进行交流、合作，以更好地促进学生的学习。

Ⅵ．社会、道德、法律和人性方面的问题

教师要了解与PK-12（即Pre-K-12，从学前到高中年级）学校中的技术应用有关的社会、道德、法律和人性问题，并将这些知识观念应用在实践中。具体内容包括：（A）示范、传授与技术利用有关的法律和道德习惯；（B）利用技术资源使不同背景、不同性格和不同能力的学习者均能得到良好的发展；（C）明确和使用体现多元化差异的技术资源；（D）促进技术资源的健康、安全的使用；（E）保障所有学生能够有均等的机会使用各种技术资源。

除了上述的能力范畴和行为指导之外，ISTE还针对4类不同的对象，进一步细化出多个与日常教学紧密联系的具体行为项，通过参照这些行为项，教师可以很容易地判断自己是否符合该标准的要求，培训机构也可以据此对教师做出判断。这四类对象包括：

● 完成了培训课程中基础部分的师范学生；
● 进行教学实习之前的师范学生；
● 实习结束已经拿到教师资格证书的教师；
● 已经完成第一年教学实践的教师。

（二）我国的中小学教师教育技术能力标准

为了加强对我国中小学教师教育技术应用能力的培养，促进信息技术在基础教育领域的有效应用，我国教育部于2004年12月正式颁布了《中小学教师教育技术能力标准（试行）》。该标准包括"教学人员教育技术能力标准"、"管理人员教育技术能力标准"以及"技术人员教育技术能力标准"三个部分，其内容均涉及意识与态度，知识与技能，应用与创新，社会责任四个方面。标准具体规定了相关人员的教育技术能力结构要求和达到各等级的培训所需的基本内容。该标准是指导我国中小学教学与管理人员教育技术培训与考核的基本依据，下面列出了《中小学教师教育技术能力标准（试行）》中"教学人员教育技术能力标准"的内容。

教学人员教育技术能力标准

一、意识与态度

（一）重要性的认识
1. 能够认识到教育技术的有效应用对于推进教育信息化、促进教育改革和实施国家课程标准的重要作用。
2. 能够认识到教育技术能力是教师专业素质的必要组成部分。
3. 能够认识到教育技术的有效应用对于优化教学过程、培养创新型人才的重要作用。

（二）应用意识
1. 具有在教学中应用教育技术的意识。
2. 具有在教学中开展信息技术与课程整合、进行教学改革研究的意识。
3. 具有运用教育技术不断丰富学习资源的意识。
4. 具有关注新技术发展并尝试将新技术应用于教学的意识。

（三）评价与反思
1. 具有对教学资源的利用进行评价与反思的意识。
2. 具有对教学过程进行评价与反思的意识。
3. 具有对教学效果与效率进行评价与反思的意识。

（四）终身学习
1. 具有不断学习新知识和新技术以完善自身素质结构的意识与态度。
2. 具有利用教育技术进行终身学习以实现专业发展与个人发展的意识与态度。

二、知识与技能

（一）基本知识
1. 了解教育技术基本概念。
2. 理解教育技术的主要理论基础。
3. 掌握教育技术理论的基本内容。
4. 了解基本的教育技术研究方法。

（二）基本技能
1. 掌握信息检索、加工与利用的方法。
2. 掌握常见教学媒体选择与开发的方法。
3. 掌握教学系统设计的一般方法。
4. 掌握教学资源管理、教学过程管理和项目管理的方法。
5. 掌握教学媒体、教学资源、教学过程与教学效果的评价方法。

三、应用与创新

（一）教学设计与实施
1. 能够正确地描述教学目标、分析教学内容，并能根据学生特点和教学条件设计有效的教学活动。
2. 积极开展信息技术与课程的整合，探索信息技术与课程整合的有效途径。
3. 能为学生提供各种运用技术进行实践的机会，并进行有针对性的指导。
4. 能应用技术开展对学生的评价和对教学过程的评价。

（二）教学支持与管理
1. 能够收集、甄别、整合、应用与学科相关的教学资源以优化教学环境。
2. 能在教学中对教学资源进行有效管理。
3. 能在教学中对学习活动进行有效管理。
4. 能在教学中对教学过程进行有效管理。

（三）科研与发展
1. 能结合学科教学进行教育技术应用的研究。
2. 能针对学科教学中教育技术应用的效果进行研究。
3. 能充分利用信息技术学习业务知识，发展自身的业务能力。

（四）合作与交流
1. 能利用技术与学生就学习进行交流。
2. 能利用技术与家长就学生情况进行交流。
3. 能利用技术与同事在教学和科研方面广泛开展合作与交流。
4. 能利用技术与教育管理人员就教育管理工作进行沟通。
5. 能利用技术与技术人员在教学资源的设计、选择与开发等方面进行合作与交流。
6. 能利用技术与学科专家、教育技术专家就教育技术的应用进行交流与合作。

四、社会责任

1. 公平利用努力使不同性别、不同经济状况的学生在学习资源的利用上享有均等的机会。
2. 有效应用努力使不同背景、不同性格和能力的学生均能利用学习资源得到良好发展。
3. 健康使用促进学生正确地使用学习资源，以营造良好的学习环境。
4. 规范行为能向学生示范并传授与技术利用有关的法律法规知识和伦理道德观念。

（三）教师教育技术（能力）标准与教师信息素养

作为信息时代教师信息素质的基本要求，中、美两国教师教育技术（能力）标准的内容与我国教育界目前所关注的人才"信息素养"培养在本质上是一致的。

一般说来，信息素养包含有技术和人文两个层面的意义：在技术层面上，信息素养反映的是人们搜索、鉴别、筛选、利用信息的能力，以及有效地在教学过程中使用信息技术的技能；在人文层面上，信息素养则反映了人们对于信息的情感、态度和价值观，它建立在技术层面的基础之上，涉及到独立学习、协同工作，个人和社会责任等各个方面的内容。

在信息时代中，教育技术理论和实践的学习、研究和应用，将在新型合格教师的培养过程中发挥着举足轻重的作用。

三、信息技术与课程整合

"信息技术与课程整合"是一个随着教育技术进步和教学实践发展不断提出新目标向前发展的工程，也是信息时代对教师素质的新要求。这里包含有许多不同特点的课题，例如不同学科、不同学生、不同学习阶段里如何实现"整合"等。所以不可能给它规定单一的框架或者某个统一的具体模式，只能通过长期的探索与实践使之逐步完善，跟上信息社会发展对教育提出的需求。

（一）信息技术与课程整合的概念

"整合"在系统科学的思维方法论上，表示为"由两个或两个以上较小部分的事物、现象、过程；物质属性、关系；信息、能量等在符合具体客观规律或符合一定条件要求的前提下，凝聚成一个较大整体发展过程及结果"。那么，什么是信息技术与课程整合呢？目前人们对于该概念的说法不尽相同，这里给出国内专家的几种代表性观点。

1．信息技术与课程整合将改变教学结构

何克抗教授认为，信息技术与课程整合的本质与内涵是要求在先进的教育思想、理论，尤其是主导——主体教学理论的指导下，把计算机及网络为核心的信息技术作为促进学生自主学习的认知工具与情感激励工具、丰富的教学环境的创设工具，并将它们全面应用到各学科教学过程中，使各种教学资源、各个教学要素和教学环节，经过整理、组合、相互融合，在整体优化的基础上产生聚集效应，从而促进传统教学方式的根本变革，也就是促进以教师为中心的教学结构与教学模式的变革，从而达到培养学生创新精神与实践能力的目标。

2．信息技术与课程整合的核心是数字化学习

华南师范大学李克东教授认为，数字化学习是信息时代学习的重要方式，数字化学习是信息技术与课程整合的核心。信息技术与课程整合是指在课程教学过程中把信息技术、信息资源、信息方法、人力资源和课程内容有机结合，共同完成课程教学任务的一种新型的教学方式。信息技术与课程整合是我国面向 21 世纪基础教育教学改革的新视点，是与传统的学科教学有着密切联系，又具有一定相对独立性特点的新型教学类型。对它的研究与实施将对发展学生主体性、创造性和培养学生创新精神和实践能力具有重要意义。

3．信息技术与课程整合是将信息技术融入教学

台湾淡江大学徐新逸教授认为，信息技术融入教学的"信息科技"是指计算机多媒体或网络科技。这些媒体技术具有数字化、影音声光多重刺激、易于存取、快速处理、便于沟通等功能，而"融入"一词（implementation 或 integration）其实就是成为教学工具。信息技术融入教学（computer-integrated instruction or technology implementation into classroom）即教师教学时配合授课内容与教学策略所需，应用多媒体和网络的特点，将信息技术视为教学工具。因此，教师不仅要会用信息技术，而且要用信息技术来更有效地达成教学目标。

通过上述观点，可以从中获得一些共性的东西是，信息技术与课程整合是指把信息技术作为工具融入教学过程，达到对某一学科或课程学习的改善。事实上，信息技术与课程整合将使传统的信息技术从只进行辅助教学的误区中摆脱出来，强调系统、全面地看待信息技术，强调建立新型的基于信息技术的教与学模式，强调学习者使用信息技术进行自主、探究、协作式学习。

（二）信息技术与课程整合的目标

信息技术与课程整合的根本目标是培养学生的解决问题能力，实现面向时代发展的创新人才培养。具体可以体现在以下几个方面。

1．充实、拓展课程的学习内容，促进创新人才的培养

通过信息技术与课程内容的整合，可以充实、拓展课程的学习内容，提高学生对该课程的兴趣，为培养相关学科的专业人才打下基础。例如，通过信息技术与物理课程内容的整合，不仅有效地帮助学生理解了学科内容，同时也丰富、拓宽了学科的学习内容。还可增加学生对物理学科的兴趣和爱好，为学生今后的发展打下基础。同时，整合可帮助学生实现探究学习、主动建构知识。

2．培养学生解决问题的能力，提高学生的信息素养

以信息技术解决问题的能力应在解决问题的过程中培养。因此，在信息技术教育中，十分强调任务驱动。信息技术与课程整合的实质是以信息技术解决课程和课程学习中的各种问题。它是十分具体的，又是对学习具有重要意义的任务。通过信息技术与课程的整合，可以有效地培养学生用信息技术解决问题的能力，可以有效地培养学生的信息素养。

目前，信息技术教育在学校教育中已经占有十分重要的地位，信息技术与课程的整合也是信息技术教育的重要组成部分，是对信息技术课程内容的一个补充。信息技术课程所涉及的内容只

是该课程的基础，许多内容在课程教学中不可能涉及。而信息技术与课程整合则可以通过信息技术在相关学科的应用，在较大程度上充实和完善学校的信息技术教育。

（三）信息技术与课程整合的实施

信息技术与课程整合的实施，应当根据课程的特点、内容的要求、学生的特点进行。应当注重整合的实际效果，不能将其定式化。只有这样，信息技术与课程整合才具有活力，才能够真正实现其目标。

1．注重整合的课程特点

信息技术与课程的过程中，应注重课程特点，基于不同课程的不同特点进行整合。在此基础上培养、提高学生发现问题和解决问题的能力。下面我们来举例说明。

物理是一门实验性的学科。在信息技术与物理课程整合时，应重视物理实验和物理现象的观察，理解数据的整理和应用，应用信息技术对数据的检测、处理，辅助实现规律的发现和问题的解决。

数学是一门有关数、数量关系及其计算的学科。在信息技术与数学课程整合时，应让学生通过对各种信息、数据的收集和整理，加深对数量、图形、函数及其相关定理的理解，由此培养学生对信息判断和处理的能力。

语文是有关语言与文字的基础学科。通过语文学科的学习，学生应能利用语言、文字较好地表现自己的思想。信息技术与语文整合时，应基于特定的教学目标和要求，让学生通过对相关信息的收集和处理，有效地、充分地表达和交流自己的思想。

2．注重整合的过程

传统教学是以知识的理解为基本目标的，这种教学十分注重教学目标的设计。信息技术与课程整合是以培养学生获取知识的能力、分析和解决问题的能力为基本目标的学习形态。这种学习形态应注重学习过程的设计，即整合过程的设计。

在整合过程的设计中，教师所关心的不只是什么时候使用信息技术，更关心的是如何利用信息技术去收集、分析、处理与教学相关的信息，实现知识的探究、问题的解决。实际上，整合过程的设计就是知识探究过程、问题解决过程的设计。

3．注重综合学习

综合学习是以培养学生自我生存能力为主要目标的学习形态，它也是实现信息技术与课程整合的主要方法，信息技术与课程整合可根据综合学习的一般过程进行设计。综合学习的流程大致如下。

将学生置于实际的环境中，让学生在实际环境中与环境相互作用，发现问题。根据问题，学生自主地决定应解决的课题，并基于所决定的课题，自主地研究、制订解决该课题的计划。该计划应包括所研究课题的目标、方法、过程、人员、分工等。

通过学生自主地探究和解决问题，并对解决问题的过程、方法、结果进行评价。

在探究、评价的基础上，学生对课题及其解决有了一定的认识。应当基于这种认识对课题进行再认识、再探究，如此反复直至课题完全解决。

课题完成后，应进行总结、发表、交流。一方面，可对课题及其解决有更深入的认识、理解，另一方面，让学生有一种成就感。这个过程也是培养学生信息表现能力、协同工作能力的一个过程。课题完成后，应注重成果的推广或应用，使课题及其研究又返回到实践当中。

4．注重体验学习

体验学习是指将学生置于问题的实际环境中，通过学生与环境的相互作用，发现问题，发现解决问题的办法，最终实现问题的解决。这是一种面向实践，在实践的过程中进行学习、解决问题，培养学生联系实际、解决实际问题能力的一种有效的学习方法。体验学习可广泛用于理工科和文科的学习中。基于案例的学习、角色扮演的教学方法都可以认为一种体验学习。

为了实现体验学习，需要寻求一种用于体验学习的实际环境。学校教育中，由于各种条件的限制,有时很难建构这种现实环境。在这种情况下,可利用信息技术来建构一种虚拟的环境,让学生在这种虚拟的环境中进行体验学习。体验学习过程的设计,应根据学习内容、学习目标的要求进行,也可参考综合学习的学习流程进行设计。

在各种信息技术与课程的整合中,有人十分强调上网,而忽视了让学生在实际环境中进行学习、解决问题。有人批评这种现象是在学生与现实中设置了一道网络屏障,并警告不能以网络将学生与实际隔离开。我们应着重强调学生与实际的现实环境中,进行体验学习。

5.提倡协作学习

协作学习是在充分利用各种通信系统的基础上实施的一种学习形态。它能充分表现信息技术与课程整合的特点,有效地培养学生的协同工作能力,培养学生的分析问题和解决问题的能力。

协作学习可实现不同地域的合作,利用互联网可进行校际间的交流,也可进行国际间、不同文化间的交流,学生在这种交流中进行学习,实现能力的培养。国内外已经有不少利用信息技术进行协作学习的成功案例。

思考与实训

思考练习

1. 说说你对教育技术定义的理解。
2. 教育技术的发展过程经历了哪几个阶段?每个阶段引入的新教育理论是什么?
3. 教育技术的视觉教育、视听教育、教育传播各有哪些特点?
4. 教育技术的发展趋势主要有哪些?
5. 我国《中小学教师教育技术能力标准(试行)》在哪些项目上分别从技术和人文层面体现了对教师专业素质的要求?
6. 谈谈你对于信息技术与课程整合的认识。

实训项目

请你利用网络搜集与本章学习主题相关的内容,并将自己获得的认识与理解,以 Word 文档形式共享在班群空间(或上传到《现代教育技术》课程网站的"作业"中)。

第二章 教育技术的理论基础

【学习目标】
1. 了解行为主义理论、认知主义理论、客观主义理论、建构主义理论的基本观点。
2. 能够区别各种不同学习理论的特点和适用范围。
3. 理解在不同学习理论指导下的基本教学原则和规律。
4. 学会运用教育技术学的理论基础指导教学实践的基本方法。

第一节 学习理论

学习理论是对学习规律和学习条件的系统阐述，是心理学的一门分支学科，它主要研究人类与动物的行为特征和认知心理过程。由于学习过程的复杂性，到目前为止还没有一种学习理论能囊括所有的学习情景，人们从不同的角度对其进行研究，产生了各种不同的学习理论的流派，这些不同的理论各有特点并相互补充，适用于各种不同的情形，为我们提供了探讨学习中基本问题的不同视角，使之有可能较为全面地理解学习的性质、条件和规律，从而为教学理论和实践提供科学的基础。

教学理论以学习理论为基础，依据人的学习过程来研究如何教的问题。学习理论为教学的一般原理提供了最切实的起点，如何才能有效地控制教学情境中的关键因素，其可靠的答案大多来自学习理论的研究。虽然一种合适的学习理论并不是改进教学的充分条件，但是一种有效的教学理论必须是建立在有关的学习理论的基础上的。

这里对一些重要的比较普遍的学习理论进行阐述，就各种学习理论对教育技术的影响作初步论述，旨在使读者对这些理论的作用有一个初步的了解，并能结合教育技术的实践去理解学与教的理论。

一、行为主义学习理论

行为主义理论认为学习是塑造行为的过程，学习是刺激-反应的联结，学习是尝试错误的过程，学习的成功要靠强化。斯金纳在此基础上提出了程序教学的个别化教学方法，并提出了程序教学的五大原则：积极反应原则，小步子原则，及时强化原则，自定步调原则，低错误率原则。行为主义学习理论的特点是只注重有机体的外在反应，而不注重有机体的内部心理过程，认为有机体只是被动地接受外部刺激，通过尝试错误来获得正确的反应，而缺乏主动的内部心理活动的参与。

行为主义认为，学习是刺激与反应的联结，有机体接受外界的刺激，然后做出与此相关的反应，这种刺激与反应之间的联接（S-R）就是所谓的学习。早期的行为主义否认内部心理活动的作用，认为心理活动是无法进行研究的，因此被称为"暗箱"。

（一）行为主义学习理论的基本观点

1. 学习是刺激-反应的联结

巴甫洛夫（I.P.Pavlov）在 1890 年首先发现条件反射机理，从而开辟了高级神经活动的研究领域。对于他的经典实验，人们都很熟悉。当狗嘴里放入食物后将产生唾液分泌；食物是无条件刺激，唾液分泌是无条件反射。用任意刺激如铃声与食物的呈现相结合，经多次重复后铃声在没有食物情况下也能引起唾液分泌。这时铃声已经成为条件刺激，对铃声的反应则称为条件反射。

条件反射概念揭示了学习现象最基本的生理机制，对学习理论的发展产生了深远的影响。

华生（John B.Watson）在巴甫洛夫条件反射的基础上，提出人的学习是塑造行为的过程，这种学习可以通过上述替代的"刺激-反应（S-R）"的联结来实现，并提出："知道了反应就可以推测刺激，知道了刺激就可以预测反应。"从而形成了刺激-反应学习理论。

2．学习是尝试错误的过程

桑代克（Edward L.Thorndike）是美国著名的心理学家，受达尔文进化论的影响，他认为人类是由动物进化来的，动物和人一样进行学习，只是复杂程度不同而已。因此他通过动物实验来研究学习，提出了联结主义的刺激-反应学习理论。他所设计的最为成功的实验之一就是"猫开门"的实验，如图 2-1 所示。把饿得发慌的猫关进被称为迷笼的笼子，笼外放着食物，笼门用活动的门闩关着。被放进笼时的猫在笼子里躁动不安地在乱碰乱抓过程中，偶然碰到那个活动的门闩，门被打开了，猫吃到了食物。如此反复，猫从笼中出来吃到食物的时间会越来越短。实验表明，所有的猫的操作水平都是相对缓慢地、逐渐地和连续不断地改进的。由此，桑代克得出了一个非常重要的结论：猫的学习是经过多次的试误，是由刺激情境与正确反应之间形成的联结所构成的。

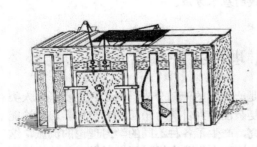

图 2-1 桑代克迷笼

3．学习成功的关键依靠强化

斯金纳（B. F. Skinner）用"操作性反应（operant）"来解释笼子里动物的行为，以区别巴甫洛夫和华生等人的观点。他认为，巴甫洛夫等人的实验对象的行为是由刺激所引起的反应，称为"应答性反应（respondents）"；而他的实验对象的行为是有机体自主发出（emitted）的，称为"操作性反应（operant）"。前者往往是种不随意的行为，后者则大多是随意的或有目的的行为。在大多数情况下，被动引出的反应在重要性程度上比主动发出的反应要逊色得多。因为，在应答性行为中，有机体是被动地对环境做出反应；而在操作性行为中，有机体是主动地作用于环境。经典条件作用只能用来解释基于应答性行为的学习，斯金纳把这类学习称为"S（刺激）类条件作用"。另一种学习模式，即操作性（或工具性）条件作用的模式，则可用来解释基于操作性行为的学习，他称为"R（强化）类条件作用"。

斯金纳认为，人类从事的绝大多数有意义的行为都是操作性的。例如，步行上学、读书写字、回答问题等，都是操作性行为的例子。当然，也许有人会说，事实上存在着许多引发这些反应的刺激。对此，斯金纳坚持认为，即便存在引出这些反应的刺激，它们在学习中也并不占主要地位。

操作性条件作用模式认为，不管有没有刺激存在，如果一种反应之后伴随一种强化，那么在类似环境里发生这种反应的概率就增加。而且，强化与实施强化的环境一起，都是一种刺激，我们可以以此来控制反应。这样，任何作为强化的结果而习得的行为，都可以被看作是操作条件作用的例子。人们由此把斯金纳的理论称为强化理论。在斯金纳看来，重要的刺激是跟随反应之后的刺激（强化），而不是反应之前的刺激，因此反应之后要给予及时强化。

（二）行为主义学习理论对教育技术的影响

由于行为主义主要通过可观察的行为来描述普遍的行为定律，因而行为主义理论理解起来相对较为简单。其正强化和负强化技巧在实践中往往十分有效。在教学过程中，教师常常运用行为主义原理来奖励或惩罚学生的行为。

行为主义学派曾经在心理学领域长期占据统治地位，并在教育方面有过极大影响。行为主义理论虽然也受到各方面的指责，但行为主义方法所包含的许多合理部分如强化规律等，在教学中特别是语言教学中仍然在发挥着重要作用。在教育技术领域，斯金纳仍然是最受推崇的学习理论先驱之一。

1. 程序教学对计算机辅助教学的影响

斯金纳认为，只有通过机械装置才能提供必要的、大量的强化系列。这就是斯金纳设计教学机器、提倡程序教学的主要出发点。程序教学是一种个别化的自动教学的方式，由于经常用机器来进行，也称为机器教学。斯金纳正是由于对程序教学理论所做出的杰出贡献而被称为"程序教学之父"。

斯金纳提出的程序教学的原则如下。

（1）积极反应原则。程序教学不主张完全由教师授课的方式进行教学，而是以问题的形式，通过教学机器或教材向学生呈现知识，使学生对一个个问题做出积极的反应，即要求学生通过程序教材和教学机器，能自己动脑、动手去学习。

（2）小步子原则。将教学内容按内在的联系分成若干小的步子编成程序。材料一步一步地呈现，步子由易到难排列。学生每次只走一步，做对了才可走下一步，每完成一步就给予一次强化，这就使强化的次数提高到最大限度，从而能促使学生主动、积极地学习。

（3）及时强化原则。斯金纳的操作性条件反射的规律认为，一个操作发生后，紧接着呈现一个强化刺激，那么这个操作力量就会得到增强。遵循这一规律，在教学中做到及时强化，也就成为程序教学中的一个原则。

（4）自定步调原则。以学生为中心，不强求统一进度，鼓励每一个学生以他自己最适宜的速度进行学习。当然这一原则是以个别化教学方式为基本前提的。

（5）低错误率原则。要求在教学过程中尽量避免学生出现错误的反应，错误的反应会得到令人反感的刺激，过多的错误会影响学生的情绪和学习的速度。少错误或无错误的学习可以增强学生学习的积极性，提高学习效率。

斯金纳的教学理论引领和推动了 20 世纪 50～60 年代风行美国乃至其他许多国家的程序教学运动，不仅促进了学习理论的科学化，加速了心理学和教育学的有机结合，而且也推动了教学手段的科学化和现代化；同时，也重新激起了人们对个别化教学研究的兴趣，使个别化教学在中断多年后又重新活跃起来。

为了实现程序教学的思想，人们设计了各种各样的教学机器。但是到了 20 世纪 60 年代末，由于技术水平跟不上，且由于教学内容的复杂而难以实施，程序教学落入低潮；到了 70 年代，随着高性能计算机技术的发展，程序教学方法开始广泛应用于计算机辅助教学（CAI）。因此，在美国这个计算机技术先进的国家首先出现计算机辅助教学这一新的教育技术是历史的必然。计算机辅助教学的产生与应用，不仅仅是教学手段和方法上的变化，更重要的是教学观念上的革命。

2. 程序教学对教学设计的影响

教育技术以视听教学为开端，系统思想和程序教学的融入促使了现代教育技术的更新和发展。教学过程的系统化设计——教学设计是教育技术的重要组成部分，虽然系统化设计教学过程的思想很早就有，但真正推动系统化设计，并且取得良好效果的是程序教学思想。程序教学以其精确组织的个别化、自定步骤的学习，确立了许多有益的指导原则。它建立的一系列学习原则和开发程序教材的系统方法，直接影响了教学设计理论与实践的发展。

二、认知主义学习理论

认知主义理论强调个体的主动性和内部心理机制，认为学习是个体主动的行为。布鲁纳等人的认知发现说认为，学习是把新的知识整合到个体已有的知识结构中，虽然每个个体的认知结构不同，但只要对知识的表征系统进行设计，就可以通过个体的主动探索进行学习，他认为学生不是消极的知识接受者，而是主动的探求者。加涅的信息加工理论认为，学习是把通过感觉器官获得的信息存储在短时记忆中，短时记忆中的信息再经过各种方式加工后才被存储到长时记忆中，在需要的时候通过一定的线索提取出来，作用于环境。

认知主义学习理论认为，学习在于内部认知的变化，这是一个远比"刺激-反应"联结要复杂得多的过程。该理论注重解释学习行为的中间过程,即目的、意义等,认为这些过程才是控制学习的可变因素。

认知主义学习理论的主要特点是:重视人在学习活动中的主体价值,充分肯定学生的自觉能动性;强调认知、意义理解、独立思考等意识活动在学习中的重要地位和作用;重视人在学习活动中的准备状态,即一个人学习的效果,不仅取决于外部刺激和个体的主观努力,还取决于一个人已有的知识水平、认知结构、非认知因素。

(一)苛勒的顿悟说

苛勒(W.Kohler)以黑猩猩为对象进行了历时7年的18个实验,在此基础上于1917年撰写《猩猩的智慧》一文,提出了顿悟说。

(1)学习是组织一种完形,而不是刺激与反应的简单联结。苛勒认为,学习并非是简单的刺激-反应联结,也不是侥幸的试误,而是通过对学习情境中事物关系的理解构成一种完形而实现的,是通过有目的、主动地了解和顿悟而组织起来的一种完形。

例如,在黑猩猩连接几根短棒从高处打下香蕉的实验中,黑猩猩在未解决这个难题之前,对面前情境的知觉是模糊和混乱的。当它看出几根短棒接起来与高处的香蕉的关系时,它便产生了顿悟,从而解决了这个问题。猩猩的行为往往是针对目的,而不仅针对短棒,这就意味着猩猩领悟了目的物与短棒的关系,在视野中构成了目的物与短棒的完形,才发生连接短棒获取香蕉的动作。因此,学习在于发生一种完形的组织,并非各部分间的联结。

(2)学习是顿悟,而不是通过尝试错误来实现的。猩猩在学会了连接几根短棒以取得高处香蕉以后,在类似情境中(例如利用一根竹竿探取笼外手臂所不能及的香蕉,将多个箱子叠起来借以摘取悬在笼顶的香蕉等)将会运用已经"领悟"了的经验。苛勒把这种突然的学会叫顿悟,学习就是由于对情境整体关系作了仔细了解后豁然开朗,是经过"突变"学会的,学习是知觉的重新组织和构造完形的过程。这种知觉经验变化的过程不是渐进的尝试与发现错误的过程,而是一种领悟,是由不能到能的突然转变。而经过顿悟学会的内容,由于学生在学习情境的观察中加深了理解,既能保持,又能灵活运用,这是一种对问题的真正解决,与试误中的偶然的解决是不一样的。

(二)布鲁纳的认知发现说

布鲁纳(J.S.Bruner)认为学习是一个认知过程,是学生主动地形成认知结构的过程,此即布鲁纳的认知发现说,其基本观点主要包括以下三个方面。

(1)学习是主动地形成认知结构的过程。认知结构是指一种反映事物之间稳定联系或关系的内部认识系统,或者说是某一学生的观念的全部内容与组织。

人的认知活动按照一定的顺序形成,发展成对事物结构的认识后,就形成了认知结构,这个认知结构就是类目及其编码系统。

布鲁纳认为,人是主动参加获得知识的过程的,是主动对进入感官的信息进行选择、转换、存储和应用的。换言之,人是积极、主动地选择知识的,是记住知识和改造知识的学生,而不是被动的知识接受者。布鲁纳认为,学习是在原有认知结构的基础上产生的,不管采取的形式如何,个人的学习都是通过把新得到的信息和原有的认知结构联系起来,去积极地建构新的认知结构。

布鲁纳认为,学习包括着三种几乎同时发生的过程:新知识的获得、知识的转化及知识的评价。这三种过程实际上就是学生主动建构新认知结构的过程。

(2)强调对学科的基本结构的学习。布鲁纳认为,无论教师教什么学科,务必要使学生理解学科的基本结构,即概括化了的基本原理或思想,也就是要求学生以有意义地联系起来的方式去理解事物的结构。布鲁纳之所以重视学科的基本结构的学习,是受其本人的认知观和知识观影响的。他认为,所有的知识都具有一种层次的结构。如果把一门学科的基本原理弄通了,有关这门学科的特殊课题也就不难理解了。

在教学当中，教师的任务就是为学生提供最好的编码系统，以保证这些学习材料具有最大的概括性。布鲁纳认为，教师不可能给学生讲遍每个事物，要使教学真正达到目的，教师就必须使学生能在某种程度上获得一套概括了的基本思想或原理。这些基本思想或原理对于学生而言就构成了一种最佳的知识结构。知识的概括水平越高，知识就越容易被理解和迁移。

（3）通过主动发现形成认知结构。布鲁纳认为，教学一方面要考虑人的已有知识结构、教材的结构，另一方面要重视人的主动性和学习的内在动机。学习的最好动机是对所学材料的兴趣，而不是奖励竞争之类的外在刺激。因此，他提倡发现法学习，以便使学生更有兴趣、更有自信地主动学习。认知发现说强调学习的主动性，强调已有认知结构、学习内容结构、学生独立思考等的重要作用，它对培养具有创新能力的现代化人才有着积极的意义。

（三）加涅的信息加工学习论

20世纪50年代后，计算机科学技术的兴起与发展，为心理学家分析和推断心理过程提供了一个重要的工具，信息加工应运而生。该理论认为，学习实质上是由获得信息和使用信息构成的，而人的行为是由有机体内部的信息流程决定的。因而他们关注两个问题：人类记忆系统的性质；记忆系统中知识表征和储存的方式。

1．信息加工模式

加涅（R.M.Gagne）根据信息加工理论提出了学习过程的基本模式，认为学习过程就是一个信息加工的过程，即学生对来自环境刺激的信息进行内在的认知加工的过程，并具体描述了典型的信息加工模式，如图2-2所示。

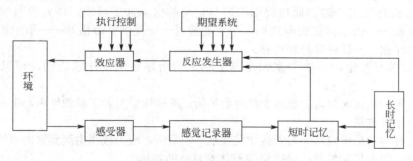

图2-2　信息加工模式

这一模式表明，来自外界环境的刺激通过学生的感受器，以映像的形式输入到感觉记录器，形成瞬时记忆，借助注意将这些信息以语义的形式储存在短时记忆中，短时记忆区是信息加工区，在这里经过复述、精细加工、组织编码等，再进入长时记忆。因此，短时记忆是信息加工的主要场所。它将来自感觉记录器和长时记忆中提取出来的信息进行处理加工，加工的结果，一方面送至长时记忆，另一方面送至反应发生器。反应发生器将信息转化成行动，也就是激起效应器的活动，作用于环境。

2．信息加工原理

加涅认为，信息流是认知行为的基础，由于目前还不可能直接进入有机体内部的信息加工流程，所以只能推测各种可供选择的信息流程，然后确定哪种假设的流程更符合所观察到的行为；人类加工信息的容量是有限的，这种观点对注意与记忆领域的研究影响极大；记忆取决于信息编码，编码是一个涉及觉察信息、从信息中抽取一种或多种分类特征，并对此形成相应的记忆痕迹的过程，信息编码的方式对以后提取信息的能力有很大影响，如果我们知觉有误，或特征分类不清，或形成的记忆痕迹与客观事物相差很远，那么在提取信息时就会非常困难；回忆部分取决于提取线索，用适当的编码进行信息储存，这仅仅是问题的一半，如果没有适当的提取信息的线索作为补充，一个人是难以回想起某一事件的。

（四）认知主义学习理论对教育技术的影响

认知主义学习理论阐述了学习的内部心理过程，成为各种教学理论的基础，对教学设计产生了巨大的影响。教学设计中的学习任务分析、学习者分析、教学策略制定都离不开认知理论对学习规律的描述。认知主义学习理论也促进了计算机辅助教学向智能教学系统的转化，通过对人类的思维过程和特征的研究，可以建立起人类认知思维活动的模型，使得计算机能够在一定程度上完成人类教学专家的工作。

加涅的信息加工理论在以下几方面对学习是有启发的。

（1）刺激选择不是一种随机的过程，因此，不能仅仅考虑到刺激的特征，而且还要关注学生已有的信息或认知图式（scheme）。反映在教育技术中，就是在设计媒体的时候要注意引导学生的注意力。

（2）人类记忆加工信息的能量是有限的，如果一味要求学生在短时间内掌握大量的信息，不给他们留有加工或思考的时间，必然适得其反。因此在信息设计的时候必须注意短时记忆的容量，在教学设计时留有相应的信息加工时间。

（3）"组块"理论，为了尽可能使学生在短时间内学习较多的知识，我们必须把知识组织成有意义的板块，减少机械学习。因此在教学设计时必须提供线索，即把相关的知识联系起来。

（4）信息编码不仅有助于学生的理解，而且也有助于信息的储存和提取。教师在帮助学生使用各种策略来编码方面是可以大有作为的。因此在教学中可以利用媒体，用形象的方法进行表征编码或语义编码，便于学生信息的存储和提取。

加涅根据信息加工心理学原理提出学习与记忆的信息加工模型，即九段教学法：引起注意——告知目标——提示回忆先前知识——呈现教材——提供学习指导——引出作业——提供反馈——评估作业——促进保持和迁移。

根据认知学习理论，不少专家们提出了相关的指导教学设计的原则，可以归纳为以下七点。

（1）用直观的形式向学习者显示学科内容结构，应该让学习者了解教学内容中所涉及的各类知识元之间的相互关系。

（2）学习材料的呈示应与学习者认知发展水平相适应，应当按照由简到繁的原则来组织教学内容。这里所说的由简到繁是指由简化的整体到复杂的整体。

（3）学习以求理解才能有助于知识的持久和迁移。

（4）向学生提供认知反馈可以确认他们的正确知识和纠正他们的错误学习。虽然行为主义理论也强调反馈的重要性，但认知主义理论一般将反馈看作为一种假设检验。

（5）学习者自定目标是学习的重要促进因素。

（6）学习材料既要以归纳序列提供，又要以演绎序列提供。

（7）学习材料应体现辩证冲突，适当的矛盾有助于引发学习者的高水平思维。

三、客观主义学习理论

客观主义学习理论是相对于建构主义而提出的一种学习理论。

客观主义学习理论认为世界是客观真实的、有结构的，而这种结构是可以被认识的。因此存在着关于客观世界的可靠知识。教师的任务就是传递知识，帮助学生了解真实的世界，解释各种事件，主要考虑如何高效地把知识传递给学生。学生学习的目的就是获取知识，是知识的接受者，学生学习的结果是假设学习者会复制出一个和所教内容一样的认知体系。以客观主义学习理论为指导的教学，主要表现为高效、清晰地传递信息。把认知学习分为两个阶段：一是以知识获取为核心的低级认知阶段；二是以能力提高为核心的高级阶段。在低级认知阶段，主要的任务是如何高效地获取知识，如何保持这些内容，所以以客观主义学习理论指导更为有效，可以通过知识传递和促进知识保持等相关的教学策略来实现。同时，低级认知阶段的大部分内容都是基础性知识，具有非常好的确定性和良好的结构,这些内容若由学生自主建构和发现,不仅效率低,而且往往不容易把握整体结构和方向。在教学过程中,应用现代教育技术媒体传递教育信息具有重要的作用。因为现代教育技术媒体具有直观性、形声化、可再现性等特点,有利于信息的高效、准确传递,为学习获得知识直接提供了多种渠道,促进了知识的传递;同时调动了学生各种感官的参与,使知识保持得以持久。在以能力提高为核心的认知阶段,以建构主义理论指导更为有效,通过协作学习、情境、意义建构等手段促进学生探究能力和认知策略的发展。在认知学习过程中,两种学习理论各有侧重,互为补充,共同促进更有效的学习。

四、建构主义学习理论

建构主义理论是认知主义学习理论的进一步发展,与认知主义不同的是,建构主义者认为,世界是客观存在的,但知识不是客观存在的,而是个体根据自己已有的认知结构建构出来的,人们是以自己的经验为基础来建构或解释现实,因而建构主义更关注如何以原有的经验、心理结构和信念为基础来建构知识,强调学习的主动性、社会性和情境性,对学习和教学提出了许多新的见解。建构主义提倡随机通达教学、抛锚式教学、支架式教学等教学方法,并特别强调学习过程中的社会相互作用。在建构主义学习理论下教师不再是知识的传授者,而是学生的帮助者,为学生提供有利于意义建构的环境,使学生能够建构完整的意义,并进行主动的学习。

(1)学习是学习者主动地建构内部心理表征的过程,它不仅包括结构性的知识,而且包括大量的非结构性的经验背景

学习要建构关于事物及其过程的表征,但它并不是外界的直接翻版,而是通过已有的认知结构(包括原有知识经验和认知策略)对新信息进行加工而建构成的。在这一基本观点上,当今的建构主义者更多地强调在具体情境中形成非正式的经验背景的作用,即非结构性的经验背景。将它们看成是建构的目标和基础,甚至也有少数人走向极端,只重视非结构性的一面而忽视概念的抽象与概括作用。

(2)学习过程同时包含两方面的建构,即对新知识的意义建构和对旧知识的重组。当今的建构主义者对于学习的建构过程做出了更深入的解释。作为建构主义的分支的"认知灵活性理论"(cognitive flexibility theory)认为,建构包含两方面的含义:① 对新信息的理解是通过运用已有经验,超越所提供的新信息而建构成的;② 从记忆系统中所提取的信息本身,也要按具体情况进行建构,而不单是提取。建构一方面是对新信息的意义的建构,同时又包含对原有经验的改造和重组。这与皮亚杰关于通过同化与顺应而实现的双向建构的过程是一致的。

(3)学生以自己的方式建构对于事物的理解,从而不同人看到的是事物的不同方面,不存在惟一的标准的理解。传统教学认为,通过字词就可以将观念、概念甚至整个知识体系传递给学生。当今的建构主义者则认为,虽然事物是客观存在的,但事物的意义并非独立于人们而存在,而是源于人们的建构,每个人都以自己的方式理解到事物的某些方面,教学必须增进学生之间的合作,使学生们看到彼此间不同的观点,从而全面地建构事物的意义。因此,合作学习受到建构主义的广泛重视。

第二节 教学理论

一、赞可夫的发展教学理论

前苏联著名教育家、心理学家赞可夫的"教学与发展"理论运用了他的导师、前苏联著名心理学家维果斯基最近发展区学说。维果斯基说:"教学应该创造最近发展区,然后使最近发展区转化为现有发展水平;教育学不应当以儿童发展的昨天、而应当以儿童发展的明天作为方向。"只有当教学走在发展的前面的时候,教学才有好的结果。通过长期广泛的教学实验,赞可夫提出了发展教学理论的五条教学原则。

1．以高难度进行教学的原则

教学要有一定的难度。赞可夫认为，这个概念的含义之一是指克服障碍，另一个含义是指学生的努力。"以高难度进行教学，能引起学生在掌握教材时产生一些特殊的心理活动过程。"教学内容要充分满足学生的求知欲和利用学生的认知的可能性，用稍高于学生原有水平的教学内容来教学生。"只有走在发展前面的教学才是最好的教学。"他主张把教学建立在高水平的难度上。同时，他也指出高难度不是越难越好，要注意掌握难度的分寸。

2．以高速度进行教学的原则

赞可夫认为，教学进度太慢，大量的时间花在单调的重复讲授和练习上，阻碍了学生的发展。他主张从减少教材和教学过程的重复中求得教学速度，从加快教学速度中求得知识的广度，从扩大知识广度中求得知识的深度。他说："只要学生掌握了已经学过的知识，就向前进，就教给他们越来越新的知识。"这个速度是要与学生的"最近发展区"的实际相适应，以丰富多彩的内容去吸引、丰富孩子的智慧，促进其发展。

3．理论知识起指导作用的原则

赞可夫根据实验的观察材料指出，在20世纪50～60年代，小学一年级学生就能掌握许多抽象的概念，理解某些事物的内在联系，而且人类科学技术的发展已使人的感官延伸到宏观世界和微观世界，借助于现代化的教学手段，人们已经可以把过去认为极其复杂的现象变成容易理解的东西。掌握理论知识对于事实材料和技能的规律能加深理解，使知识结构化、整体化，方便记忆；理论知识可以揭示事物内在联系，孩子掌握理论知识后能够把握事物规律，然后展开思想，实现知识迁移，调动思维积极性，促进一般发展。

4．使学生理解学习过程的原则

这一原则要求学生在理解知识本身的同时，也理解知识是怎样学到的，教学生学会学习。这个原则要求学生把前后所学的知识进行联系，了解知识网络关系，使之融会贯通，灵活运用。概括地说，要发展学生的认知能力，培养学生的自学能力，才有利于学生的发展。

5．使全体学生都得到一般发展的原则

在班级授课制的情况下，学生有好、中、差三种类型。赞可夫认为，差生之所以差，主要是他们的发展水平低，对学习没有兴趣，缺乏学习信心，能力薄弱，而教师对待差生的传统办法就是补课，反复做机械的练习。结果，差生的负担更重，见到的东西少，想到的东西少，因而学习的东西少。智力活动的减少，又使得发展水平难以提高。为了改变这种状况，教学要面向全体学生，特别是要促进差生的发展，教材必须适合大多数学生的学习水平，同时教学要以实验为基础。

二、布鲁纳的"结构-发现"教学理论

杰罗姆.S.布鲁纳是美国著名的心理学家、教育家。他认为学习是个体主动的认知过程，提倡发现学习。布鲁纳认为，不论是在校儿童凭自己的能力所得到的发现，还是科学家努力在日趋尖端的研究领域所得到的发现，按其性质来说都是把现象重新组织或转换，使人能超越现象再进行组合，从而获得新的领悟。

（一）基本观点

布鲁纳强调，必须把教学材料与教学方法结合起来，提倡在学习学科基本结构时广泛使用发现法。教学过程就是在教师的引导下学生发现的过程。"结构-发现"教学理论特点，在于它不是把现成的结论提供给学生，而是从学生的心理特点出发，在教师引导下，依靠教师和教材所提供的材料，让学习者自己去发现问题、回答问题和解决问题，使学生成为知识的发现者，而不是消极的接受者。"发现法"教学模式的核心和精髓，就是要求学习者由"被动接受"知识的"消极应付"转化为"主动发现"知识的"积极学习"。

（二）理论要点

（1）"结构-发现"教学理论强调学习过程。布鲁纳认为，"认识是一个过程，而不是一种产品"。

我们教一门学科，不是要建造一个活着的小型藏书室，而是要让学生自己去思考，参与知识获得的过程。

（2）"结构-发现"教学理论强调直觉思维。布鲁纳认为，直觉思维与分析思维不同，它不根据仔细规定好的步骤，而是采取跃进、越级和走捷径的方式来思维的。直觉思维的本质是印象或图像性的，它的形成过程一般不是靠言语信息，尤其不靠教师指示性的语言文字。

（3）"结构-发现"教学理论强调内在学习动机。布鲁纳认为，与其让学生把同学间的竞争作为主要动机，还不如让学生把挑战自己的能力作为首要目标。

（4）"结构-发现"教学理论强调信息的提取。布鲁纳对记忆过程持比较激进的态度，他认为，人类记忆的首要问题不是储存，而是提取。而提取信息的关键则在于如何组织信息。这种"认知建构主义"教学观，无疑对帮助学生在头脑中形成较完整的知识体系，开发思维，培养学生的知识运用能力和迁移能力，提高学习效率等都有巨大的积极意义。

三、巴班斯基的最优化教学理论

巴班斯基是前苏联很有影响的教育家、教学论专家。

巴班斯基认为，"教学过程最优化是在全面考虑教学规律、原则、现代教学的形式和方法、该教学系统的特征以及内外部条件的基础上，为了使过程从既定标准看来发挥最有效的（即最优的）作用而组织的控制"。这就是教学过程最优化的最一般定义。

巴班斯基的基本观点是如下。

① 从"培养全面发展的人"的教育目标出发，应该把教育看成一个系统，运用辨证系统的观点、方法考察教学。

② 教学效果取决于教学过程中各要素构成的合力，对教学应该综合分析、整体设计、全面评价。

③ 最优化就是以最小的代价取得相对于该具体条件和一定标准而言最大可能的成果。

四、范例教学理论

范例教学理论代表人物是德国教育家瓦根舍因和克拉夫基。

范例教学理论，是指教师在教学中选择真正基础的、本质的知识作为教学内容，通过"范例"内容的讲授，使学生达到举一反三掌握同一类知识的规律的方法。运用此法的目的在于促使学生独立学习，而不是要学生复述式地掌握知识，要使学生将所学的知识迁移到其他方面，进一步发展所学的知识，以改变学生的思维方法和行动的能力。

范例教学理论提出了实现其基本思想的各种教学原则，其中基本性、基础性和范例性原则是最重要的三条原则。

① 基本性原则：就是要求教学向学生传授一门学科的最基本的要素，包括基本概念、基本结构和基本科学规律。

② 基础性原则：是以学生的经验为基础，使学生在教学过程中获得更深化的新的经验，一种带有能照亮心灵的闪光点的经验，或者说使他们建立一种新的思维结构。

③ 范例性原则：就是通过精选范例这一沟通学习者主观世界与教学内容这一客观世界的桥梁，来使教学达到基本性与基础性目标的原则。

对范例教学论的一些反思如下。

① 范例教学的过程符合人类认识事物的一般自然过程，但不需要学习任何知识、对任何教学对象都通过采用范例的形式来学习。

② 近年计算机等学科的教学提出了"任务驱动"的教学模式，其本质与"范例教学"是一致的，教师设计的任务也就是一个"范例"，通过这个范例驱动学习者开展探究实践，最终完成范例要求的任务。

③能否选择好范例,是范例教学能否顺利实施的关键所在,也是一个难点所在。怎样才能构建出具有基本性和基础性的范例,怎样设计出一系列的、能反映学科系统性的范例等等,还需要我们不断地探索、研究和实践。

五、人本主义课程与教学观

人本主义课程与教学观主要代言人是美国心理学家罗杰斯。

人本主义基本观点如下。

(1) 重视课程的个人意义。人本主义者认为,课程作为实现教学的基本途径和手段,然而教育的意义并不在于课程之中,重要的是要引导学生从课程中获取个人自由发展的经验,因而学生的自我实现是课程注定的核心。

(2) 重视学生情感和个体经验。人本主义心理学一贯强调人的心理过程是一个统一的、有机的整体,这个整体的基本特征是躯体、心智、情感、精神和心理力量的融为一体,因此任何令人满意的思想体系都不能仅仅包含精神的诸因素,而且还应包含人在种种奋求活动中所表现出来的情感和感觉。

(3) 适应性课程选择原则统合化课程组织形态。人本主义者主张兼具培养人的智慧和人格的以"人性为中心"的课程建构思想,在反对"学科中心主义"课程观的基础上,提出适切性课程选择原则和"统合"式课程组织形态。人本主义课程"统合"主要指三个方面的内容:①学习者心理发展与教材结构逻辑的吻合;②情感领域的整合;③相关学科在经验指导下的统合。

(4) 非指导性学习方法。"非指导性教学"的要旨在于学生通过自我反省活动及情感体验,在融洽的心理气氛中自由地表现自我、认识自我,最终达到改变自我、实现自我的终极追求。罗杰斯主张以学生为中心,教师的全部责任在于帮助学生理解经常变化的环境和自己,最大限度地发展自己的才能。

(5) 教学中要关心、信任、尊重学生。在人本主义者看来,教师是一种催化剂,是一种学习的助力,教师的职责是尊重、信任、关心和支持学生。

六、建构主义学习理论指导下的教学

(一) 教学类型

1. 随机通达教学 (random access instruction)

斯皮罗 (Spiro) 认为,学习可以分为两种:初级学习与高级学习。初级学习是学习中的低级阶段,教师只要求学生知道一些重要的概念和事实,在测验中只要求他们将所学的东西按原样再生出来,这里所涉及的内容主要是良构领域 (well-structured domains)。而高级学习则要求学生把握概念的复杂性,并广泛而灵活地运用到具体情境中,这时,概念的复杂性以及实例间的差异性都显而易见,因而大量涉及到结构不良领域的问题。斯皮罗认为,传统教学混淆了高级学习与初级学习之间的界限,将初级学习阶段的教学策略不合理地推及高级学习阶段的教学中,使教学过于简单化。为此,斯皮罗根据对高级学习的基本认识提出了"随机通达教学"。

(1) 对同一内容的学习要有不同时间多次进行,每次的情境都是经过改组的,而且目的不同,分别着眼于问题的不同侧面。这种反复绝非为巩固知识技能而进行的简单重复,而是把概念应用于具体实例并与不同情境联系起来。

(2) 每个概念的教学都要涵盖充分的实例,分别用于说明不同方面的含义,而且各实例都可能同时涉及到其他概念。

(3) 在这种学习中,学生可以形成对概念的多角度理解,并与具体情境联系起来。形成背景性经验。这种教学有利于学生针对情境建构用于指引问题解决的图式。

2. 抛锚式教学 (situated or anchored instruction)

建构主义提倡抛锚式教学,认为这种教学应使学习在与现实情境相类似的情境中发生,以解

决学生在现实生活中遇到的问题为目标，学习的内容要选择真实性任务，不能对其做过于简单化的处理。由于具体问题往往都同时与多种概念原理相关，所以，该教学主张弱化学科界限，强调学科间的交叉。

抛锚式教学的过程与现实的问题解决过程相类似，所需要的工具往往隐含于情境当中。教师并不是将提前已准备好的内容教给学生，而是在课堂上展示出与现实中专家解决问题相类似的探索过程，提供解决问题的原型，并指导学生的探索。

在抛锚式教学中，任务的真实性使得学生了解所要解决的问题，使其具有主人翁感；任务本身又是整体性的，具有挑战性，解决了问题本身就是一种奖励，因此容易激发起学习的内部动机。由于任务具有必要的复杂性，因此比简化了的课堂环境更容易培养学生的解决问题能力。此外，任务的多样性又可以培养学生的探索精神并且在完成任务中表达自己的知识。

3．支架式教学（scaffolding）

对于发现学习、指导学习和接受学习，多年来一直存在着许多争议，其核心问题是教师和学生各自在教和学的过程中起什么作用。近年来，建构主义者提出了支架式（scaffolding）教学，该词汇来自建筑中使用的脚手架，就是通过支架（教师的帮助）把管理调控学习的任务逐渐由教师转移给学生自己，直至最后撤去支架。

支架式教学是以维果斯基（Vogotsgy）的"辅助学习（assisted learning）"思想为基础的。维果斯基认为，人的高级的心理机能，例如对于注意的调节以及符号思维等，在最初往往受外在文化的调节，而后才逐渐内化为学生头脑中的心理工具。在支架式教学中，教师作为文化的代表引导着教学，使学生掌握和内化那些能使其从事更高认知活动的技能，这种掌握和内化是与其年龄和认知水平相一致的，但是，一旦学生获得了这些技能，便可以更多地对学习进行自我调节。

支架式教学包括以下几个环节。

① 搭脚手架：围绕当前学习主题，按"最邻近发展区"的要求建立概念框架。

② 进入情境：将学生引入一定的问题情境（概念框架中的某个节点）。

③ 独立探索：让学生独立探索。探索内容包括：确定与给定概念有关的各种属性，并将各种属性按其重要性大小顺序排列。

④ 协作学习：进行小组协商、讨论。讨论的结果有可能使原来确定的、与当前所学概念有关的属性增加或减少，各种属性的排列次序也可能有所调整，并使原来多种意见相互矛盾、且态度纷呈的复杂局面逐渐变得明朗、一致起来。在共享集体思维成果的基础上达到对当前所学概念比较全面、正确的理解，即最终完成对所学知识的意义建构。

⑤ 效果评价：对学习效果的评价包括学生个人的自我评价和学习小组对个人的学习评价，评价内容包括自主学习能力、对小组协作学习所做出的贡献以及是否完成对所学知识的意义建构。

（二）建构主义学习理论对教育技术的影响

1．自上而下的教学设计

首先呈现整体性的任务，让学生尝试进行问题的解决，在此过程中，学生要自己发现完成整体任务所需首先完成的子任务，以及完成各级任务所需的各级知识技能。在教学过程中，首先选择与学生生活经验有关的问题，同时提供用于更好地理解和解决问题的工具。然后让学生单独或在小组中进行探索，发现解决问题所需的基本知识技能，在掌握这些知识技能的基础上，最终使问题得以解决。在认知主义理论下，教学设计基本上是以线性的方式进行的。而建构主义理论为教学设计提供了非线性、网络化的设计思想，从而更符合人类的学习特征。

2．情境化教学

教育技术能够有效地提供各种教学环境，这样便于学生对新知识的意义建构。事实上，以多媒体技术为基础的计算机辅助教学和网络教学，都得到了建构主义学习理论的强有力支持，使得这类教学形式做到了以学生为中心，进行自主学习，从而实现教学最优化。

3. 重视社会性互动

建构主义重视教学中教师与学生、学生与学生之间的社会性相互作用，合作学习（cooperative learning）、交互式教学（reciprocal teaching）在建构主义的教学中被广为采用，这是与建构主义对学习的基本理解相一致的。建构主义认为每个人都在以自己的经验为背景建构对事物理解，因此只能理解到事物的不同方面，不存在对事物唯一正确的理解。教学需要使学生超越自己的认识，看到那些与自己不同的理解，看到事物的另一面，以利于学习的广泛迁移。而且在小组讨论中，学生要不断反思自己的思考过程，对各种观念加以组织，以利于建构能力的发展。合作学习与维果斯基对社会性相互作用的重视以及"最近发展区"的思想是一致的，学生在与比自己水平稍高的学伴的交往中，可以将潜在的发展区转化为现实的发展区，并创造更大的发展的可能，这也为基于网络的协作学习提供了理论基础。

第三节 视听教育理论

一、视听教育理论的内容

视听教育理论的核心是戴尔的"经验之塔"。爱德加·戴尔（Edgar Dale）是美国从事视听教育的心理学家，也是视听教育理论的代表人物。在1969年，他出版的《教学中的视听方法》一书中提出"经验之塔"理论，对视听教育的基本思想作了完整的表述。

戴尔认为，人的学习有两种途径：直径的经验——积累感觉印象，通过思考、总结，最后形成概念；间接经验——接受现成的定义和概念，将他人的知识转化为自己的认识。他把学习得到的经验按抽象程度不同分为三大类十个层次，如图2-3所示。

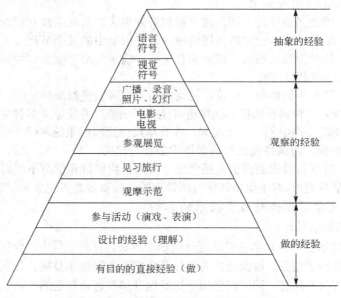

图2-3 戴尔的"经验之塔"

（一）做的经验

1. 有目的的直接经验

此经验位于"塔"的底部，是直接的、具体的经验，是指从日常生活看到、听到、摸到、尝到和闻到的具体事物中获取的知识。

2. 设计的经验

此经验是指通过模型、标本等间接学习材料或者说对客观事物进行设计、仿制所获得的经验。

尽管设计、仿制的模型，其大小结构及复杂程度与实际的事物有差异，但能简化实际事物，便于学习者理解。

3．参与活动的经验

此经验是指通过演戏、表演等接近真实和参与的经验。我们把无法通过直接实践去取得经验，如历史、意识形态及社会概念等，改编成戏剧，让学习者在其中扮演角色，使其获得接近实际的有关经验。参与演戏与看戏对知识的获取是不同的，演戏可以使人们参与众多的经验，而看戏仅能获得观察的经验。

（二）观察的经验

1．观摩示范

此经验是指学习者看到别人示范，然后再去模仿，通过观摩示范获得的经验。学习者通过模仿，可以获得更多的直接经验。

2．室外旅行

此经验指有目的的旅行，是为了观察在课堂上看不到的处于自然状态的事和物。通过观察真实的事物和情景，进行学习，增长知识，从而获得经验。旅行包括参观访问、考察等。

3．参观展览

此经验是指学习者通过有目的、有针对性地看而获取观察的经验，按指定的要求人为布置展览陈列物，一般有实物、模型、图表及照片，它们组成整体，可以说明某一事件的特定意义，具有一定的典型性。

4．电影和电视

电影和电视是用图像和声音代替客观事物来提供一种间接的、替代的经验。电影和电视可以通过编辑、特技、动画等多种表现手法来表现教学内容，使学习内容更形象、生动、直观，更易于学习者理解。电影和电视可以压缩时间和空间，能省略不必要的材料，更易于学习者理解和掌握。电视比电影优越的地方是它的即时性。从电影中看到的事情，结果是确定的，已成为历史；而电视具有直接传播的特点，用电视直播的真实事件是正在发生的，结果是未知的，它可以给学习者带来更直接的经验。

5．广播、录音

静态图像、图解、广播、录音提供的信息可分别为学习者提供听觉和视觉经验。与电视和电影相比，它们的真实性差些，抽象程度却比较高，但仍具有一定的直接性，也属于观察的经验。

（三）抽象的经验

1．视觉符号

视觉符号主要指图表、地图、挂图、示意图等抽象的视觉符号，它们与现实事物已无多少类似之处。视觉符号比语言文字直观，作为学习者只有先学会视觉符号，才能从中获得知识。

2．语言符号

语言符号包括口头语言、书面语言（文字）和内部语言，是一种抽象化了的代表事物和概念的符号。语言符号位于"经验之塔"的顶端，抽象程度最高。在具体使用时，它总是和"经验之塔"中其他层次的材料一起发挥作用；也就是说，学生在自己的整个学习过程中，都不同程度地进行抽象思维。

鉴于计算机技术和网络技术的发展和普及，在电影电视和广播、录音、静态图像之间还应增加一个新的层次，称"计算机互联网"，它属于观察的经验。

（四）"经验之塔"的理论要点

（1）"经验之塔"最底层的经验最直接，学习起来也最容易，越往上越趋于抽象。但并不是说，获得任何经验都必须经过从底层到顶层的所有阶层，划分层次，只是为了说明各种经验的具体与抽象的程度。

（2）教育（或学习）应该从具体经验入手，逐步过渡到抽象。有效的学习方法，应该是首先给学生丰富的具体经验。

（3）教育不能满足于获得一些具体经验，还必须向抽象和普遍化发展，要引导学生向抽象思维发展，使其形成概念。

（4）在学校教育中，运用各种教育技术媒体，可使教育（学习）更具体直观，从而获得更好的科学的抽象。

（5）位于"经验之塔"中层的视听媒体，较语言、视觉符号更能为学生提供具体的易于理解的经验，又能突破时空的限制，弥补学生直接经验的不足。通过技术和艺术处理，能够有目的地突出重点和难点，使学习效果更明显。

"经验之塔"是一种学习经验分类的理论模型，它阐述了经验与抽象程度的关系，符合人们认识事物由具体到抽象、由感情到理性、由个别到一般的认识规律。因此，它不仅是视听教育理论的基础，也是现代教育技术的重要理论基础之一。

（五）以"经验之塔"为核心的视听教育理论对现代教育技术的指导作用

（1）把学习经验进行分类，从具体到抽象，从直接经验到间接经验的顺序排列，提倡学习应从生动的直观向抽象的思维发展，这样的学习符合人类的认识规律。该理论提出了学习中应用视听媒体的理论依据。

（2）学习应尽可能遵循由具体逐步到抽象的原则，防止由概念到概念的做法。教师应引导学生从具体经验向抽象思维发展，即培养学生具备将零散的实际现象归纳、上升到抽象理论高度的能力。

（3）强调视听媒体的重要性，解决学习中具体经验和抽象经验过度脱节的矛盾。视听媒体具有"替代经验"的作用，比抽象符号教学模式具体、形象，有利于感知对象；比直接经验模式更易于加工、提炼，易于学生概括、抽象上升至概念。

（4）提出了视听媒体分类的理论依据，即应据其所能提供的学习经验的具体或抽象程度作为分类依据，为教育媒体的分类和教育媒体的选择的研究奠定了基础。同时强调了视听媒体必须与课程相结合。

二、视听教育理论的心理依据

根据教育心理学的研究，参与学习的感官越多，外界与大脑之间的神经联系越多，感知、理解、记忆的效果就越好。

关于学习比率的研究表明，在人们的学习中，通过视觉获得的知识占83%，听觉占11%，嗅觉占3.5%，触觉占1.5%，味觉占1%。可见视听在学习过程中所起的作用最大。为了获得最佳的学习效果，应尽可能充分发挥学习者所有感官的功能参与学习。

关于注意比率的研究表明，人们在学习时应用的媒体不同，注意力集中的程度就不同。人们在学习时，使用视觉媒体时其注意力集中的比率为81.7%；使用听觉媒体时，其注意力集中的比率为54.6%。可见视觉媒体引起的注意力要比听觉媒体高得多。视听并用，则注意力集中的比率会大大提高。

关于记忆比率的研究表明，对于同样的教学内容采用不同的感官参与学习，学生获得知识能保持的比率是不同的。采用传统口授方法，让学生只用耳听（纯听觉）3小时后能记住60%；用视觉去看（纯视觉），3小时后能记住70%；视听觉并用3小时后能记住90%。3天后，三种学习方法记忆效率分别为15%、40%、75%。可见采用视听觉并用的媒体，对巩固学生所学知识非常有利。

视听教育理论视媒体为静态的工具、手段，仅注重教育媒体本身的使用和效果，注意力集中于利用视听媒体使教材内容显示形象化和具体化，而忽略了运用系统的观点对教育媒体进行设计、开发、运用、评价和管理等方面的研究。

第四节 教育传播和系统科学理论

一、教育传播理论

（一）传播模式

传播（communication）是自然界和人类社会普遍存在的信息传播过程。有意识的传播是为了共享信息、相互影响而进行的一种信息交流活动和过程。传播按其涉及人员的范围大小以及对象可分为以下几种。

① 人的内向交流：如自责、自我陶醉、自我鼓励。
② 人际交流：如面谈、书信、电话、电子邮件等。
③ 群体交流：如代表团访问、发文件、下通知。
④ 大众传播：如电影、电视、广播、报刊杂志、网络等。

如果将教育内容加以抽象，视为信息，那么，教育在本质上是一种信息传播的活动，它是教育者按照确定的教育目标，选择合适的信息内容，通过有效的教育媒体将相应的教学内容包括知识、技能、思想、观念等传递给特定教育对象的过程。随着广播、电视、计算机、网络通信等传播媒体广泛运用于教育，传播理论已成为现代教育技术重要的理论基础。

对现代教育技术具有重要意义的传播理论如下。

1．拉斯威尔模式

美国政治家哈罗德·拉斯韦尔（Harold lasswell）1948年在《社会传播的构造与功能》的论文中首次提出了由五种基本要素构成的直线性传播模式。也叫"五W"模式，如图2-4所示。

图2-4　拉斯韦尔模式

拉斯韦尔对传播过程进行了简明的概括，他认为传播行为包含：传者（信息的来源）、信息（文字、声音、图片、视频等）、传播媒体（天然媒体或人工媒体）、受者（听众、观众、读者、集体或个人）及效果（效果大或小、明显或不明显）这五个要素。

2．香农-韦弗模式

香农（Claude Shannon）的传播理论是由他所研究的信息论引申出来的，他认为信息的传播要经过编码和解码。信源（传者），把要传递的信息，经过编码，制成某种符号（文字、图片、声音、视频等），然后通过信道（媒体）传递给信宿（受者），受者在接受这些信息时要经过解码，将其还原。有效的信息传播需要传者与受者具有一定的共同"经验"，否则受者难以理解或正确认识。他与韦弗(Warren Weaver)合作提出了香农-韦弗模式，如图2-5所示。

图2-5　香农-韦弗模式

香农-韦弗模式的最大贡献是在传播过程中引入了"反馈原理"。在信源与信宿之间存在着反馈渠道,受者通过反馈通道可将反应反馈给传者,传者根据反馈的情况重新设计或修改传播内容,使之更适合受者的需要,从而提高传播效果。同时在信息传播过程中存在着各种干扰,对影响传播有效性的干扰应当尽量避免和加以控制。现代教育技术采用香农-韦弗模式,选择、制作与传播模式相应的教育信息的现代教育媒体,把握师生共同的"经验"部分,及时分析来自各个渠道的反馈信息,以取得教育的最优化。

(二)传播理论在教学中的应用

1. 说明了教学过程所涉及的要素

对美国政治学家哈罗德·拉斯韦尔提出的表述一般传播过程的五个基本元素"5W"的直线性传播模式,有人发展成"7W"模式(表 2-1)。其中每个"W"都类同于教学过程中的一个相应要素,这些要素自然也成为研究教学过程、解决教学问题的教学设计所关心和分析、考虑的重要因素。这 7W 所指所代如表 2-1 所列。

表 2-1 "7W"模式

Who	谁	教师或其他信息源
Says what	说什么	教学内容
In which channel	通过什么渠道	教学媒体
To whom	对谁	教学对象即学生
With what Effect	产生什么效果	教学效果
Why	为什么	教学目的
Where	在什么情况下	教学环境

2. 指出了教学过程的双向性

早期的传播理论认为传播是单向的灌输过程。它认为受者只是被动地接受信息,只能够接受传者的意图。这种传播思想忽视了受传者的主动性和自主性,显然是一种片面的认识。奥斯古德和施拉姆提出的模式强调了传播者和受传者都是积极的传播主体。受传者不仅接受信息、解释信息,还对信息作出反应,说明传播是一种双向的互动过程,借着反馈机制使传播过程能够不断循环进行。教学信息的传播同样是通过教师和学生双方的传播行为来实现的,所以教学过程的设计必须重视教与学两方面,并充分利用反馈信息,随时进行调整和控制,以达到预期的教学目标。

3. 教育传播理过程的基本阶段

教学传播过程是一个连续动态的过程。南国农、李运林将它分解为六个阶段,如图 2-6 所示。

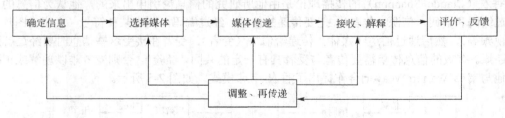

图 2-6 教育传播过程的六个阶段

(1)确定教学信息。教学传播过程的第一步是确定所要传递的教学信息。传递什么信息,要依据教学目的和课程的培养目标而定。一般说来,课程的文字教材是按照教学大纲由专家精心编写的,通常都体现了要传递的教学信息。因此,在这一传播阶段,教师要认真钻研文字教材,对每个单元的教学内容作仔细分析,将内容分解成若干个知识点,并确定每个知识点要求达到的学习水平。

(2)选择传播媒体。选择传递信息的媒体,实际上就是信息编码的活动。某种信息该用何类符号和信号的媒体去呈现和传递，是一个较为复杂的问题，需用一套原理作指导。如选择媒体要能准确地呈现信息内容；要符合学生的经验和知识水平，容易被接受和理解；容易得到，需要付出的代价不大，而又能取得较好的传播效果。

（3）媒体传递信息。这时首先要解决两个问题：一是信号要传播多远、多大范围，要根据信号的传递要求，应用好媒体，保证信号的传递质量；二是信息内容的先后传递顺序问题。在应用媒体之前，必须做好信息传递的结构设计，在媒体运作时，有步骤地按照设计方案传递信息。媒体传递信号时应尽量减少各种干扰，确保传递质量。

（4）接收和解释信息。在这一阶段，学生接收信号并将它解释为信息意义，实际上就是信息译码的活动。学生首先通过各种感官接收经由各种媒体传来的信号，然后学生依据自身的经验和知识，将符号解释为信息意义，并随之储存在大脑中。

（5）评价和反馈。学生接收信号解释信息之后，增加了知识，发展了智力，但是否达到了预设的教学目的，需要进行评价。评价的方式和方法很多，可以观察学生的行为变化，也可以通过课堂提问、课后书面作业以及阶段性的反馈信息。

（6）调整和再传递。通过将获得的反馈信息与预设的教学目标作比较，可以发现教学传播过程中的不足，以便调整教学信息、教学媒体和教学顺序，进行再次传递。如在课堂提问时发现问题，可即时进行调整；在课后作业中发现问题，可进行集体补习和个别辅导；在远距离教学中发现问题，可以增发辅导资料，或在一定范围内组织面授辅导。

4．揭示教育传播必须遵循的若干规律

现代教学随着传播理论和教育理论的不断融合，常把教学看成为信息的传播过程，形成了综合运用传播学和教育学的理论和方法来研究和揭示教育信息传播活动的过程与规律，以求得最优化的教育效果。

（1）共识律。所谓共识，一方面指尊重学生已有的知识、技能的水平和特点，建立传通关系；另一方面指教师根据教学目标、内容特点、通过各种方法和媒体来为学生创设相关的知识技能，传授知识，以便使学生已经具有的知识技能与即将学习的材料产生有意义的联结，从而达到传播的要求。在教学传播活动中，共同的知识技能基础是教师与学生之间得以交流和沟通的前提。教学信息的选择、组合和传递必须首先顾及学生已有的知识、技能的水平和特点，并考虑到学生的发展潜能。由于教学传播过程的动态平衡特性和学生心智水平的不断发展，"共识"的状态总是相对的，总是按"不共识→共识→不共识"的循环反复地螺旋式上升的。例如，在创设共识经验的过程中，教师必须将教学目标设定在学生的"最近发展区"上，即学生能达到的知识水平层面上。

（2）谐振律。所谓谐振，是指教师传递信息的"信息源频率"同学生接受信息的"固有频率"相互接近，两者在信息的交流和传通方面产生共鸣。它是教学传播活动得以维持和发展，获得较优传播效果的必备条件。传播的速度过快或过慢、容量过大或过小都会破坏师生双方谐振的条件，从而造成传播过程中的滞阻现象。教师或信息源的传递速率和传递容量，必须符合学生的认知速率和可接受水平。但仅凭这点还不足以产生信息传播的谐振现象。教师还需要创建一种民主宽松、情感交融的传通氛围，即师生双方应该建立起合作关系；还需要时时注意收集和处理来自学生方面的反馈信息，以及时调控教学传播活动的进程。为了产生和维持谐振现象，各种信息符号系统、方式和方法还应当有节奏地交换使用。

（3）选择律。任何教学传播活动都需要对教学的内容、方法和媒体等进行选择，这种选择是适应学生身心特点、较好地达到教学目标的前提，并旨在以最佳的"代价与效果比"成功地实现目标，即最小代价原则。教育技术领域最为关注的是教学媒体的选择。教师和学生对媒体的选择，一般来说，总与可能获得的成效成正比关系，与所需付出的努力成反比关系。据此，选择媒体时就应考虑尽可能降低需要付出的代价，提高媒体产生的功效。如果产生的功效相同，我们应该选择代价低的媒体；如果需付出的代价相同，我们应该选择功效大的媒体。

（4）匹配律。所谓匹配，是指在一定的教学传播活动环境中，通过剖析学生、内容、目标、方法、媒体、环境等因素，使各种因素按照各自的特性，有机、和谐地对应起来，使教学传播系统处于良好的循环运转状态之中。实现匹配的目的在于围绕既定的教学目标，使相关的各种要素特性组合起来，发挥教学系统的整体功能特性，因为每一要素都具有多重的功能特性和意义。目标的特点规定着各相关要素必须发挥与目标相关的功能，以便最优化地达成既定的目标。否则，这些相关要素会产生游离松散、功能相抵的现象。在教学传播活动中，必然要使用到多种传播媒体，而各种媒体有各自不同的多重的功能特性，只有对它们了解熟悉，扬长避短，合理组合，科学使用，才能相得益彰，绝不是随便凑合在一起便可产生匹配的效果的。

5. 教学传播中媒体的作用

当媒体应用于传递以教育教学为目的的信息时，称之为教育传播媒体，它成为连接传者与受者之间的中介物。人们把它当成传递和取得信息的工具。

在一般的教学理论研究中，将教育者、学习者、学习材料三者作为教学系统的构成要素，它们在教学环境中，带着一定的目标，经过适当的相互作用过程而产生一定的教学效果。在现代教育传播活动中，媒体起着相当大的作用，因此必须将媒体作为教学传播系统的要素之一，于是我们得到如图 2-7 所示的教育传播系统四元模型。四元模型实际上是由三元模型细化而来的，因为我们把学习材料看作为媒体化的教学信息，把学习材料这一要素分成了"教学信息"（即内容）与作为内容载体的"媒体"两部分。这四个组元在适当的教学环境中相互作用而产生一定的教学效果。

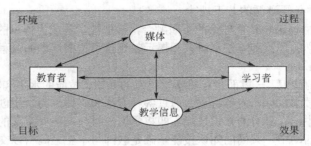

图 2-7　教育传播系统四元模型构成图

二、系统科学理论

系统科学理论，是系统论、信息论、控制论的统称，它既是现代自然科学、社会科学及思维科学发展综合的结果，又是一切科学领域的普遍的科学方法。系统科学理论主张把事物、对象看作一个系统，进行整体研究，研究它的要素、结构和功能的相互联系，通过信息的传递和反馈，实现系统之间的联系，从而达到有目的地控制系统的发展，获得最优化的效果。在系统科学理论思想的指导下形成的教育信息论、教育系统控制论、教育学、教育传播学以及教育技术的心理学基础构成现代教育技术理论。它成为现代教育理论基础，是对学习过程和学习资源进行设计、开发、利用、管理和评价的理论依据。

（一）信息论

关于什么是信息，人们通常通过以下几方面进行分析和理解：①信息是事物存在的方式或运动状态，以及这种方式或运动状态直接或间接的表述；②信息是人类赖以生存和发展的三大资源之一（其他为物质和能源）；③人类的认识和实践过程实际是采集、传送、再生和利用信息的过程；信息的作用是减少和消除人们对事物认识的不确定性。

信息论是美国数学家香农（Claude Shannon）创立的，他于 1948 年出版了《通讯的数学理论》一书，为信息论奠定了基础。简要地说，信息论就是关于各种系统中信息的计量、传递、变换、存储和使用的规律的科学，香农与维纳同时从不同的研究对象中导出关于传输最大信息量的公式，成为香农-维纳公式：

$$S=BT\log_2(1+P/N)$$

式中，S 为信息量，单位为比特；B 为传递信号的频带宽度；T 为传递信号的时间；P 为传递信号的平均功率；N 为噪声的平均功率。

此公式对教育信息的定量测试，特别是对现代教育技术的信息传递的增值率计算提供了重要依据。

教育信息是在教育系统中传递的信息，或者说在教育过程中传递或变换的信息。其中包括知识技能、思想品德、教育反馈和干扰等都属于教育信息的范畴。教育信息论是研究教育过程中"人-人"关系系统（即师生间的教育关系系统），信息如何传递、变换和反馈的理论。

教学过程实质上是教育信息传递、变换和反馈的过程。教师备课就是将教育信息的存储状态重新组合，变换成不同形式的输出状态，并考虑以怎样的表述方式和顺序传递给学生。在传递过程中，要运用反馈原理，不断从学生的及时反馈和延时反馈信息中获得调节和控制的依据，从而了解情况，发现问题，改进教法，优化效果。学生也可以从教师那里获得反馈评价，了解自己的学习情况和存在的问题，从而改进学习方法，提高学习能力。教育信息论观点认为，教育活动应该是双向的，即向学生传输信息，也从学生那里获得反馈信息，并给学生反馈评价，同时强调媒体在信息传递和变换中的作用。只有这样，师生配合默契，才能教学相长。

（二）控制论

控制论的主要创立者与奠基人是美国数学家维纳（N.Wiener），他于1948年撰写出版了《控制论》一书。控制论是研究各种不同控制系统的一般控制规律和控制过程的科学。它的研究对象是控制系统。控制系统的一个特征是：系统在控制的作用下，能根据周围环境的某些变化来调整和改变自己的运动而进入某种状态，达到一定的预期目的。控制过程是建立在信息反馈的基础上的，把反馈方法作为提高系统的稳定性、达到优化控制目的有效方法。反馈是指系统的传输通过一定的通道返送到输入端，从而对系统的输入和输出产生影响的过程。

控制论在教育领域中应用所形成的理论称为教育控制论。它是研究教育系统中运用信息反馈来控制和调节系统的行为，从而达到既定教学目标的理论。教育控制系统是以提高教学效果和教学质量为控制目标，以信息流为主要传输形式的系统。为了实现教学目标，需要明确优化教学的五个指标。

① 时间（t）——进行教学所用的时间（一节课、一学期、一学年为所用的时间单位）。
② 教学信息量（u）——按信息量计算教学内容（如印刷符号、知识点等）。
③ 负担量（c）——学生消化、理解教学信息所用的时间（包括预习、复习、作业等）。
④ 成本（s）——为进行该教学活动所需要的经费。
⑤ 成绩（w）——学生对所学的教学内容回答的正确率。

因此，教学优化（E）应该是上述五个指标的函数：

$$E=f(t, u, c, s, w)$$

即通过可能用较少的时间学到较多的知识，而且学生不感到压力大、负担重，学习成绩好，素质和能力得到培养，教学成本合理，就表示教学最有效果。要取得上述效果，需要实现对教学目标的控制、对教学内容的控制、对教学形式的控制、对学生的控制、对教学手段的控制、对教学结构的控制、对教学程序的控制以及对教学质量的控制。

（三）系统论

系统（system）指在某一环境中互相联系的若干元素所组成的集合体。构成一个系统至少需要满足三个条件：①一定数量的元素；②一定的结构，即元素之间存在互相联系；③一定的环境。任何系统都处于一定的外界环境中，并与周围环境相互影响、相互作用。

系统论是从系统的角度研究现实系统的模式、原则和规律，并对其功能进行数学描述的科学。

系统论是由美籍奥地利生物学家贝塔朗峰（L.Von Bertalanffy）创立的，1947年他发表了《关于一般系统论》的文章，但不久毁于战火，没有引起人们的注意。但为系统论奠定了基础。系统论所概括的思想、理论和方法，普遍地适用于现实世界中的各种具体系统，为人们认识系统的组成、结构、性能等提供了一种指导。系统论认为：自然界是一个巨大的系统，人类思维也是一个复杂的系统，世界上任何事物、现象和过程几乎都是有机整体，且又都自成系统、互为系统；每个系统都是在与环境发生物质、能量、信息的交换中变化发展，即保持动态稳定的开放系统；系统内部与系统之间保持一种有序的状态。

系统论在教育实践中应用所形成的理论，称为教育系统论。教育系统论把教育视为一个系统，组成系统的要素是教师、学生、环境、媒体等。教育系统论促进我们以系统的观点、综合的观点来考察教育教学过程与现象，运用系统的方法，将整个教育体系看作由相互联系的部分组成的一个系统，对具体的教育过程进行系统分析和研究，来解决教育教学问题。也就是从系统的观点出发，坚持在系统与部分之间、系统与外部环境之间的相互联系、相互作用相互制约等关系中考察、研究系统，以求得对教育问题的解决。

运用系统科学理论和方法，指导教育科学，特别是从中提炼出来和抽象出来的系统科学的基本原理即反馈原理、有序原理和整体原理，对研究现代教育技术和指导具体实践有着重要的意义。

（1）反馈原理。指任何系统只有通过反馈信息才能实现控制。现代教育技术在教学实践中主要强调信息传递必须具有双向性、互动性。

（2）有序原理。在学习过程中,有序是有效的学习方法。以生动、直观的教育信息与方法,创设良好的环境与情境,才能启发学生积极思维。学习从易到难、从简单到复杂、从客观到抽象、从感性到理性、从个别到系统的认知过程是有序的。有序原理是现代教育技术实施的一个重要原理。

（3）整体原理。整体原理即是任何系统都是有结构的，系统的整体功能不等于各孤立部分的功能之和，也就是系统的整体功能（$E_整$）等于各部分功能之和（$\sum E_部$）加上各部分相互联系而形成结构而产生的功能（$\sum E_联$）。即$\sum E_整 = \sum E_部 + \sum E_联$。优化的课堂教学十分重视从教学整体进行系统分析，综合考虑课堂教学过程中的各个要素，包括教学目标明确，教学模式方法的选择、教育媒体的选择组合和环境资源的利用、学生认知水平的评价等，并注意各要素之间的配合、协调，发挥系统的整体功能才能达到优化的目的。

思考与实训

思考练习

1. 行为主义学习理论的要点是什么？
2. 认知主义学习理论的要点是什么？
3. 建构主义学习理论的要点是什么？
4. 加涅的信息加工学习论对教育技术有什么影响？
5. 视听教育理论的内容以及对教育技术的指导意义是什么？
6. 系统论主要观点是什么？如何应用系统分析方法指导教学活动？

实训项目

结合实习，分析在你的教学过程中运用了哪些现代教育技术理论？对你实践有什么指导意义？以Word文档形式共享在班群空间（或上传到《现代教育技术》课程网站的"作业"中）。

学习模块二 资源的设计与开发

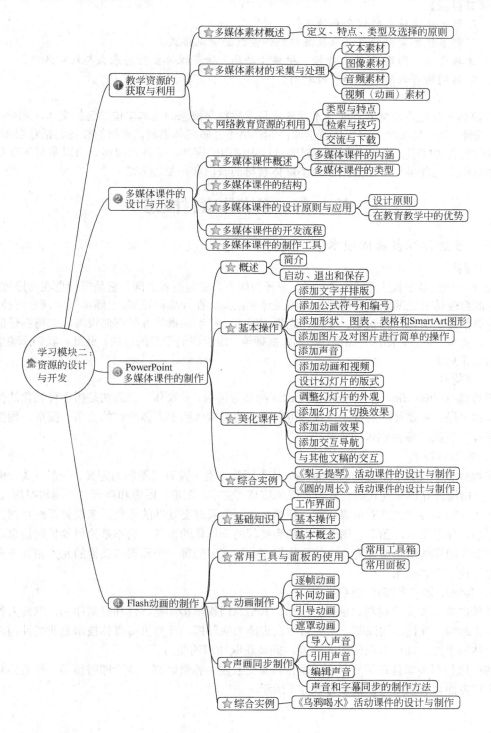

第三章 教学资源的获取与利用

【学习目标】
1. 了解多媒体技术的概念和特点。
2. 了解多媒体素材的类型以及每种媒体素材的常见格式。
3. 掌握文本、图形/图像、音频、视频（动画）等多媒体素材的采集与处理方法。
4. 掌握网络资源的检索和有效利用。

多媒体素材是多媒体课件的基本元素，是承载教学信息的基本单位。包括文本、图形/图像、音频、视频、动画等类型。多媒体教学课件制作离不开多媒体素材，素材的准备包括获取和处理，因为素材的种类较多，获取和制作素材的过程中使用的硬件、软件也很多，所以素材的准备是一项工作量极大的任务。本章着重学习多媒体素材的获取和再处理方法。

第一节 多媒体素材概述

一、多媒体和多媒体技术

1. 媒体

媒体一词来源于拉丁语"medium"，音译为媒介，意为两者之间。它是指信息在传递过程中，从信息源到受信者之间承载并传递信息的载体和工具。在计算机领域，"媒体"一词有两种含义：一指存储信息的实体，如软盘、硬盘、光盘、磁带、移动硬盘等各类存储设备；二指携带信息的载体，如文本、声音、图形、图像、动画、视频等。出于我们学习的目的，此处，我们所说的"媒体"指的是后者。

2. 多媒体

多媒体 multimedia，它由 multi 和 media 两部分组成。多媒体一词最初是指多种物化的信息传递工具和手段——媒体的组合。多媒体可以理解为直接作用于人体感官的文字、图形、图像、动画、声音和视频等各种媒体的统称。

3. 多媒体技术

多媒体技术（multimedia technology）从不同的角度出发有着不同的定义。一般认为，多媒体技术，是指用计算机交互式综合处理多媒体信息（文本、图形、图像和声音、动画和视频），在各种媒体间按照某种方式建立逻辑连接，使其成为一个具有交互性的系统。多媒体系统是指以计算机为中心，显示文本、图形、图像、音频和视频的一体化的设备，它不是简单地呈现信息，而是将各种形式的媒体信息整合进一个结构化程序中，其中的每一个元素与其他的元素相互补充，从而获得最佳的媒体效果。

4. 传统媒体与多媒体的区别

传统的媒体如文字材料、录音、录像，其信息组织结构都是线性和有顺序的，然而人类的记忆是网状结构，线性结构限制了人类自由联想能力的发挥，计算机多媒体技术是非线性的，更能发挥个体的个性，加快获取知识的速度，提高获取知识的能力。

传统媒体与多媒体在信号类型、是否具有交互性、容量区别、能否即时传播、检索方式、传播方式等方面都有较大的区别。如表3-1所示。

表 3-1　传统媒体与多媒体的区别

项目	传统媒体	多媒体
信号类型	基本上是模拟信号	数字信号
是否具有交互性	人们只能被动接受传统媒体的信息	具有人机交互功能
容量区别	带给人们的信息量往往有限	提供的信息几乎无上限，存储成本低
能否即时传播	传输信息不能做到即时传输	随时随地把信息传输到用户
检索方式	通过人工查找，查询效率低、覆盖面小	提供快捷的查询服务
传播方式	传输中不能满足用户个性化的需求	满足用户个性化的需求，提供定制服务

二、多媒体技术的特性

自 20 世纪 90 年代中期以来，多媒体技术已成为计算机领域最热门的话题之一。多媒体技术主要特性表现在媒体的多样性和处理信息的多样性、集成性、交互性、实时性上。

1．信息媒体的多样性

信息媒体的多样化是指多媒体种类的多样化。它把计算机所能处理的信息媒体的种类或范围扩大，不仅仅局限于原来的数据、文本或单一的语音、图像，而是广泛采用图像、图形、视频、音频等信息形式来表达思想。

2．信息处理的集成性

集成性是指以计算机为中心的综合处理多种信息媒体的特性。包括两方面含义：一方面是多媒体信息媒体的集成；另一方面是处理这些媒体的设备和系统的集成。信息媒体的集成包括：信息的多通道统一获取、存储和组织、合成等方面。设备和系统的集成：从硬件上来说应该具有能够处理多媒体信息的高速并行的 CPU 系统、大容量内存和外存、具有多媒体信息输入输出能力的外设、具有足够带宽的通信信道和通信网络接口；从软件上来说应该具有集成化的多媒体操作系统、适应于多媒体信息管理操作系统、创作工具和应用软件。

3．信息处理的交互性

交互性是多媒体技术的关键特征。交互性是多媒体应用有别于传统信息交流媒体的主要特点之一。所谓交互性就是把人的活动作为一种媒体加入到信息传播过程中，使信息交互的参与各方，不论发送方还是接收方都可以对信息进行编辑、控制和传递的特性。交互性使我们在获取和使用信息时变被动为主动，增加了对信息的注意和理解，延长了信息的保留时间。

4．实时性

实时性是指在人的感官系统能够接受的情况下进行多媒体交互（无论交互者相距多远），就好像面对面一样，图像和声音是连续的。多种媒体之间的协调性及时间、空间的协调性是多媒体的关键技术之一。

三、多媒体素材的类型

根据媒体的不同性质，一般把多媒体素材分成文字、图形、图像、音频、动画、视频等类型。在不同的开发平台和应用环境下，即使是同种类型的媒体，也有不同的文件格式，如文字媒体常见的有纯文本格式（*.txt）、Word 文档格式（*.doc），声音媒体有 WAV 文件格式（*.wav，是 Windows 标准音频格式文件）和 MIDI 文件格式（*.mid）等。不同格式的文件以不同的扩展名加以区别。如表 3-2 所示。

表 3-2　常用多媒体素材

媒体类型	扩展名	说　明
文　字	txt	纯文本文件
	rtf	Rich Text Format 文件

续表

媒体类型	扩展名	说　明
文　字	wri	写字板文件
	doc	Word 文件
	wps	WPS 文件
音频	wav	Windows 波形声音文件，是 Windows 标准的音频文件格式
	mid	乐器数字接口的音乐文件
	mp3	MPEG Layer 3 音频文件
	rm	Real Audio 的流媒体文件
	wma	微软的 Windows Media Audio 的一种压缩离散文件或流式文件
图形图像	bmp	Windows 位图文件，是 Windows 标准的图形文件格式
	jpg	JPEG 压缩的位图文件
	gif	图形交换格式文件
	tif	标记图像格式文件
视频	gif	图形交换格式文件
	flc	AutoDesk 的 Animator 文件
	swf	Macromedia 的 Flash 动画文件
	mov	QuickTime 的动画文件
	avi	Windows 视频文件，是 Windows 标准的视频文件格式
	mpg	MPEG 视频文件
	dat	VCD 中的视频文件
	rm	Real Audio 和 Real Video 的流媒体文件
动画	gif	图形交换格式文件，同时存储若干幅精致图像并形成连续的动画
	flc/fli	Autodesk 公司在其出品的动画制作软件中采用的彩色动画文件格式
	swf	Adobe 公司的动画设计软件 Flash 的专用格式，是一种支持矢量和点阵图形的动画文件格式，被广泛应用于网页设计，动画制作等领域

四、选择多媒体素材的原则

多媒体课件需要在现代教育思想、教学理论、学习理论、教学设计理论等指导下进行精心的制作，同时，又要根据教学实际需要精心选取素材。媒体素材是传播教学信息的基本材料单元，分为文本类、图形图像类、音频类、视频类、动画类素材。不论采用何种类型以及何种格式的素材都必须用素材中的信息呈现教学内容。恰当地选择素材是制作高水平课件的前提，一般应遵循如下的原则。

1．教学性原则

素材的选取要为发展智力、培养能力、提高综合素质这个根本目的服务。要对学生身心发展起到正面的促进作用，还要看它是否符合教学大纲和课程标准的要求。素材要求具备明确的教学目标和教学目的，主题鲜明，能突出学科中的重点和难点，并且能够取得常规教学手段难以达到的教学效果。素材的选取要紧紧围绕教材的知识点。具有说服力、有实用价值的素材应该首选。

2．主体性原则

素材的选取和编写要突出学生是学习的主体，是学习的主人。

3．科学性原则

科学性原则要求课件素材的选取必须严格把关，保证学科的内容是正确的、不违背科学原理，要做到阐述准确，表达严谨，数据可靠，资料翔实，操作表演规范、统一。

4．典型性原则

教学过程的最优化是提高教学和教育质量的重要手段，典型的素材，是实现最优化的基本条件之一。因此选取素材时要选取那些能普遍反映同类事物现象与本质属性的有代表性、规范性的素材，同时应尽量选取具有个性特征、新颖性和新奇性的素材。

多媒体软件开发需要大量的素材。平时应注重素材的收集、积累，特别是从互联网上搜索、获取多媒体素材，建立课件开发的素材库；同时，要掌握媒体素材的基本处理技术，使得不同类型的媒体素材以最恰当的内容和形式呈现，以达到最佳的教学效果。

第二节　多媒体素材的采集与处理

一、文本素材的获取与处理

文本是最基本的一种多媒体素材。它具有信息表达准确、计算机处理方便、存储容易、传输快捷等优势，在多媒体应用系统中，文本作为重要的基本元素而被广泛应用。

（一）文本的基本常识

文本是文字、字母、数字和各种功能符号的集合。大量的教学信息是通过文本来传递的。如课程中各种概念、科学原理、公式、命题、说明等内容。文本具有大小、字体、格式等属性。

（二）文本的获取

文本素材的获取通常采用以下几类方法。

1．键盘输入法

键盘输入法是利用键盘，按照一定的编码规则来输入汉字，是目前计算机进行文字输入最普遍的方式。英文字符直接从键盘录入，无需编码；汉字输入则必须对汉字编码，常用的如"微软拼音输入法"、"五笔字型输入法"等。键盘输入法需要用户经过一段时间的训练才能达到基本要求的速度。

2．语音输入法

语音输入法，是将声音通过话筒输入计算机后直接转换成文字的一种输入方法。利用语音识别技术，计算机能够迅速、自然地把读入计算机的声音信息转换成计算机中的文本。语音输入法在硬件方面要求电脑必须配备能够正常录音的声卡和录音设备，安装语音识别软件。这种方法的优点是可以快捷、自然地完成文本录入；缺点是错字率比较高。

3．联机手写识别板

手写输入法，是一种用特制的感应书写笔，在与计算机接口相连的手写板上书写文字来完成文本输入的方法。它符合人们用笔写字的习惯，只要将手写板接入计算机，在手写板上按平常的习惯写字，电脑就能将其识别显示出来。

联机手写识别输入的优点是，不用专门学习训练，即写即得，并且识别率较高，其录入速度取决于书写速度；缺点是不同的字体和潦草的字迹会严重影响识别系统的识别率。

4．扫描仪+OCR 识别输入法

如果需要进行大量文字录入，如书稿，资料等，就需要用扫描转换的方法，可以大大加快文字录入速度，提高工作效率。利用 OCR 技术，我们可以把需要的教材、文件、资料等进行扫描转换，生成电子文档，更便于保存。

OCR 是光学字符识别技术的英文缩写。扫描仪+OCR 识别输入就是将印刷品类纸张上的文字以图像的方式扫描到计算机中，再用 OCR 软件将图像中的文字识别出来，并转换为文本格式的文件。扫描仪是 OCR 技术中必需的配置，它本身并没有文字识别功能，它只能将文稿扫描到计算机中后以图片的方式保存，文字识别则由 OCR 软件处理完成。

在各类型扫描仪中，平板式扫描仪扫描精度高、速度快，在家用和办公中很流行。OCR 软件种类比较多，清华 TH-OCR、汉王 OCR、尚书 OCR、蒙恬识别王等都具有较高的声誉。

扫描仪+OCR 识别输入法能将纸介文件转换为电子文档，通常需要经过文稿扫描、版面处理、文字识别、文字编辑几个阶段。

5. 从 Internet 资源网站中获取

如果网页文本信息无法直接复制，可以用屏蔽网页代码的方法复制所需要的文本。具体方法是，先打开文本所在的网页，然后按如下方法继续操作。

方法1：在 IE 浏览器中，单击"查看"→"源文件"命令，在打开的记事本文件中就可以找到所需要的文字内容，找到需要的内容复制、粘贴即可。

方法2：在 IE 浏览器中，选择"文件"→"另存为"命令，在弹出的对话框里，保存类型选择"文本文件（*.txt）"，就可在文本文件中复制所需要的文字了。

方法3：在 IE 浏览器中，选择"文件"→"另存为"命令，在弹出的对话框里，保存类型选择"网页，仅 HTML（*.htm;*.html）"，保存所需要的网页到电脑中，然后选择用 FrontPage 或 Word 编辑该网页文件，可以屏蔽掉代码的控制。

（三）文本的编辑

录入的文字资料，需要经过编辑和排版，才能处理成多媒体作品中需要的文字形式。文字处理软件种类较多，各具特色，下面几款软件是常用的文本制作处理软件。

1. Microsoft Word

中文 Word 是基于 Windows 平台的中文字处理软件，是 MS Office 的重要组件，它提供了良好的图形用户操作界面，具有强大的编辑排版功能和图文混排功能，方便地编辑文档、生成表格、插入图片、动画和声音，可以生成 Web 文档。其操作实现了"所见即所得"的编辑效果。

2. WPS Office 2003 金山文字处理软件

WPS Office 2003 是金山公司从中国用户特点出发，开发的类似于 MS Office 的国产办公软件。它是一款功能强大、方便实用并且富有民族特色的文字处理软件；是深受用户欢迎的中文字处理软件。WPS Office 2003 作为 MS Office 的竞争对手，有着与其一一对应的功能。在 WPS Office 2003 中，含有四大功能模块：金山文字 2003、金山表格 2003、金山演示 2003、金山邮件 2003。在金山文字 2003 中采用先进的图文混排引擎，加上独有的文字竖排、稿纸方式，丰富的模板可以编排出更专业、更生动的文档，更加符合中文办公需求；其方便快捷的绘制表格功能（斜线表头、橡皮擦、合并单元格），可以轻松地绘制出形状各异的各种表格。

二、图像素材的获取与处理

图像素材是多媒体教学课件中最重要的媒体形式之一，也是学生最易感知和接受的表达方式。它是分析教学内容，解释概念及现象最常用的媒体形式，是反映多媒体课件质量的关键因素之一。一幅合适的图像可以形象、生动、直观地传达大量的教学信息，所谓"一图胜千言"正是这个意思。

（一）图形、图像概念

根据创建方式和所存储数据的意义不同，计算机中的图可分为两大类：矢量图与位图。在计算机图形学中，把矢量图称为图形，把位图称为图像。

1. 矢量图

矢量图[vector]是指由数学函数记录的线条和色块组成的图。具有存储量小，缩放后边缘平滑、不失真的优点；缺点是不能表现丰富的色彩，无法精确地再现物象。矢量图适用于制作企业标志、广告招贴、卡通插画等。Flash 属于矢量图像的处理软件。

2. 位图

位图是由像素组成的。将位图放大到一定程度就会发现其是由很多小方形色块组成的，这些小方形就是像素。图像单位长度内的像素越多，文件越大，图像质量越好。位图可以制作出色彩丰富、逼真的物象，但缩放时会产生失真的现象。Photoshop 属于位图图像处理软件，用它制作保存的图像均为位图式图像。常见位图格式包括 BMP 格式、JPEG 格式、GIF 格式和 PSD 格式。

这两种图被广泛应用到出版、印刷、互联网等各方面，两种图各自的优势几乎无法相互替代的，所以，长久以来，矢量图和位图在应用中一直是平分秋色的。

（二）图像的描述

描述图像主要有图像分辨率、像素深度、真彩色、伪彩色等。

（1）图像分辨率，是指组成一幅图像的像素密度的度量方法。对同样大小的一幅图，如果组成该图的图像像素数目越多，则图像的分辨率越高，看起来就越逼真；相反，图像显得越粗糙。图像的分辨率的单位是 dpi（display pixels/inch）即每英寸显示的像点数。例如，某图像的分辨率为 300dpi，则该图像的像点密度为 300 个点每英寸，这就是说一幅 1 英寸×1 英寸的位图图像上共有 300×300 个像素。为了方便计算，常用图像长宽方向上的像素表示图像的分辨率，如 320×240、600×600 等。dpi 的数据越大，像点密度越高，对图像的表现力越强，图像越清晰。

（2）像素深度，是指存储每个像素所用的位数。它也是用来度量图像的分辨率。像素深度决定彩色图像的每个可能有的颜色数，或者确定灰度图像的每个像素可能有的灰度级数。例如，一副彩色图像的每个像素用 R，G，B 三个分量表示，若每个分量用 8 位，那么一个像素要用 24 位表示，即像素深度为 24，每个像素可以是 2^{24}=16777216（16M）种颜色中的一种。因此，表示一个像素的位数越多，它能表达的颜色数目就越多，它的深度就越深。

（3）真彩色，是指图像中的每个像素值都分成 R，G，B 三个基色分量，每个基色分量直接决定其基色的强度，这样产生的色彩称为真彩色。例如图像深度为 24，用 R:G:B=8:8:8 来表示色彩，则 R，G，B 各占用 8 位来表示各自基色分量的强度，每个基色分量的强度等级为 2^8=256 种。图像可容纳 2^{24}=16M 种色彩。这样得到的色彩可以反映原来的真实色彩，故称为真彩色。

（4）伪彩色，是指图像的每个像素制实际上是一个索引值或代码，该代码值作为色彩查找表中的某一项的入口地址，根据该地址可查找出包含实际 R，G，B 的强度值。这种用查找映射的方法产生的色彩称为伪彩色。

组成彩色图像的三基色按照一定的比例混合，可产生无穷多的颜色，用以表达色彩丰富的图像。对于显示器来说，三基色的叠加，将产生如图 3-1 所示的色彩效果。

（三）图像文件格式

在不同领域、不同的工作环境中，因为用途不同所使用的图形图像的文件格式也不一样。例如：Word 中的图形图像格式一般为 BMP 或 TIF 格式的文件；在网页中使用的图像格式则是 PNG、JPEG 和 GIF 格式的图形文件；印刷输出的图像格式一般为 EPS 或 TIF 的格式。常用的图形图像文件格式如下。

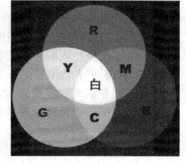

图 3-1　三基色叠加色彩效果

1．BMP（bit map）格式

BMP 格式是 Windows 操作系统下标准的图形和图像基本的位图格式，是一种与设备无关的图像文件格式，BMP 格式支持黑白图像、16 色、256 色的伪彩图像及 RGB 真彩图像，是多媒体课件中使用最为广泛的图像文件。

2．JPEG（joint photographic experts group）格式

JPEG 文件格式是所有压缩格式中最为卓越的有损压缩方案，它支持各种格式的彩色图像，画面质量与 BMP 没有太大差别，但文件大小却远小于同尺寸的 BMP 文件，非常适合于要处理大量图像的场合，也是 Internet 上的最流行的图像格式之一。

3．GIF（graphics interchnge format）格式

GIF 格式是 Internet 上重要的图形文件格式之一，其最大优点是文件容量很小，并同时支持静态和动态两种形式，主要用于在不同的图像处理平台上进行图像交流和传输，在网络 CAI 课件中受到普遍欢迎。但 GIF 不能支持真彩色，在表现力上比前两种格式要逊色一些。

4．PSD（Photoshop）格式

PSD 文件格式是图像编辑工具 Photoshop 的生成文件，它能够保存图像数据的每一个细节，包括图层、附加的模版通道以及其他内容。PSD 的最大优点就是在多媒体课件中调用它们时能进行一些诸如透明化的处理，但 PSD 文件比 BMP 文件所占的磁盘空间还要大许多。一般在将其导入课件前要将它们转换成其他的文件格式。

5．TIFF（tagged image file format）格式

TIFF 格式最早是为扫描仪图像设计的，属于工业标准格式。在多媒体教学课件中也能较为方便地调用。

6．PCD（photo compact disc）格式

PCD 格式是柯达公司为专业摄影制作的图像文件专用存储格式，一般多见于 CD—ROM 光盘之中，文件中含有从专业摄影到普通显示用的多种分辨率的图像，可支持多种分辨率，文件较大。在多媒体教学课件中不直接导入 PCD 文件，而是先将其转换成其他格式，再导入。

7．DIF（drawing interchange formar）格式

DIF 格式是 AutoCAD 中的图形文件，它以 ASCII 方式存储图形，表现图形在尺寸大小方面十分精确，可以被 CorelDraw、3DS 等大型软件调用编辑。

8．WMF（Windows metafile format）格式

WMF 格式是 Microsoft Windows 图元文件，具有文件短小、图案造型化的特点。该类图形比较粗糙，并只能在 Microsoft Office 中调用编辑。

（四）图形图像的获取

1．从 Internet 上获取

Internet 上有极为丰富的图形图像资源可供用户借鉴、使用，从网上下载图形图像的操作也很简单。如利用谷歌的图片搜索功能，浏览网页并找到所需的图片时，单击该图片，链接到原图，此时在图片上右击，选择"图片另存为"命令，在弹出的对话框中确定文件名和存储位置，即可将图片保存下来。

2．利用扫描仪获取

扫描仪是静止图像输入的主要设备，主要用于扫描照片、图像和图表。一般照片可以选择 300dpi 扫描精度，对于印刷用图片选择去网纹方式扫描，高精度方式扫描时应先通过预览准确定位扫描区，以免扫描图像数据量太大，耗费处理时间。

3．利用数码相机获取

用数码相机获取图像非常方便、灵活，用户拍摄需要的画面，然后将其输入计算机。目前众多移动终端设备都具有拍摄功能，给用户随时随地获取图像带来了极大的方便。

4．从图片素材光盘获取

图片素材光盘中含有特制的图片，内容极为丰富，如大师级摄影作品、传统文化类、中国元素、风景名胜、建筑类、城市风光、矢量京剧脸谱、科技人物等。用户根据需要进行选择，其中的图片素材可用 ACDSee 软件查看、编辑。

5．利用屏幕抓图获取图像

在计算机屏幕中，可以显示应用程序界面以及动画、视频播放过程中的图像界面，使用抓图技术可以采集屏幕界面图像。采集屏幕图像并储存为图像文件的方法称为屏幕抓图。具体有以下几种做法。

（1）直接使用键盘上的【PrintScreen】键。用键盘上的【PrintScreen】键，直接按键取图的方法很简单，质量非常高。按下【PrintScreen】键可将当前全屏幕图像复制到剪贴板上；按下【Alt+Print Screen】组合键可将当前活动窗口的图像复制到剪贴板上。再把剪贴板上的图像粘贴到课件的指定位置即可。

（2）利用 SnagIt 抓取图片。SnagIt 是一个非常优秀的屏幕、文本和视频捕获与转换程序。安

装后，利用它可以捕获 Windows 屏幕、RM 电影、游戏画面、菜单、窗口、客户区窗口，或用鼠标定义的区域等。捕获的图像可存为 BMP，PCX，TIF，GIF 或 JPEG 格式，也可以存为系列动画。

（3）利用 QQ 中的截图工具。QQ 是目前用户群庞大的国产即时通信软件，用户可以利用 QQ 中的截图工具捕捉图像。

（4）操作系统自带的"截图工具"。在 Windows 7 操作系统中自带有截图工具，用户可以在程序下的附件中找到该应用程序。

（五）图形图像的处理

1. 利用 Windows 自带的"画图"软件

Windows 自带的"画图"程序看似简单，仍可以满足用户对图形图像进行基本的编辑、处理，如为图片加上文字说明，对图片进行挖、补、裁剪，还支持翻转、拉伸、反色等操作。它的工具箱包括画笔、点、线框及橡皮擦、喷枪、刷子等工具，具有完成一些常见的图片编辑器的基本功能，用它来处理图片，方便实用，效果不错。利用该程序对图片处理的步骤如下。

（1）启动"画图"程序。选择"开始"→"附件"→"画图"命令，启动画图程序。

（2）导入图像文件。选择"图像"→"属性"命令，打开"属性"对话框，设置区域高和宽。选择"编辑"→"粘贴来源"命令，打开要插入的图像文件，并缩放移动到合适的位置。

（3）图片的透明处理和旋转设置。选择"图像"→"不透明处理"命令，将其前面的钩去掉，插入图形文件中的纯白色背景被过滤掉。

选择"图像"→"旋转"命令，在弹出的对话框中可以选择相应的角度，进行选择处理。

（4）裁剪图片。选择"裁剪"矩形框工具，用鼠标框选部分区域，然后按住鼠标左键不松开，拖动到预定区域即可。

2. Adobe PhotoShop 图像处理软件

Photoshop 软件是由 Adobe 公司开发的具有强大图像处理功能的平面设计软件。使用 Photoshop，可以将任何图片修改得面目全非，也可以将我们所想象到的效果制作出来。例如，可以将图像由彩色变为灰度、黑白效果，改变图像的亮度、对比度，以及图像的颜色、饱和度；也可以运用强大的滤镜改变图像，处理成各种各样的效果；还可以将若干图像加以合成，制作成一幅天衣无缝、以假乱真的作品。Photoshop 的强大功能不仅仅体现在对现成图像的处理，而且还可以徒手绘制出各式各样的图片效果。

Photoshop 设计窗口主要包括标题栏、图像编辑窗口、工具盘、菜单栏、面板组、状态栏等。它们构成了 Photoshop 的操作界面，如图 3-2 所示。

图 3-2　Photoshop 主界面

（1）菜单栏。菜单栏包括文件、编辑、图像、图层、选择、滤镜、视图、窗口以及帮助等菜单，其中每一项菜单都包含着下拉菜单，下拉菜单又包含着若干个子菜单。菜单栏的使用与其他 Windows 中的应用程序一样。

（2）工具栏。Photoshop 提供了一个集画图、编辑、颜色选择、屏幕视图等操作于一体的工具栏，如图 3-3 所示。有效利用工具栏是提高 Photoshop 操作效率的捷径。

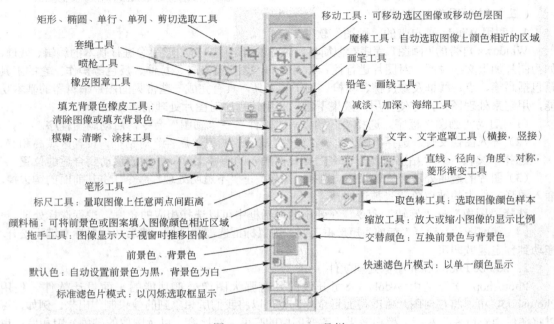

图 3-3 Photoshop 工具栏

（3）Photoshop 常用操作

① 剪裁。剪裁的主要目的是去除图片中多余的部分内容，以突出表现教学内容的主体图片内容，基本方法如下。

a. 在界面左侧工具箱中选择"剪切工具" ，将鼠标移至图片上方。

b. 通过拖动鼠标初步选取自己想要的图片内容，再通过选取范围周围的八个方形控点确定最后的选取范围，如图 3-4 所示。

图 3-4 选取范围

进行"图像"—"剪切"的菜单操作，实现对图片的剪切，此操作完成后，图片将只剩下 b 步骤中选取的一部分内容。

② 缩放。缩放操作是在保留图片信息完整的前提下，将图片的尺寸放大或缩小的操作，目的是为了压缩文件所占的磁盘空间，保证将来课件运行的速度，或将图片适当放大，以利于观察。缩放的基本操作方法是在打开图像文件后，选择"图像→图像大小"命令，弹出如图 3-5 的"图像大小"对话框，在其中进行宽度、高度、是否约束比例等相应设置，以改变图片的尺寸和长宽比例。

③ 移动。移动是将图片中的一部分移离它原来所处的区域，先选择工具栏中的"矩形选取工具"，选取要移动的范围，再选择"移动工具"，即可很方便地实现移动。

④ 添加文字。在图片中添加一定的文字，可起到标题、解释等作用。添加文字的方法是利用工具栏中的"文字工具"来实现。

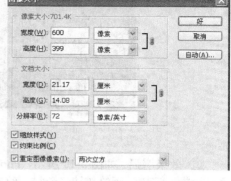

图 3-5 "图像大小"对话框

a. 选择 T 工具，在图片上准备插入文字的起点处单击鼠标，就会出现插入文字的闪动光标。

b. 输入相应的文字，并利用屏幕上出现的"文字编辑工具栏"，如图 3-6 所示。

图 3-6 文字编辑工具栏

进行文字的字体、字号、对齐方式、颜色、形状、样式等多种格式的编辑。完成后的实例效果如图 3-7 所示。

⑤ 叠加图片。叠加图片是在一张图片中加入另一图片的内容或将多张图片粘贴到同一画面中的操作，如图 3-8 所示，这样可达到对比的效果，本例的操作方法如下。

图 3-7 效果图

图 3-8 叠加图片效果

a. 用 Photoshop 打开 4 幅图片，依次将其尺寸均设置为 200×150，如图 3-9 所示。
b. 新建一个图片，将尺寸设置为 600×480。
c. 将 4 幅小图片的每一幅进行"选择→全选"和"编辑→剪切"的菜单操作，剪切完成，并分别粘贴到新建图片中，即能获得示例图片效果。

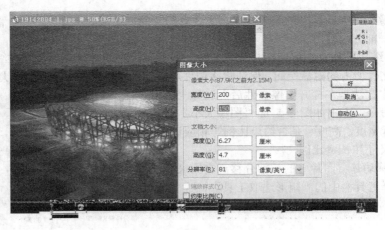

图3-9 "图像大小"对话框

⑥ 效果增强。如图 3-10 所示，Photoshop 提供了许多滤镜功能，利用它们可以实现扭曲、杂色、模糊、渲染、画笔描边、素描、纹理、艺术效果、视频、像素化、锐化、风格化等多种艺术效果。

⑦ 旋转。通过"选择→全选"和"编辑→变换"的菜单操作，可实现对图片的各种变换。

图3-10 "滤镜"菜单

（六）图像文件的格式转换

由于不同的环境、平台、用途需要使用不同的图像图形格式，所以用户需要把各种格式的图像文件转换为合适的图形图像格式。

如果是少量几个图像文件的格式需要转换，只要使用专业的图像处理工具如 Photoshop 等就能轻松地完成。Photoshop 具有多种图像文件格式的支持能力，通过"文件→打开"和"文件→另存为"的菜单操作即可。为保证通用性，通常建议把图像文件另存为 BMP，JPEG，GIF 等通用格式。

如果是大批的图像文件，需要从一种格式转换到另外一种格式，可以借助于具有批量格式转换功能的工具软件来转换图像文件的格式。

最常用的看图工具 ACDSee 是目前最流行的数字图像处理软件之一，它能广泛应用于图片的获取、管理、浏览、优化甚至和他人的分享！使用 ACDSee，你可以从数码相机和扫描仪高效获取图片，并进行便捷的查找、组织和预览。可以处理超过 50 种常用图片格式。作为最重量级看图软件，它能快速、高质量地显示图片，再配以内置的图片播放器，可以享用它播放出来的精彩幻灯片了。

ACDSee 是最得心应手的图片编辑工具，轻松处理数码影像，拥有的功能像去除红眼、剪切图像、锐化、浮雕特效、曝光调整、旋转、镜像等，还能进行批量处理。它的主界面如图 3-11 所示。将多个非 JPG 格式图像文件转换为 JPG 格式。具体方法如下。

启动 ACDSee 程序，它有两种显示方式，如果处在图像"打开"显示方式，如图 3-11 所示，单击工具栏的"浏览"按钮，将 ACDSee 切换到图像"浏览"显示方式，这

图3-11 主界面

时文件夹中所有的图像文件就会列表显示在浏览窗口左边区域，在列表区域选定所有要转换格式

的文件，并执行"工具"→"转化文件格式"菜单命令，如图 3-12 所示。

弹出图像格式转换对话框，如图 3-13 所示，进行相应参数设置后，单击对话框中的"OK"按钮即可开始转换。转换的结果文件和源文件使用相同的主文件名，而扩展名则改为相应的格式，转换结束以后可以到源文件夹里去找到转换得到的结果图像文件。

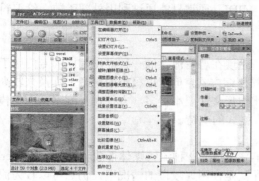

图 3-12 "工具"→"转化文件格式"菜单命令

图 3-13 图像格式转换对话框

三、音频素材的采集与处理

在多媒体教学课件中，恰当地使用音频素材，可以吸引学生的注意力，补充视觉信息，向学习者呈现教学内容。多媒体教学课件中的声音信息主要有三种：语音、音效和音乐。它们相互配合，产生富有立体感的听觉效果，使画面内容或主题思想得到烘托和渲染。

语音，是指人们说话的声音，一般分为解说和旁白。它们在多媒体课件中起到承上启下、穿针引线、解释画面的作用，应力求做到朴实生动、清晰流畅、通俗易懂、准确无误。

音效，是指声音效果，比如心跳、呼吸音、金属撞击声等，它们主要是表现真实感和增强气氛。使用音效时，要结合表现的内容，进行精心选择，适度地进行夸张。

音乐，在大多数课件中主要是为了烘托气氛，也称为背景音乐，但在一些文学艺术类的课件中，音乐有时也作为教学内容的一部分。音乐主要是用来深化教学主题、烘托气氛、渲染主题、转换时空的。因此，对于音乐的选择，首先要根据教学内容表达的基调和节奏的需要，不同的教学内容，应选择不同的乐曲，以表达不同的意境，配合不同的节奏。

（一）音频的类型和格式

自然界的声音由振动产生，是一种模拟信号，它们需经过数字化处理才能在计算机中使用。数字化包括两个步骤：采样和量化。连续时间的离散化通过采样来实现；连续幅度的离散化通过量化来实现。用采样频率和采样精度来描述采样和量化这两个过程。常用的数字音频素材存储格式如下。

1. WAVE 格式

WAVE（waveform audio，波形音频）格式的文件扩展名为.wav，是 Microsoft Windows 标准的音频文件格式。波形音频文件，是通过采集各种声音的机械振动而得的数字文件，是多媒体计算机中处理声音最直接、最简便的方式，是在多媒体教学软件中使用最频繁的声音格式。通常用于存储非乐曲音频数据，如语音。一般以话筒、录音机或 CD 唱机作为音源输入，通过声卡进行采样、量化及编码，把声音的模拟信号转变成数字信号后，以波形文件形式存储在磁盘上。这种波形文件往往容量大。

2. MIDI 格式

MIDI（musical instrument digital interface，乐器数字接口的缩写）格式的扩展名.mid，是将乐器弹奏的每个音符记录为一连串的数字，然后用声卡上的合成器根据这些数字所代表的含义进行合成，再通过扬声器播放出来。MIDI 文件实际上是一种表格，它描述了各种音符以及这些音符的播放与延时的乐器。MIDI 音频文件的最大优点是文件特别小，与波形文件相比，MIDI 文件要小得多。例如，同样 10 分钟的音乐，MIDI 文件容量不到 70KB，而波形文件约 100MB。与波形音频文件相比，MIDI 音频有其不可克服的问题，主要表现：第一，它无法重现真实自然声音中的语音，在课件中的表现力受到很大的影响；第二，在多媒体课件 MIDI 文件也比调用波形文件麻烦许多，比如在 Authorware 中不能直接调用 MIDI，通常只能通过利用外部函数，给编辑课件带来了一定的难度。

3．MP3 格式

MP3（MPEG1 layer-3）文件扩展名为.mp3，是现在普遍流行的一种高压缩比的专门用于存储音乐的音频格式。MP3 对音频信号采用的是有损压缩方式，但它以极小的声音失真换来较高的压缩比，表现能力与波形文件相同，但文件大小比波形文件要小得多，方便在互联网上广泛传播。目前大多数的多媒体编辑软件中提供了对 MP3 格式的支持。

4．RA 格式

RA（real media）文件扩展名为.rm，是近年来出现的一种流式媒体播放软件 Real Player 所支持的音频文件格式。可以实时传输音频信息，尤其是在网速较慢的情况下，仍然可以较为流畅地传送数据，它的播放效果与 MP3 不相上下，但容量比 MP3 小许多。这种格式的音频文件适用于网络上的在线播放，如远程教育、宽带网络视频点播（VOD）、互联网直播、视频会议等。目前在多媒体编辑软件中调用 RM 音频文件基本上都需要调用外部函数或应用程序。

（二）音频素材的获取

1．从音乐网站上获取

Internet 有丰富的音频资源，在提供下载链接的网站上很容易把需要的音乐下载到本地计算机。以百度网站为例，在 IE 浏览器的"地址"栏输入 www.baidu.com，选择 MP3 选项卡，这时可以通过对音乐名称、演奏者甚至其中的一部分歌词进行搜索，找到需要的音频文件，可以很容易进行下载操作。

现在网上音乐 MP3 文件因涉及版权问题，有些网站已经不提供下载，只能够在线收听。

2．从 CD、VCD、DVD 等素材光盘上获取

对 CD、VCD、DVD 等素材光盘中的音频，可以通过豪杰超级解霸这个程序来抓取，可以把抓取后的音频保存为 WAV 或 MP3 格式。再利用音频编辑软件对其进行剪辑、合成，最终生成所需的音频文件。

要注意版权问题，从百度或 CD、VCD、DVD 上下载或抓取音频文件，只可用于研究、学习，不可用于商业目的。

3．利用录音软件获取

（1）利用系统提供的录音机软件录制音频文件。首先把麦克风正确地连接到电脑上，然后选择"开始"→"程序"→"附件"→"娱乐"→"录音机"命令，打开"录音机"录音窗口，按下录制按钮，可以方便地从麦克风中采集语音生成 WAV 文件。

（2）利用录音软件录制音频文件。首先把麦克风正确地连接到电脑上，然后启动音乐编辑软件，如 Adobe Audition 或 Cool Edit，按下录制按钮，然后就可以通过麦克风把解说词、旁白、背景音乐等声音录制下来，并储存成 WAV 或 MP3 格式了。

4．从多媒体音频素材库光盘中获取

市面上流行的多媒体光盘中，往往都有含有音频资料，以 WAV、MIDI 等格式存放。用户可以很方便地获取，这是一个十分快速、经济的方法。

（三）音频文件的编辑软件

应该尽量选择专业声音编辑软件，它们不仅可以进行长时间的录音，而且还支持对声音的进一步编辑，如声音的截取，音色、音调的调整等。音频软件的竞争十分激烈，这与图像软件中 Photoshop 一枝独秀的情况是截然不同的。

1. Adobe Audition 3.0

这是一款专业广播级音频后期制作软件，是针对专业广播机构的制作部门以及媒体工作室和音像制作出版部门的后期制作方面工作的音频和视频专业人员设计的，可提供先进的音频混合、编辑、控制和效果处理功能。也深受广大业余视频，音频制作爱好者的喜爱。

2. Cool Edit

这是一款功能强大的音乐编辑软件。能高质量地完成录音、编辑、合成等多种任务。它能记录的音源包括 CD、卡座、话筒等，并可以对它们进行降噪、扩音、剪接等处理，可以给它们添加立体环绕、淡入淡出、3D 回响等奇妙音效，制成的音频文件，可以保存为常见的.wav，.snd 和.voc 等格式外，还可以直接压缩为 MP3。

3. GoldWave

这是一款功能强大的数字音乐编辑器，可以对音乐进行播放、录制、编辑以及转换格式等处理。优点如下：多文档界面可以同时打开多个文件；允许使用很多种声音效果，如，倒转（invert）、回音（echo）、摇动、边缘（flange）、动态（dynamic）和时间限制、增强（strong）、扭曲(warp)等；批转换命令可以把一组声音文件转换为不同的格式和类型。

4. Cakewalk

这是一款非常优秀的创作、编辑 MIDI 的音乐软件，并具有打印五线谱的功能。

5. Windows 自带的"录音机"

Windows 的"录音机"，是一款使用极其方便的音频文件编辑工具。

（四）音频文件的编辑

下面就重点介绍 Audition 3.0 软件的基本使用方法。

1. Audition 3.0 界面

Audition 3.0 的界面组成如图 3-14 所示。

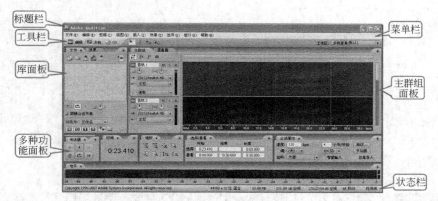

图 3-14　Audition 3.0 界面组成

（1）标题栏。左侧显示的是当前使用的图标和名称，右侧显示最小化、最大化/还原、关闭按钮。

（2）菜单栏。菜单栏共包含 9 个菜单，每个菜单下带有一组相应命令。

（3）工具栏。工具栏提供了菜单中经常使用的一些命令的快捷图标，在不同的状态下显示的工具图标会有所不同，但都有三个视图切换按钮，分别对应 Audition 中的三种视图：单轨编辑视图、多轨混音视图和 CD 刻录视图。这三种视图是 Audition 中的三种重要的工作环境，我们后面的编辑操作都是在其中某种视图环境进行的。下面分别来看这三个视图按钮的作用。

① 单轨编辑视图：在该视图下只能编辑一个音频文件，主要用于对一个单声道或立体声的波形文件进行编辑。

② 多轨混音视图：在该视图下，可以同时编辑 128 个轨道的音频文件，主要用于对多个音轨进行整体性编辑和宏观处理。

③ CD 刻录视图：主要用于将所编辑的音频文件刻录成 CD。

（4）库面板。库面板包括"文件"面板、"效果"面板和"收藏夹"面板。

（5）主群组面板。该面板是进行音频波形的显示、编辑和处理工作的主要区域。

（6）多种功能面板。该面板包含各种不同功能。

（7）状态栏。用于显示当前一些关于工程文件的状态信息。

2．使用 Audition 录制配乐诗朗诵

（1）启动 Audition，单击"编辑"按钮切换到单轨视图下。

（2）选择"文件"/"新建"命令，新建一个"44100Hz"采样频率、"立体声"、"16 位"的量化位数的音频文件。

（3）将麦克风与计算机声卡的麦克风接口连接，将录音来源设置为麦克风。

（4）准备好"静夜思"文稿，调节好音量后，单击"传送器"面板的"录音"按钮，开始录音。

（5）录完后，再次单击"录音"按钮，结束录音，并单击"播放"按钮进行试听，满意后保存为"静夜思.wav"文件。

（6）单击"多轨"按钮，切换到多轨视图下。

（7）选择"文件/导入"命令，将"背景音乐.wav"文件导入，并将其拖拽到"音轨 1"中。

（8）将"静夜思.wav"文件插入到"音轨 2"中，并用鼠标右键将其调整到合适的位置，如图 3-15 所示。

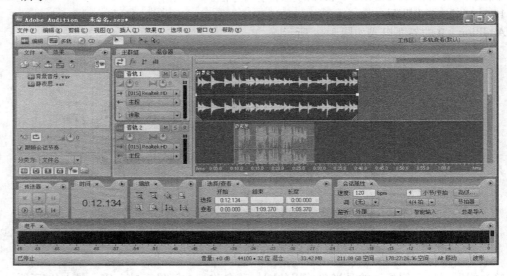

图 3-15　配乐诗朗诵

（9）调整满意后选择"文件"/"导出"/"混缩音频"命令，将其保存为"配乐诗朗诵.wav"。

3．音频波形的编辑的基本操作

Audition 中声音波形的复制、剪切和粘贴等操作与 Word 中操作相同，此处不再详述。

4．降低噪声

（1）首先，选择一段噪声波形。

（2）采集噪声样本。选择"效果/修复/降噪器（进程）"命令，打开"降噪器"对话框，单击"获取特性"按钮，采集噪声样本，如图 3-16 所示。

然后，选择"效果/修复/采集降噪预置噪声"命令，可以将所选择的音频定义为噪声样本，在下一次启动降噪效果时被加载。

（3）降低噪声。选择要进行降噪处理的全部波形，执行"效果/修复/降噪器（进程）"命令，设置降噪参数，设置好后单击"确定"按钮即可。

5．变速

变速效果的作用是使声音的速度变快或者变慢。

（1）方法

① 选择要变速的音频波形。

② 执行"效果"菜单下的"时间和间距"子菜单下的"变速"命令，弹出"变速"对话框，根据需要进行参数设置，最后试听满意后，单击"确定"按钮即可。

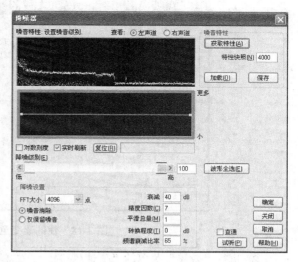

图 3-16　采集噪声

（2）案例。为"静夜思.wav"音频文件进行变速处理，产生变慢、变童声两种效果。

① 选择"文件/打开"命令，打开"静夜思.wav"音频文件，并选择其全部音频波形。选择"效果"菜单下的"时间和间距"子菜单下的"变速"命令，打开"变速"对话框，选择"常量变速"选项卡，在"比率"参数框中输入"60"，变速模式选择为"变速不变调"，其他参数默认，设置如图 3-17 所示，试听满意后，单击"确定"按钮即可，并将文件另存为"静夜思变慢.wav"。

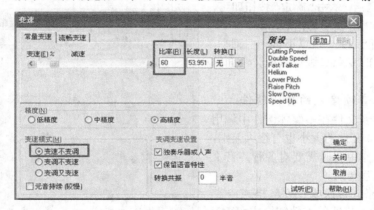

图 3-17　使朗读速度变慢设置参数

② 选择"文件/打开"命令，打开"静夜思.wav"音频文件，并选择其全部音频波形。选择"效果"菜单下的"时间和间距"子菜单下的"变速"命令，打开"变速"对话框，选择"常量变速"选项卡，在"比率"参数框中输入"70"，变速模式选择为"变调又变速"，其他参数默认，设置如图 3-18 所示。试听满意后，单击"确定"按钮即可，并将文件另存为"静夜思童声版.wav"。

6．变调

变调效果的作用是使声音的音调变高或者变低。

（1）方法

① 选择要变调的音频波形。

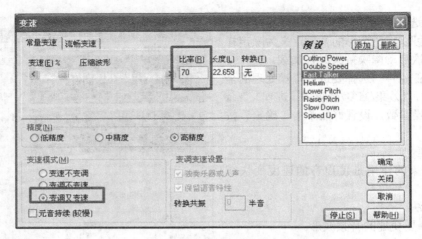

图 3-18 使朗读变童声模式设置参数

② 执行"效果"菜单的"变速/变调"子菜单下的"变调"命令,弹出"变调"对话框,根据需要进行参数设置,最后试听满意后,单击"确定"按钮即可。

(2)案例。为"静夜思.wav"音频文件进行变调处理,将原来的女声朗读变为男声朗读。

① 选择"文件/打开"命令,打开"静夜思.wav"音频文件,并选择其全部音频波形。

② 选择"效果"菜单下的"变速/变调"子菜单下的"变调"命令,打开 "变调"对话框,在"半音"数值处输入"–7",在"音分"数值处输入"–100","比率"值为"0.63",其他参数默认,设置如图 3-19 所示。

③ 试听满意后,单击"确定"按钮即可,并将文件另存为"静夜思男声版.wav"。

Audition 功能强大,这里不再一一列举,读者可以找相关的专业书进行系统、全面的学习。

(五)常见音频格式的转化软件

由于各种声音文件在多媒体课件中调用的方法不尽相同,文件的大小也有很大差别,因此,在实际工作中有时需要对各种声音文件的格式进行相互转换。

1. *.CDA 格式转换成*.WAV 格式

要想把*.CDA 格式的文件转换成*.WAV 格式的声音文件,就需要使用抓音轨软件了,所谓的抓音轨过程就是*.CDA 转换成*.WAV 格式文件的过程,国内转换软件质量都不是很好,如超级解霸进行抓音轨和声音文件格式转换的时候,声音文件的高频损失很厉害,

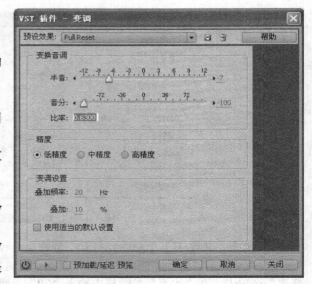

图 3-19 女声变男声参数设置

声音会变得尖锐难听,可以说抓音轨直接影响着最后的声音文件质量。现在抓音轨软件效果最好的当属 EAC,可以基本上做到无损抓音轨,这是个免费的自由软件。

2. *.WAV 格式转换成*.MP3 格式

这种转换过程中声音文件的质量关键在于 MP3 的编码器,MP3 编码器之中音质最好的当属 Fraunhofer ⅡS MPEG Layer3 编码器,装有这个编码器的音频编辑软件有 Adobe Audition,Sound Forge 以及功能更加强大的 SAM 等,使用上也很便捷。

打开需要进行格式转换的音乐文件，然后在 Adobe Audition、Cool Edit Pro 或 Sound Forge 的工作区里选择全部文件，再选择"文件→另存为"，另存为 MP3 格式就可以了。

3．*.WAV、*.MP3 格式转换成*.RA、*.RM、*.WMA 格式

在 Adobe Audition 3.0 的"另存为"对话框中，保存类型非常多，只要选择合适的类型就可以把 WAV，MP3 这样常见的声音文件转换成流媒体格式的*.RA，*.RM，*.WMA 格式的声音文件。

4．*.MIDI 格式转换成*.WAV，*.MP3 格式

大多数的音频编辑软件都不支持 MIDI 格式的转换。可以使用著名的多音轨编辑软件 Samplitude。Samplitude 可以打开、编辑 MIDI 文件，在 Samplitude 的音乐输出选项里可谓是多种多样，支持更多的音频格式，据此可以把 MIDI 文件转换成需要的格式。

四、视频（动画）素材的采集与处理

（一）视频素材的分类和定义

广义的视频文件可以分为两大类：动画文件和影像文件。

（1）动画文件。其是由相互关联的若干帧静止图像所组成的图像序列，这些静止图像连续播放形成一组动画。动画利用人类眼睛的"视觉暂留效应"。人在看物体时，物体在大脑视觉神经中的滞留时间约为 1/24 秒。如果每秒更换 24 或更多的画面，那么，前一个画面在人脑中消失之前，下一个画面就进入人脑，使人们感觉到动态的变化效果。

（2）影像文件。其是包含了实时的音频、视频信息的多媒体文件，其多媒体信息通常来源于音、视频输入设备，一般它的数据量往往比较大。

动画和影像文件从视觉角度来看是一样的，是连续渐变的静态图像或图形序列，沿时间轴顺次更换显示，从而构成运动视感的媒体。划分动画和视频的依据应该是它们生成的手段。当序列中每帧图像是由人工或计算机产生的图像时，我们常称其为动画；当序列中每帧图像是通过实时摄取自然景象或活动对象时，我们常称其为影像视频，或简称为视频。动态图像演示常常与声音媒体配合进行，二者的共同基础是时间连续性。一般意义上谈到视频时，往往都包含着声音媒体。帧是构成视频信息的基本单元。

（二）视频（动画）文件的常见格式

1．常用的动画文件格式

动画是用计算机制作的动态图像，有二维动画、三维动画和基于角色的动画等。

（1）FLIC 格式。FLIC 是 FLI 和 FLC 的统称。FLC 文件格式，是 Autodesk 公司在其出品的 Autodesk Animator / Animator Pro / 3D Studio 等 2D/3D 动画制作软件中采用的彩色动画文件格式。在 Windows 中播放该格式的动画文件必须用 Autodesk 公司提供的 MCI 驱动程序和相应的播放程序 AAPlay（Autodesk Animator Player for Windows）。

（2）GIF 格式。GIF（graphics interchange format，图形交换格式），是由 CompuServe 公司于 20 世纪 80 年代推出的一种高压缩比的彩色图像文件格式。主要用于图像文件的网络传输。目前 Internet 上大量采用的彩色动画文件多为这种格式的 GIF 文件。

Gif Animator 可以制作 GIF 格式动画。

（3）SWF 文件。SWF（shockwave file，*swf），Macromedia 公司推出的 Flash 动画文件格式，是由 FLA 文件在 Flash 中编辑完成后输出的影片文件。SWF 文件只包含必需的最少信息，经过最大幅度的压缩，所以容量大大缩小，便于在网上供人浏览。SWF 文件不能再被 Flash 编辑。

2．常见的影像视频文件格式

影像文件是视频信号经过数字化处理的文件，它往往带有伴音。常见的格式有如下几种。

（1）AVI 格式。AVI（audio video interleaved，音频视频交错文件），文件扩展名为.avi，它可将视频和音频信号混合交错地储存在一起，压缩比较高。AVI 是 Windows 中标准的视频格式，在

所有多媒体开发工具中均能很方便地调用。

（2）DAT 格式。DAT 文件，是 Video CD 或 Karaoke CD（市场上流行的另一种 CD 标准）数据文件的扩展名，这种文件的结构与 MPG 文件格式基本相同，播放要求也基本上一样。

（3）MOV 格式。MOV 文件，是 Apple 计算机公司开发的一种音频、视频文件格式，用于保存音频和视频信息，具有先进的视频和音频功能，QuickTime 文件格式支持 25 位彩色，支持 RLE，JPEG 等领先的集成压缩技术。国际标准化组织(ISO)选择 QuickTime 文件格式作为开发 MPEG-4 规范的统一数字媒体存储格式。

（4）RM 格式。RM 又称为流（stream）式文件格式或流媒体格式。是目前网络课件中常见的视频文件格式。采用流媒体技术进行特殊的压缩编码，使其能在网络上一边下载、一边流畅地播放。

（5）ASF 格式。ASF（advanced streaming format，高级流媒体格式），是微软为了和现在的 Real Player 竞争而推出的一种视频格式,用户可以直接使用 Windows 自带的 Windows Media Player 对其进行播放。由于它使用了 MPEG-4 的压缩算法，所以压缩率和图像的质量都很不错。

RM 和 ASF 格式可以说各有千秋。RM 视频更柔和一些，ASF 视频则相对清晰一些。

（6）MPEG 格式。MPEG（moving picture expert group，即运动图像专家组格式，文件扩展名为.MPG）文件，简称 MPG 文件。VCD，SVCD，DVD 中的视频文件就是这种格式，是微型多媒体计算机上的全屏幕活动视频影像的标准文件。MPG 文件是基本 MPEG 方式压缩的数字视频影像格式，MPEG 有 MPEG-1，MPEG-2，MPEG-4，MPEG-7 等多种标准，其中 VCD 使用 MPEG-1 标准的压缩方式，SVCD 和 DVD 使用 MPEG-2 压缩方式，MPEG-4 主要用于网络传播，MPEG-7 主要用于网络视频会议。

（三）视频（动画）素材的获取

1．从多媒体素材库光盘获取

这是获取影像资料是主要途径之一，市面上流行的多媒体光盘中，含有多种影像资料，随着光盘价格的降低，用户根据需要从中选择影像资料，是一个经济有效的方法。

2．采用视频捕捉卡直接进行视频资料的采集

这是最有效和快捷的方法。常见的视频捕捉卡有 CreativeRT300 视霸卡、银河 JMC 系列，通过视频捕捉卡和相应的软件就可以把电视、录像等视频信号采集下来，并储存成 AVI，MPG，MOV 等影像格式文件。

3．从 VCD，DVD 等光盘中获取

现在 VCD，DVD 机已进入寻常百姓家庭，异常丰富的片源也为我们获取所需的影像资料提供了很大的方便。采用超级解霸等软件可以把 VCD，DVD 视盘上的某个片段采集下来，储存成 AVI，MPG 等影像格式文件。

4．通过各种动画、视频编辑软件制作

你可以通过各种动画、视频编辑软件制作视频或者动画素材。常用的软件有：Flash、3DMAX、VideoStudio，Premiere，Director 等。这种方法要求你熟悉软件的使用方法，制作周期长。一旦可以熟练掌握某个软件的使用方法，对于提高多媒体课件的质量和灵活性起到举足轻重的作用。

5．利用动态屏幕捕捉软件获取

利用 SNAGIT，Hypercam，Screencam 等动态屏幕捕捉软件，捕捉你感兴趣的计算机屏幕内容，储存成 AVI，MPG，MOV 等影像格式文件供日后调用。

例如，利用 SnagIt 来捕捉视频，具体步骤如下。

① 首先启动 SnagIt，设置好要采用的抓取范围，然后选择"capture→mode→video capture"，进入视频捕捉状态。

② 单击捕捉键，或使用热键【Ctrl+Shift+P】，选择要捕捉的窗口。

③ 单击鼠标左键，这时出现对话框，单击"Start"按钮，开始捕捉，这时屏幕上有一黑色的

边框在闪动，表示录制区域的大小。

④ 当用鼠标操作完成后，使用热键【Ctrl+Shift+P】出现对话框，单击"Stop"按钮结束记录过程。

⑤ 如果单击 Resume 按钮，则继续采集。在预览窗口播放采集的视频片段，满意后可保存为.avi 文件。

6．从 Internet 上获取

Internet 上有非常多的视频网站，为用户提供了最为丰富的视频素材，用户可以从网上下载自己需要的视频素材。

有些视频网站的视频素材不提供直接下载，需要安装客户端下载软件后才能下载。

Internet 上的 swf 格式动画资源非常丰富，但是一般不能直接下载，需要通过下载工具，或者在临时文件夹中找到你浏览过的 swf 格式动画文件，直接复制、粘贴就可以。

（四）视频（动画）素材的编辑软件

1．动画制作软件

计算机动画制作分为三维动画设计制作软件和二维动画设计制作软件。

（1）3D Studio MAX。3D Studio MAX 是 Autodesk 公司推出的使用最广泛的三维动画制作工具。3D Studio MAX 功能强大，广泛应用于三维动画设计、影视广告设计、室内外装饰设计等领域。专业级的三维动画作品至少要经过三步：造型、动画和绘图。

（2）Flash。Flash 是 Macromedia 公司推出的动态网页制作工具，是比较优秀的二维动画制作工具。Flash 是矢量动画设计的典型代表软件。矢量图是使用直线和曲线来描述物体，同时还可以包含物体的颜色和位置信息。使用矢量图的好处是对矢量图的放大和缩小，都不影响图形的表现效果。同样，矢量动画在运用时大小可任意调节，而不影响显示效果，矢量动画所设计的动画文件其容量特别小。

2．视频制作软件

（1）Adobe Premiere。它是一个非常优秀的桌面视频编辑软件。它使用多轨的影像与声音合成与剪辑来制作 Microsoft Video for Windows (.avi)，QuickTime Movies(.Mov) 等动态影像格式；由 3D Studio，Animator 制作的动态影像或是由摄像机截取的实物影像，均可在 Adobe Premiere 中加以剪辑。

（2）Ulead Video Studio。Ulead Video Studio 是一套专为个人及家庭所设计的影片剪辑软件，具有图像抓取和编辑功能，可以抓取、转换 MV，DV，V8，TV 和实录，可制作 DVD，VCD 光盘，并支持各种编码。

（3）Fred Edit DV。Fred Edit DV 是基于 Windows 2000 平台上的一种小巧、灵活的膝上型编辑设备，可以直接处理数字视频信号，是不需要任何视频硬件支持的纯软件编辑系统，用户只需一个 IEEE1394 接口与设备连接，就能独立完成素材的采集、编辑、录制等非线性系统所能完成的工作。Fred Edit DV 首次在编辑中引入了 ID 号的概念，用户可以通过自定义 ID 号快速找到需要的素材。Fred Edit DV 为用户提供了字幕模板功能，用户可以直接将模板加到编辑线上，并且可以在编辑线上直接修改字幕内容。

（4）Vegas。Vegas 是 PC 平台上用于视频编辑、音频制作、合成、字幕和编码的专业产品。它具有漂亮、直观的界面和功能强大的音视频制作工具，为 DV 视频、音频录制、编辑和混合、流媒体内容作品和环绕声制作提供完整集成的解决方法。

（5）Canopus Edius 。Canopus Edius 提供的是有趣、快速、易用的视频编辑。第一，它拥有直观的界面，而且为视频爱好者提供强大的编辑控制功能；拥有素材库故事板，它让用户能够简单地管理项目中所有不同类型的视频、音频甚至是数字静态图像素材。第二，它拥有记录画外音的功能，只需要一个和 PC 相连的麦克风，可以快速地为你的视频记录旁白。第三，它拥有实时视频滤镜和特效。

除了以上介绍的几种基本编辑软件以外，Final Cut，on-line express，movie pack，incite studio，avid express 等视频编辑软件也是在商业或者电视节目制作中经常用到的，都包含有功能强大的视频编辑、特技、音频、字幕、图像、合成和协同工作的工具。

（五）视频文件的编辑

下面就重点介绍简单易学的 Corel Video Studio X2 的基本使用方法。

1. Corel 会声会影 X2 的界面

启动 Corel 会声会影 X2 软件，即可进入初始画面，如图 3-20 所示。选择"会声会影编辑器"，打开会声会影编辑器工作界面，如图 3-21 所示。

图 3-20 Corel 会声会影 X2 初始画面

图 3-21 Corel 会声会影 X2 工作界面

在最下面的文件编辑区，即时间轴，有三种视图"故事版视图"、"时间轴视图"、"音频视图"，如图 3-22 所示。分别可以放入需要处理的视频、标题、音乐、旁白等，并可以对其中的素材进行剪辑、编辑。

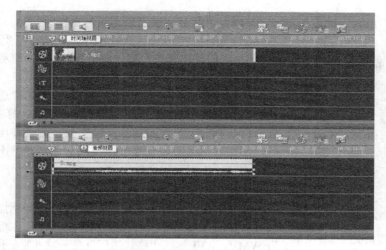

图 3-22 编辑区的三种视图

2．创建影片的步骤

（1）捕获。单击软件工作界面顶端"步骤面板"中"捕获"，进入"捕获"步骤的"选项面板"，如图 3-23 所示。选择其中的一个选项进行采集。

（2）编辑。在"编辑"步骤中，我们可以整理、编辑和修整项目中使用的视频、图像、声音等素材。可以进行添加素材、修整素材、调整回放速度、捕获静态图像、在静态图像上摇动和缩放等操作。

（3）效果。添加转场效果的方法是：选择"素材库"中要使用的转场效果略图；然后将该略图拖放到时间轴的两个视频素材之间，释放鼠标即可。

（4）覆叠。"覆叠"步骤允许我们添加覆叠素材，与视频轨上的视频合并起来。将素材添加到覆叠轨的方法是：先将视频或图像文件从"素材库"中拖到时间轴上的"覆叠轨"中；然后选择"选项面板"的"编辑"选项卡进行相应的设置，用"属性"选项卡中的选项为覆叠素材应用动画、添加滤镜、调整大小和改变位置等，如图 3-24 所示。

图 3-23 "捕获"步骤的"选项面板"

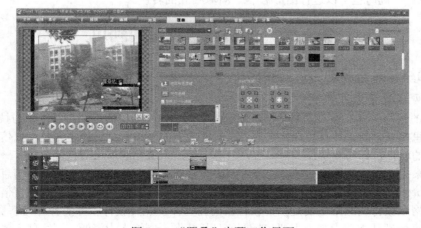

图 3-24 "覆叠"步骤工作界面

（5）标题。可以进行添加文字、编辑文字和对文字应用动画等操作。

（6）音频。"音频"步骤由两个轨组成，即"声音轨"和"音乐轨"，我们可以将旁白插入到"声音轨"，而将背景音乐或声音效果插入到"音乐轨"。

（7）分享。创建视频文件的方法：单击"选项面板"中的"创建视频文件"按钮，打开视频文件模板的选择菜单，如图3-25所示；选取一个预设的视频文件模板，就会弹出一个保存对话框，在该对话框中为视频文件输入文件名并单击"保存"按钮进行渲染，生成视频文件。

（六）视频文件的格式转换

图3-25 视频文件模板的选择菜单

很多时候，视频格式是需要经过转化才能用在需要的场合。有时需要把 AVI 等格式转化为 FLV，有时需要把 FLV 格式转化为 WMV，AVI 等。"格式工厂"是一款非常好用的视频格式转换软件，它几乎可以完成各种视频格式的转化，并且可以批量转换。如图3-26所示。

图3-26 "格式工厂"界面

"格式工厂"同时也可以进行图形/图像、音频格式的转换。

第三节 网络教育资源的利用

一、网络教育资源的类型与特点

（一）网络教育资源概述

广义上的网络教育资源，主要是指以信息网络为载体，能够促进知识的增长与技能的提高，影响使用者思想观念的、具有教育意义的内容。狭义上的网络教育资源主要是指以信息网络为平台，以一定的教育目标和教学任务为核心，内容上经过系统化的加工与整理，具有一定组织结构的、能够用来提高知识与技能的教育内容。网络教育资源是指蕴涵了特定的教育信息，以能创造出一定教育价值的各类信息资源，特别是能以数字信号在互联网上进行传输的教育信息。在本文中所研究的网络教育资源则主要是指为教育目的而设计，能为教育服务的各种网络资源。

网络教育资源从本质上来说主要包括网络环境资源、网络人力资源、网络信息资源这三个部分。网络环境资源主要是指构成网络空间的各种物理设备，如网络设备、通信设备、计算机设备等。网络人力资源主要包括具备开发、建设、应用、管理等能力的个体，如网络系统开发人员、教育网页开发人员、网络用户等。网络信息资源主要是指网络中所蕴含的与教育有关的知识、资料、情报等资源的集合。本文中所研究的网络教育资源则主要是指网络信息资源。

（二）网络教育资源类型

根据信息资源的不同特点和功能，将网络教育资源分为如下几大类。

1．根据信息发布者的身份来划分

（1）政府教育机构信息。这些网站的一级或二级域名一般是.gov 或行政区域名。如中国教育部主页网址是 http://www.moe.gov.cn，如图 3-27 所示，其中有教育部领导、机构设置、教育信息、政策咨询等内容。美国教育部主页网址是 http://www.ed.gov，如图 3-28 所示，该网站提供了美国政府的教育政策、教育预算和教育规划、教育新闻和事件、教育贷款、教育技术等方面的内容。这些站点提供的教育资源较全面和系统，能及时反映教育领域内的各种综合信息，报道迅速，动态性强。

图 3-27　中国教育部主页

图 3-28　美国教育部主页

（2）企业集团的教育类信息。网上相关企业集团的教育类信息有的是公司支持的教育开发项目，有的是公司对自己员工的培训，如 IBM 公司站点中的教育培训内容，还有的是教育类产品的信息。这些资源网站通常是以.com 为其一级或二级域名。

（3）科研院校教育科研信息。这类网站的一级或二级域名一般是.edu 或.ac。科研信息如中国教育和科研计算机网（CERNE）网址是 Thttp://www.edu.cn/，如图 3-29 所示，提供关于中国教育、

图 3-29　中国教育和科研计算机网主页

科研发展、教育信息化、CERNET 等新闻动态；院校信息如北大网址 http://www.pku.edu.cn/，如图 3-30 所示，浙江大学网址 http://www.zju.edu.cn/，如图 3-31 所示。这种网站主要是介绍学校及研究院所的组织机构、院系设置、教学计划、科研规划等，发布招生信息，提供远程教育课程的内容等，因此，科研院校网站是重要的教育资源网。

图 3-30　北京大学网址主页　　　　　　　　图 3-31　浙江大学网址主页

（4）教育文献信息中心。这类网站的一级或二级域名一般是.net 或.com 或.gov 或行政区域名。如中国知网的网址是 http://www.cnki.net/，如图 3-32 所示；万方数据知识服务平台的网址是 http://www.wanfangdata.com.cn/，如图 3-33 所示。这些网站一般提供中国学术文献、外文文献、学位论文、报纸、会议、年鉴、工具书等各类资源统一检索、统一导航、在线阅读和下载服务，是用户做科研项目获取信息的重要来源。

2．根据费用情况划分

（1）有偿信息。此类信息即只有先建立合法账号后，才可进行检索的信息。这些信息多为有价值的教育科研信息，如 Dialog 系统 http://www.dialog.com/，如图 3-34 所示，它是世界上最大的在线信息服务系统，提供各领域的论文、新闻、统计等信息的在线服务，可阅读全球 100 多份报纸及数千本杂志。访问时首先要建立合法账号。

图 3-32　中国知网网址主页　　　　　　　　图 3-33　万方数据知识服务平台

（2）无偿信息。此类信息指那些可以自由访问、获取的信息，如中国教育在线高考服务平台 http://gaokao.eol.cn/，如图 3-35 所示。

3．根据信息的功能划分

根据信息的功能不同，网络教育资源可分为：学前教育、中小学教育、职业教育、成人高考、考试辅导中心、对外汉语教学、相关网站等。

4．根据媒体类型划分

网络教育资源按此方法可分为文字、图像、音频、视频、动画等教育信息。由于采用多媒体的信息表现形式，所表现的信息容量越来越大，数据量也大，因此网页的浏览时间与网页中这些媒体类型的含量有关。

图 3-34　Dialog 主页

图 3-35　中国教育在线高考服务平台

以上仅是一些常用的分类标准，不同属性之间又相互交叉，在对网络教育资源进行组织时，要以多属性划分，做到合理、直观。

（三）网络教育资源的特点

1．信息分布的广泛性

网络信息存在于世界各地联网的主机中，是涉及地域最广的资源。它以超链接的方式将文字、图像、音频、视频、动画等信息链接成文本和超媒体系统，已经成为全球最大的信息资源库。

2．信息形成的多样性

网络信息内容以多媒体、多语种的形式表现，极大地丰富了信息内容的表现力。信息形式的多样性有助于人们进行知识结构的更新和重构。

3．信息获取的快捷性

网络信息可通过网络终端随时随地获取，这就避免了在查找时其他媒体信息所必须面对的时间、空间等因素的限制。

4．信息资源的共享性

网络信息除了具备一般意义上的信息资源的共享性外，还表现为一个 Internet 网页可供所有的 Internet 用户同时访问，不存在传统媒体信息由于复本数量的限制所产生的信息不能多人同时获取的现象。

5．信息传递的时效性

网络媒体的信息传播速度及影响范围使得信息的时效性大大增强；同时，网络信息增长速度快、更新频率高。

6．信息交流的互动性

互动性是网络的主要特点之一。网络信息一般具备双向传递功能，即用户在接收到相关的网络信息后可针对该信息随时向信源提供反馈，一般表现为在网页上提供相关的 E-mail 地址。网络用户既是网络信息的使用者，也是网络信息的发布者。

二、网络教育资源的检索与技巧

（一）网络资源检索工具介绍

1．谷歌（http://www.google.com）

Google 是一个专门用来搜索相关内容的搜索引擎，目前使用 google 来搜索的人非常多。

2．百度（http://www.baidu.com）

百度是我国国内最大的商业化全文搜索引擎，占国内 80% 的市场份额。其功能完备，搜索精度高，除数据库的规模及部分特殊搜索功能外，其他方面可与当前的搜索引擎业界领军人物与Google相媲美,在中文搜索支持等方面甚至超过了Google,是目前国内技术水平最高的搜索引擎。

3. 搜狐（http://www.sohu.com）

搜狐目前收录了20多万个以中文信息为主的网站,包括国外的中文站点,其查询分为五类,分别是类目检索、网页检索、新闻检索、中文网址检索以及提供关键词的全问检索方式。

4. 常青藤（http://www.tonghua.com.cn）

常青藤搜索引擎是一个智能的中文搜索引擎,汇集了国内外大量的中文网址,它采用了关键词搜索技术。当用户输入关键词时,常青藤搜索引擎就会在常青藤目录、常青藤站点名称、常青藤站点网址、常青藤站点摘要、常青藤站点描述中去寻找匹配,然后把查出的结果按常青藤的目录分类以拼音顺序排序输出,目录显示在站点的前面,对关键词以加重号来显示。

5. 新浪（http://www.sina.com.cn）

新浪是互联网上最大的搜索引擎之一,目前收录了20多万个网站,是面向全球华人的网上资源查询系统,提供网站、中文网页、英文网站、新闻标题、新闻全文、软件、游戏、股市行情等查询服务。

另外还有我国台湾及香港地区的中文搜索引擎,如：

番薯藤（http://search.yam.org.tw）;

哇塞（http://whatiste.com）;

悠游（http://www.goyoyo.com）;

茉莉之窗（http://www.jansers.com）。

(二) 网络资源检索技巧

1. 搜索工具的语法规则

几乎所有的搜索引擎都将发布逻辑操作符作为最基本的语法规则。布尔逻辑操作符包括"AND"、"OR"、"NOT"、"NEAR"、"AFTER"、"BEFORE"和括号等,其中最常用的是"AND"、"OR"、"NOT"。

(1) "AND"符号也可用"&"来表示,表示逻辑"与"。如"计算机 AND 电子"表示所查找的是文档中既要包含"计算机"又要包含"电子"这两个关键词的文档。

(2) "OR"符号也可用"|"来表示,表示逻辑"或"。如"计算机 OR 电子"表示所查找的文档中只要包含"计算机"或"电子"两个关键词中的一个文档就会被列出。

(3) "NOT"表示逻辑"非"的意思,也可用"!"表示。如"计算机 NOT 电子"表示查找那些出现了"计算机"但没有出现"电子"的文档。

逻辑符可以组合使用,其优先顺序分别为：括号、"NOT"、"AND"、"OR",在具体使用中最好使用英文逻辑符号,这是因为支持中文简体的搜索引擎相对较少。

"NEAR"符号也可用"~"来表示。如输入"English NEAR/50 China",表示查找"English"和"China"之间间隔不大于50个单词的文档。

2. "+"号及"−"号的使用

如在关键词前面加上"+"号,并且"+"号与关键词之间不能有空格,则表示搜索出来的文档结果中一定要有此关键词。如输入"+现代教育技术",则搜索出来的文档中一定要出现"现代教育技术"这个关键词。

如在关键词前面加上"−"号,并且"−"号与关键词之间不能有空格,则表示搜索出来的文档结果中一定没有此关键词。如输入"−现代教育技术",则搜索出来的文档中一定不会出现"现代教育技术"这个关键词。

3. ","号、"（）"号、""""号的使用

(1) ","号的作用和"OR"一样。如输入"国家,和平,发展",则搜索出来的文档中要么含有"国家",要么含有"和平",要么含有"发展",也就是说文档中至少包含一个关键

词。如搜索出来的文档中所包含的关键词越多，则其文档的位置越排在前面。

（2）"（）"号的作用是在多种符号组合使用中调整优先级，括号部分具有最高优先级。如输入"（英文 OR 中文）AND（杂志 OR 游戏）"，则实际查询的关键词就是"英文杂志"或者"英文游戏"或者"中文杂志"或者"中文游戏"。

（3）""""号的作用是告诉搜索引擎将引号中的几个关键词作为一个完整的组合字符串进行搜索。如输入""计算机电子""，表示将"计算机电子"作为一个整体关键词来认读，如果不加引号，则"计算机"和"电子"中的空格被搜索引擎默认为"OR"，即分别搜索含有"计算机"或"电子"的网页。

4．空格的使用

空格在中文关键词中的作用相当于"AND"，即所查找的文档中包含所有的关键词。因此在输入中文作为关键词时，不要追加不必要的空格。

5．通配符"*"的使用

在进行简单的搜索中，可以在单词末尾加一个通配符"*"来代替任意的字母的组合，通配符不能用在单词的中间或开头，如输入"earth*"就表示 earthshaking，earthquake，earthen，earthly 等词语。

上面的使用规则对大多数搜索引擎是通用的，但具体到某一个搜索引擎可能会有所不同，因此在使用时最好先阅读有关的说明，并结合实际情况加以灵活运用。

（三）网络教育资源检索

数字图书馆是图书馆自动化、网络化的必然结果。在信息时代，我们越来越依赖于数字图书馆来查找相关的信息。常用的数字化图书资源有：读秀知识平台、超星数字图书馆、重庆维普、书生之家数字图书馆、万方数据、中国知网、中宏网、中图外文数字图书馆等。

（1）图书检索

① 超星数字图书馆。超星数字图书馆成立于 1993 年，是目前世界最大的中文在线数字图书馆，提供大量的电子图书资源提供阅读，其中包括文学、经济、计算机等五十余大类，数十万册电子图书，300 万篇论文，全文总量 4 亿余页，数据总量 30000GB，大量免费电子图书，并且每天仍在不断地增加与更新。

② 书生之家数字图书馆。书生之家数字图书馆主要提供 1999 年以来中国大陆地区出版的新书的全文电子版，"书生之家"所收图书涉及社会科学、人文科学、自然科学和工程技术等所有类别。

下面以超星数字图书馆为例，简单讲解图书的检索。

超星数字图书馆的简单检索提供了书名、作者、全文检索三种方式，如图 3-36 所示，点击高级搜索，如图 3-37 所示。在检索词中可以输入书名、作者、主题词、出版的年限，可以通过逻辑关系来进行内容的搜索。

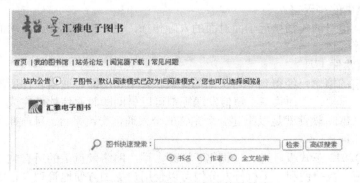

图 3-36　超星数字图书馆简单检索

（2）期刊检索。期刊数据库比较多，在此以中国知网为例，简单讲解期刊的检索。

中国知识资源总库简称 CNKI。收录资源包括期刊、博硕士论文、会议论文、报纸等学术与专业资料；覆盖理工、社会科学、电子信息技术、农业、医学等学科范围，数据每日更新，支持跨库检索。

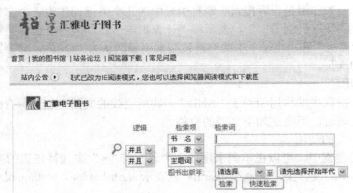

图 3-37　超星数字图书馆高级检索

进入中国知网网站，点击"高级检索"，如图 3-38 所示，

图 3-38　CNKI 检索

中国知网提供了简单检索、高级检索、专业检索、作者发文检索、科研基金检索、句子检索和文献来源检索。具体采用哪种检索方式应该根据我们已知的信息来决定。

三、网络教育资源的交流与下载

（一）网上交流

1. 网站上提供的聊天室

在聊天室中，信息的传播接近于面对面的人际传播，便于用户互动，互动的方式主要使用文字、声音、视频等媒体。

2. 即时通信软件工具

目前即时通信的概念已经得到非常全面的扩展，人们利用即时通信软件所能做的远不止聊天这么简单，语音、视频、文件共享、短信发送等都可以借助即时通信软件完成。一个功能强大的 Instant Messenger（IM）软件就足以搭建一个完整的个人通信交流平台。目前拥有较多用户的聊天软件主要有以下几种。

（1）腾讯 QQ2013 正式版，进一步优化了资源占用，网络硬盘上的所有文件，都可以一键转发到 QQ 好友邮箱，快捷便利。手机好友分组可以使用户更加方便地管理自己的手机好友并进行群发短信。

（2）MSN Messenger 7 中文版聊天软件是微软公司推出的即时消息软件，凭借该软件自身的优秀性能，目前在国内已经拥有了大量的用户群。使用 MSN Messenger 可以与他人进行文字聊天、语音对话、视频会议等即时交流，还可以通过此软件来查看联系人是否联机。

（3）"新浪 UC2005"不但整合了包括新浪交友、新浪游戏、天气等频道的内容，还利用新浪 UC 最核心的立体声语音聊天技术开辟了针对当代年轻人需求的特色聊天室。

（4）微信（WeChat）是腾讯推出的类似 Kik 免费即时通讯服务的应用程序，用户可以通过微信与好友进行文字或图片消息的传送。2011 年 1 月 21 日，微信正式推出，微信具有零资费、跨平台、拍照发给好友、发手机图片、移动即时通信等功能。同时，可以显示对方实时打字状态，以实时掌握对方的响应情况。通过共享流媒体内容的资料和基于位置的社交插件"摇一摇"、"漂流瓶"等的智能手机聊天软件。微信支持多种语言，以及 Wi-Fi、2G、3G 和 4G 数据网络。微信已经发布 iPhone 版、Android 版、Windows Phone 版、Blackberry 版、S60V3 和 V5 版。如果手机通过 GPRS 或 WIFI 的方式接入了网络，即可以免费下载和使用。登录网页版，文件传输。使用键盘来输入更方便。此外，通过文件传输助手，还能在电脑与之间快速进行文件传输。

（5）飞信（Fetion）是中国移动推出的"综合通信服务"，即融合语音（IVR）、GPRS、短信等多种通信方式，覆盖三种不同形态（完全实时、准实时和非实时）的客户通信需求，实现互联网和移动网间的无缝通信服务。飞信不但可以免费从 PC 给手机发短信，而且不受任何限制，能够随时随地与好友开始语聊，并享受超低语聊资费。2012 年 7 月 4 日更新版本为"飞信 2012 骄阳"，向联通、电信用户开放注册。中国移动飞信实现无缝链接的多端信息接收，MP3、图片和普通 OFFICE 文件都能随时随地任意传输，让您随时随地都可与好友保持畅快有效的沟通。

（6）网易泡泡是由网易公司开发的一款免费的绿色多媒体即时通讯工具，POPO 不仅支持即时文字聊天、语音通话、视频对话、文件断点续传等基本即时通讯功能，还提供邮件提醒、多人兴趣组、在线及本地音乐播放、网络电台、发送网络多媒体文件、网络文件共享、自定义软件皮肤等多种功能，并可与移动通信终端等多种通信方式相连。

（7）微博，即微博客（MicroBlog）的简称，是一个基于用户关系信息分享、传播以及获取平台，用户可以通过 WEB、WAP 等各种客户端组建个人社区，以 140 字左右的文字更新信息，并实现即时分享。微博提供了这样一个平台，用户既可以作为观众，在微博上浏览用户感兴趣的信息；也可以作为发布者，在微博上发布内容供别人浏览。发布的内容一般较短，例如 140 字的限制，微博由此得名。当然也可以发布图片，分享视频等。微博最大的特点就是：发布信息快速，信息传播的速度快。例如用户有 200 万听众，用户发布的信息会在瞬间传播给 200 万人。

（8）9158 多多视频是一款集文字、语音、视频和数据为一体的多媒体即时通信产品，它包含了文字即时消息发送和接收、单人语音视频通信、多人语音视频通信、文件传输、屏幕传输、10 人聊天室、100 人聊天室、召开视频会议和多人的视频语音娱乐等多种多媒体即时通信功能。

3. BBS

BBS 即 bulletin board system（电子公告板系统）。基于 Web 的 BBS，使用非常方便，用户可以自由地访问，上载自己的观点、问题、建议或文章，也可以看到其他用户关于某个主题的最新看法，并发表评论。用户相互间回应很快，有时只需几分钟。如果需要私下交流，还可以将想法直接发到对方 E-mail 邮箱中。

4. Blog（网络日志）

Blog，是 Weblog 的简称。Weblog，是 Web 和 Log 的组合词。中文意思是"网络日志"。Weblog 是在网络上的一种流水记录形式。Blogger 或 Weblogger（博客），是指习惯于日常记录并使用 Weblog 工具的人。具体说来，博客（BLOGGER）这个概念可被解释为使用特定的软件，在网络上出版、发表和张贴个人文章的人。

一个博客其实就是一个网页，它通常是由简短且经常更新的帖子所构成；这些张贴的文章都按照年份和日期排列。许多 Blogs 是个人心中所想之事情的发表，其他 Blogs 则是一群人基于某个特定主题或共同利益领域的集体创作。Blog 好像对网络传达的实时信息。撰写这些 Weblog 或 Blog 的人就叫做 Blogger 或 Blog writer。目前，由于沟通方式比电子邮件、讨论群组更简单和容易，Blog 已成为家庭、公司、部门和团队之间越来越盛行的沟通工具，因为它也逐渐被应用在企业内部网络（Intranet）。

5．电子邮件

电子邮件（electronic-mail 也称为 E-mail），它是用户或用户组之间通过计算机网络收发信息的服务。这是基于互联网进行的非实时互动式远程教育的一种很实用的交流工具，成为网络用户之间快捷、简便、可靠且成本低廉的现代化通信手段，也是互联网上使用最广泛、最受欢迎的服务之一。

6．Wiki（维客）

维客，即 Wiki，Wiki 一词来源于夏威夷语的"wee kee wee kee"，原本是"快点"的意思。在这里 Wiki 指一种超文本系统。这种超文本系统支持面向社群的协作式写作，也包括一组支持这种写作的辅助工具。用户可以在 Web 的基础上对维客文本进行浏览、创建、更改，而且创建、更改、发布的代价远比 HTML 文本为小；同时，维客系统还支持面向社群的协作式写作，为协作式写作提供必要帮助；最后，维客的作者构成了一个社群，维客系统为这个社群提供简单的交流工具。与其他超文本系统相比，维客有使用方便及开放的特点，所以维客系统可以帮助我们在一个社群内共享某领域的知识。Wiki 其实就是协同写作，把每个人的知识汇聚起来，最终形成类似于百科全书之类的东西。

（二）网络常用下载工具

下载工具大致可以分为三类。

一是最常用的基于服务器-客户端模式（server-client）的 HTTP/FTP 等基本协议的下载软件，如：影音传送带（网络传送带，Net Transport）、网络快车（网际快车，flashget，jetcar）、网络蚂蚁（Netants）、迅雷（Thunder）等。这一类下载软件是直接从服务器上下载文件的，如电影、音乐、软件等。

二是 BT 类下载工具，常见的有 Bittorrent 等，其是基于点对点原理（P2P 技术），文件并不存在于中心服务器上，即下载文件的各台电脑是从别人的电脑上下载文件的，同时他人也从他的电脑上下载，故这种他人的电脑可以说既是客户端又是服务器，对网络带宽的要求较高，因为你在下载（download）的同时还要上传（upload）；另外，这种下载对电脑的硬盘也有一定的损伤。

三是 BT 类以外的点对点（P2P）下载工具，如 POCO、酷狗（Kugoo）等。这一类下载工具的原理跟第二类相似，不过也有些不同的地方。这种下载同样对硬盘有所损伤且消耗大量网络带宽。

现在重点谈谈第一类下载工具，也是我们上网最常用的。这一类里面各大软件的功能介绍如下。

① 影音传送带，目前功能最全的下载工具，可以说是万能下载工具，可多线程下载 http，ftp，rtsp，pnm，mms，mmst 等常见协议的资源，支持断点续传。官方网站为 http://www.xi-soft.com。

② 网际快车，可多线程下载 HTTP，FTP 等协议的资源，支持断点续传。该软件 1.6 版可以下载 RTSP 协议的，但是下载效果并不好。

除了工具，我们在此还推荐一些下载资源站。可能对于很多人来说这些已经没什么可提的，不过对于新手，有些站点可能还是会有些陌生。这里主要就推荐 P2P 资源的下载。使用迅雷，首先可以到迅雷的旗下网站狗狗 www.gougou.com 去搜索你要的资源，在这里搜到的资源大都是 HTTP 协议下载的，会比较快一些。除此之外还有脱兔 www.tuotu.com（一个后起之秀），HTTP，BT，EMULE，分类还算不错。电驴（verycd）www.verycd.com，是目前国内电驴资源的老大（资源极好，很多付费以及国外的资源都可以在这里找到），分类很好。

思考与实训

思考练习
1. 什么是多媒体？什么是多媒体技术？
2. 简述文本素材的常用获取方法。
3. 简述图的种类、图形图像文件的主要格式、获取方法以及常用编辑软件。
4. 简述音频素材的种类、数字化音频文件的主要格式、获取方法以及常用编辑软件。
5. 简述视频素材的种类、视频文件的主要格式、获取方法以及常用编辑软件。
6. 用下载工具下载教学用的各类素材。

实训项目
1. 设计制作介绍自己的一个短片。
2. 制作一个自己的教师个人博客。

第四章　多媒体课件的设计与开发

【学习目标】
1. 了解多媒体课件的概念、分类和结构。
2. 熟悉多媒体课件设计原则。
3. 了解多媒体课件开发流程。
4. 熟悉多媒体课件的评价指标体系。

第一节　多媒体课件概述

一、多媒体课件的内涵

1. 课件

课件（courseware）是在一定的教学理论、学习理论指导下，以计算机技术、多媒体技术和通信技术为基础，为完成特定的学习目标而设计的，能反映某种教学策略和教学内容的计算机软件。

2. 多媒体课件

多媒体课件是采用多媒体技术综合处理文本、图形图像、动画、音视频等多媒体信息，并根据教学目标的要求表达某一课程或若干门课程教学内容的计算机软件。

除了上述给多媒体课件所下的一个概念界定以外，还可以从其他角度认识它。多媒体课件是一种根据教学目标设计、表达特定教学内容，反映一定教学策略的计算机教学程序；多媒体课件是一种可以用来存储、传递和处理教学信息，允许学生进行人机交互操作，取得反馈，并能够对学生的学习效果做出适当评价的教学媒体；多媒体课件的规模可大可小，一般来说，多媒体课件作为一种教材，都具有教材的结构。

二、多媒体课件的类型

多媒体课件的分类方法很多。按照多媒体课件的内容与作用的不同，可以将多媒体课件分为以下几种类型。

1. 助教型

助教型多媒体课件，注重对学生的启发、提示，反映问题解决的全过程，体现教学重点与教学难点。

助教型多媒体课件是为了解决某一学科的教学重点与教学难点而开发的，知识点可以不连续，主要用于课堂演示教学，也称为课堂演示型多媒体课件。

2. 助学型

助学型多媒体课件具有完整的知识结构，反映一定的教学过程和教学策略，提供相应的练习供学生进行学习评价。

助学型多媒体课件通过界面的设计，让学习者进行人机交互操作，可以让学生自主进行学习，也称为自主学习型多媒体课件。

3. 实验型

实验型多媒体课件是利用计算机仿真技术，提供可更改参数的指标项，供学生进行模拟实验。学生使用实验型多媒体课件，当输入不同的参数时，能随时真实模拟对象的状态和特征，例如，模拟各种仪器的使用、多种技能的训练等。

4. 考试型

考试型多媒体课件通过试题的形式用于训练、强化学生某方面的知识和能力。教学课件中显示的教学信息主要由数据库提供。这种类型的教学软件在设计时要保证具有一定比例的知识点覆盖率，以便全面训练和考核学生的能力水平。

5. 资料工具型

资料工具型课件包括各种电子书、辞典和积件式课件，一般仅提供某种教学功能和某类教学资料，并不反映完整的教学过程。

这种类型的课件可供学生和教师进行资料查阅，也可以根据教学需要对其中的资料进行编辑和集成，形成新的、更加适用的多媒体课件。

另外，按照多媒体课件的功能可分为教学型、测试型、管理型；按照多媒体课件的使用方式可以分为课堂演示型、个别指导学习型、模拟实验型、训练与复习型、教学游戏型、问题求解型、资料工具型；按照多媒体课件的内容组织方式可以分为演示型、分支型、综合型。

第二节　多媒体课件的结构

一、顺序型

顺序型课件的课件结构为直线型，播放时只要点击鼠标继续，即可逐步依次呈现教学内容的各个部分。

1. 顺序型课件的特点

顺序型课件的特点是教学顺序固定，教学内容条理清楚，因而对于课件的技术实现相对简单。对于使用者来说，由于播放控制简单，因而在使用课件时可以将主要精力集中在内容的讲解上，而不需要考虑操作和对内容的选择问题。

由于教学内容依次直线播放，因而顺序型课件的缺点是控制性差。教师不能随机地选择教学内容，教学过程不能依照教师的意愿进行。因为这样会限制教师对教学内容的选择和教学自主性的发挥。

2. 顺序型课件的结构

顺序型课件的结构如图 4-1 所示，是一种线性结构。教学内容和教学过程完全按先后之间的关系和前后的步骤组织。在教学中主要应用于常规教学型、场景会话型、浏览型、故事讲述型、教学过程动态展开型、教学内容逐步展开型。

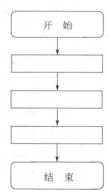

图 4-1　顺序型课件基本结构

二、交互型

交互型课件的结构按照教学内容的知识结构产生教学分支，各部分教学内容和相关知识间以超链接方式组织，可以从一个知识点跳到另一个相关内容。因而此类课件的结构是非线性的。

1. 交互型课件的特点

交互型课件的教学内容往往呈现一些并列可选的模块，因而用户可以根据自己的教学需要调整教学内容和顺序，课件的灵活性较强。教师在教学过程中可以根据学生的具体情况，通过跳转而灵活使用课件，调动学生的学习主动性和积极性。

交互性课件的缺点是组织较复杂，因而要求教师对课件操作流程非常熟悉，以免产生错误操作。

2. 交互型课件的基本结构

根据交互结构复杂程度的不同，可以分为单层交互、多层交互、全交互结构。根据并列交互模块的走向，单层交互又可分为选择返回结构、选择继续结构等情况。如图4-2～图4-5所示。

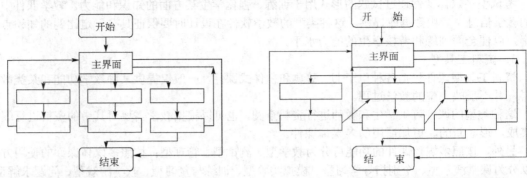

图 4-2　单层交互结构的选择返回结构　　　　图 4-3　单层交互结构的选择继续结构

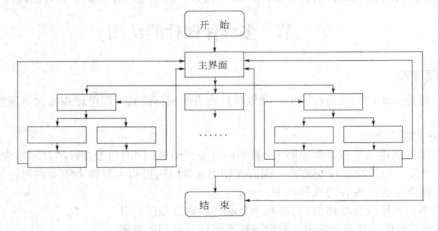

图 4-4　两层交互结构的选择返回结构

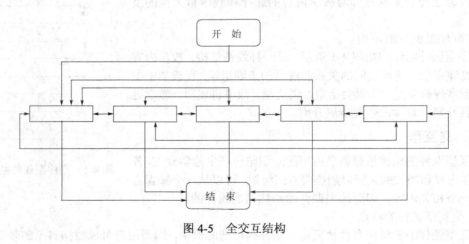

图 4-5　全交互结构

第三节　多媒体课件的设计原则与应用

一、多媒体课件的设计原则

多媒体课件是利用多种媒体形式实现和支持计算机辅助教学的软件。多媒体课件的制作必须服务于教学，其目的是改革教学手段和提高教学质量。一味地照搬课本内容和教学环节，盲目追求新技术，把课件搞成素材展示，都是不正确的。在设计和制作多媒体课件时应遵循以下几项基本原则。

1. 教育性

设计的多媒体课件，对于向学生传播某门学科的基础知识，发展学生的能力，培养学生的思想品德，促进学生的全面发展，应能起到良好的作用。

第一，要有明确的目标。即回答为什么要制作这个课件，这个课件要解决教学上的什么问题，要在学生的知识、能力、思想品德方面引起哪些变化。

第二，根据教学大纲，围绕解决教学重点、难点而设计。即在设计过程中，首先要想到设计的是教学课件，是教学内容的一部分，必须符合教学大纲的要求。设计的教学课件要有助于解决教学重点和难点问题。

第三，适合学生接受水平。即回答这个课件是哪个年级、年龄和发展水平的学生使用的，它是否适合学生原有的知识基础和接受能力。

2. 科学性

设计的多媒体课件，要具有高度的科学性，能正确展现科学基础知识和现代科学技术发展水平。必须注意所表现的图像、声音、色彩都要符合科学的要求，不能片面追求图像的漂亮、声音的悦耳、色彩的鲜艳，而损坏了真实性。

3. 技术性

设计的多媒体课件要图像清晰、声音清楚、色彩逼真、声画同步，要保证良好的技术质量。必须注意设备状态良好，制作人员技术熟练，如摄影人员要对用光、取景、景别的转换、镜头的组合应用得恰到好处。

4. 艺术性

设计的多媒体课件要有丰富的表现性和感染力，能激发学生的情感，引发学习兴趣，提高审美能力。要实现上述要求，必须注意多媒体课件内容真实，画面优美流畅，构图要清晰匀称，连贯合理，色彩适当，明暗适度，语音优美，配合协调。

5. 经济性

设计多媒体课件要考虑经济效益，以最小代价得到最大收获。这里所说的"代价"，主要是指使用的人力、材料、经费和时间；"收获"是指优秀的多媒体课件。就是要力争用最少的人力、材料、经费和时间，制成大量优秀的多媒体课件。必须注意计划周密，符合教学，用简不用繁，用少不用多，以是否符合教学要求、是否取得所追求的教学效果为前提。

二、多媒体课件在教育教学中的优势

1. 媒体的多样性丰富了表现力，调动了学生学习积极性

多媒体课件集文本、图形（图像）、动画、声音、视频于一体，课件使用媒体的多样性极大地丰富了教学内容的表现形式，而且给学生的刺激是多种感官综合的，这种刺激能激发学生的学习兴趣，提高学生的学习积极性。

2. 丰富的信息资源表现出高效能，扩大了学生知识面

多媒体课件提供了大量的多媒体信息和资料，尤其是基于资源学习的多媒体课件，为学生创设了丰富的教学情境，不仅利于学生对知识的获取和保持，而且大大地扩充了学生的知识面。

3. 友好的交互环境提供了多种学习路径，增强了学生参与度

由于多媒体课件的制作采用了图形交互界面、窗口交互操作等技术，能促使学生调动多种感官，在情感行为上积极参与媒体的活动。借助这种参与活动，学生可以自由控制和干预信息的处理，以便获取更多信息。另外，超媒体结构的非线性信息组织可以提供多种不同选择，能使学生按照自己的目的和认知特点重新组织信息，按照不同的学习路径进行学习，便于学生进行联想

思维。

第四节　多媒体课件的开发流程

多媒体课件作为一种教学软件，其基本功能是教学。课件中的教学内容及其呈现、教学过程及其控制的设计应由教学设计决定。因此，课件设计应基于教学设计进行。同时，多媒体课件又是一种计算机软件，其开发的具体过程及其组织应按照软件工程的思想和方法进行。课件的开发和维护也应按照软件工程的方法组织、管理。

多媒体课件的开发流程与软件开发的模型相似，一般都包括分析、设计、制作、评价四大阶段。多媒体课件开发的一般模型如图4-6所示。

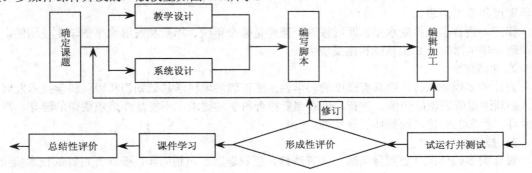

图4-6　多媒体课件设计与开发的基本流程

1. 确定课题

首先根据教学的需求分析课件要解决的问题，课件设计的可行性，确定多媒体课件要表现的学科内容或当前教学活动中急需解决的重点、难点问题，即最终确定课件制作的主题内容和课件的类别。

课件选题必须有明确的教学目标，选用教学活动中学生需要帮助理解和创造环境的教学内容、重点与难点、抽象难以表述的内容、课堂实物演示比较困难或危险的内容、微观结构等，要考虑到课件的特点和课件设计的要求，要能充分发挥多媒体课件的优势。

2. 教学设计

教学设计是保证多媒体课件设计成功最为关键一步，它解决了多媒体课件中教什么（学什么）、怎么教（怎么学）和教得怎样（学得怎样）的问题。在进行课件的教学设计时，除了要确定教学内容的范围和深度，还要明确教学内容中知识内部的关系结构和顺序，以完成知识结构的设计。

教学设计是教学思想最直接和具体的表现，也是最能体现教师的教学经验和教师个性的部分。在多媒体课件设计与开发过程中，多媒体课件的教学设计就是应用系统的观点和方法，在分析教学内容和教学对象的基础上，围绕教学目标要求，合理选择和设计媒体，采用适当的教学模式和教学策略进行课件设计的过程。

3. 系统设计

系统定义了课件的教学信息组织结构及呈现形式。它构建了课件的主要框架，体现了教学功能与教学策略。结构设计主要考虑的是如何从技术上实现一定的教学流程和教学模式。

（1）多媒体课件的结构组成。其中包括封面、帮助、菜单、程序内容、程序各部分的连接关系、人机交互界面、导航策略等。

(2) 课件封面、屏幕风格的设计。课件封面形象生动，屏幕主题突出，屏幕对象布局恰当，内容文字简练，色彩逼真协调等。

(3) 知识结构的设计。知识结构是指知识点之间的关系与联系的一种形式，可分为并列结构、层次结构和网状结构等几种类型。进行知识结构的设计要注意体现知识内容的关系，体现学科教学的规律，体现知识结构的功能。多媒体课件的结构设计中既要注意教师的教学过程，也要重视学生的认知结构，通过超文本结构组织信息，启发学生的联想思维。超文本结构可以实现教学信息的灵活获取以及教学过程的重新组织，适合个别化及个性化的学习需求，有利于因材施教。

(4) 友好的交互界面设计。交互界面的设计要求方便操作，应具有一致性、容错性、兼容性。多媒体课件中能进行人机交互作用的方式主要有菜单、按钮、图标、窗口和对话框等。多媒体课件中的对话框通常以弹出式窗口呈现。通过对话框可以使学习者和系统进行更细致、更具体的信息交流活动。窗口常用一些选择项和参数设定空格组成。

(5) 合理选用媒体的呈现形式。多媒体信息的呈现形式有文本、图形/图像、音频、数字视频以及动画等。其主要功能是：提供感性材料，加深感知深度；提供具体经验，促进记忆理解；克服时空障碍，丰富课堂教学。在使用过程中应根据媒体所具有的教学特性以及教学内容选用最合适的媒体呈现形式。

(6) 导航策略的设计。导航是引导学习者利用多媒体课件学习的措施，是教学策略的体现，旨在为学生提供丰富的多媒体信息资源，创设有意义的学习情境的同时对学生自主学习进行引导和帮助。尤其是网络信息的线索导航，更是为学习者提供了浩瀚的信息资源，但同时也应注意避免因设计不周使学习者感到迷惑。多媒体课件的导航方法很多，如检索、帮助、线索、浏览、书签等。

4．脚本编写

脚本设计是制作课件的重要环节，需要对教学内容的选择、结构的布局、视听形象的表现、人机界面的形式、解说词的撰写、音响和配乐的手段等进行周密的考虑和细致的安排。它的作用相当于影视剧本。

从多媒体课件的开发制作看，脚本的创作通常分为两步进行：第一步是文字脚本的创作，文字脚本是由教师自行编写而成的。编写文字脚本时，应根据主题的需要，按照教学内容的联系和教育对象的学习规律，对有关画面和声音材料分出轻重主次，合理地进行安排和组织，以完善教学内容；第二步是编辑脚本的编写，编辑脚本是在文字脚本的基础上创作的，它不是直接地、简单地将文字脚本形象化，而是要在吃透了文字脚本的基础上，进一步地引申和发展，根据多媒体表现语言的特点反复构思，将每页文字脚本改编为适合于计算机表现的多媒体信息形式，完成交互界面设计和媒体表现的设计。编辑脚本主要内容包括：画面设计序列、课件流程图及控制、画面多媒体元素的出现方式及顺序等的说明。

5．编辑加工

有关多媒体课件的信息编辑加工将在后面章节中予以详述，这里就省略了。

6．测试运行

课件制作完成后，要经过多次调试、试用、修改、完善，才能趋于成熟。

7．评价

评价多媒体课件的根本目的在于完善课件软件系统。多媒体课件的评价分为教育性、科学性、技术性、艺术性和实用性等五个方面，如表4-1所示。

表4-1　多媒体课件的评价标准

评审指标	评价标准	权重	评价等级			
			优	良	中	差
			4	3	2	1
教育性（40分）	选题恰当，符合课程标准要求和学生实际	3				

续表

评审指标	评价标准	权重	评价等级			
			优	良	中	差
			4	3	2	1
教育性（40分）	突出重点，突破难点，深入浅出，易于接受	3.5				
	以学生为主体，促进思维，培养能力	2.25				
	作业和练习典型，练习量适当，善于引导	1.25				
科学性（20分）	内容正确，逻辑严谨，层次清楚	2.5				
	模拟仿真形象，举例合情合理、准确真实	1.25				
	场景设置、素材选取、名词术语、操作示范符合有关规定	1.25				
技术性（20分）	图像、动画、声音、文字设计合理	1.25				
	画面清晰，动画连续，色彩逼真，文字醒目	1.25				
	配音标准，音量适当，快慢适度	1.25				
	交互设计合理，智能性好	1.25				
艺术性（10分）	媒体多样，选材适度，创意新颖，构思巧妙，节奏合理	1.5				
	画面简洁，声音悦耳	1.25				
实用性（10分）	界面友好，操作简单、灵活	1.25				
	容错能力强，文档齐备	1				

总分：

第五节　多媒体课件的制作工具

1．Authorware 制作工具

Authorware 是 Macromedia 公司开发的基于图标的流程图式多媒体创作工具。它的优点是交互功能强，配有按钮、热区、热对象等 11 种交互方式；有丰富的函数和变量，可实现灵活多变的媒体编排和系统导航；通过知识对象、ActiveX 控件等技术可以与 IE、PowerPoint 等多种软件衔接。缺点是 Authorware 本身对多媒体素材的处理功能不强，并且制作的课件一般文件容量比较大，网络支持功能不强。

2．Flash 制作工具

Flash 是 Macromedia 公司的早期产品，目前已被著名的 Adobe 公司收购，成为 Adobe 公司的主要产品。Flash 集矢量图形编辑与二维动画创作于一身，主要应用于网页设计、动漫创作等多媒体领域，已成为交互矢量动画的标准。Flash 的优点是可以基于矢量图形创作，因而制作的课件界面优美、文件比较小，适合在网络上传输；通过元件和 ActionScript 技术、结合多媒体元素可以制作出交互式的多媒体作品。学习者需要一定的绘图基础和编程技术，因而对学科教师来说掌握较为困难，适合做小课件和小动画。

3．PowerPoint 制作工具

PowerPoint 是微软公司推出的 Office 系列软件包中的成员之一，主要应用于各类多媒体演示文稿的制作。它的优点是易学易用，课件制作费时较少；PowerPoint 可以非常方便地编辑文字、绘制图片、播放图像、播放声音、展示动画和视频影像，同时可以根据需要设计各种演示效果。因而 PowerPoint 使学科教师制作自己的多媒体课件成为可能，已成为多媒体教学中使用最广的课件制作工具。

4．FrontPage 制作工具

FrontPage 也是微软公司推出的 Office 系列软件包中的成员之一，是基于页式的多媒体制作工具。FrontPage 是比较简单易学的网页制作软件，使用者一般只需短暂的学习，就可以将文字、图片及影视制作成标准的网页。

思考与实训

思考练习
1. 多媒体课件的常见结构有哪些？
2. 简述多媒体课件的开发流程。
3. 多媒体课件的评价标准包括哪几个方面？
4. 多媒体课件的制作工具有哪些？

实训项目
参考评价标准，对实习教学课件进行自评、互评打分，并指出不足之处。

第五章　PowerPoint 多媒体课件的制作

【学习目标】
1. 区分幻灯片几种视图方式。
2. 掌握幻灯片切换的效果设置。
3. 能在幻灯片中设置自定义动画。
4. 会灵活运用特效及特效组合。

PowerPoint 简称为 PPT，是最常用的课件制作工具。其特点是操作方便，界面简单，容易学习且功能强大，因此成为广大一线教师制作课件的首选和"法宝"。PowerPoint 有很多版本，且功能逐渐完善，本书以新开发的 PowerPoint 2010 为例介绍该软件的使用。

第一节　PowerPoint 2010 概述

一、PowerPoint 2010 简介

PowerPoint 2010 可以使用比以往更多的方式创建动态演示文稿并与观众共享。新增的视频和图片编辑功能以及增强功能是 PowerPoint 2010 的新亮点。此外，切换效果和动画运行起来比以往更为平滑和丰富。本节作为开篇中的第一节，将简单介绍该软件操作界面及各部分的功能，以便使读者有一个完整的认知。

PowerPoint 2010 比起以往 PowerPoint 2003 的工作窗口更加简洁，主要是由功能区（包括标题栏、菜单栏、工具组）、工作区（包括幻灯片/大纲工作窗口、幻灯片编辑窗口、备注栏）和状态区三个部分构成，如图 5-1 所示。

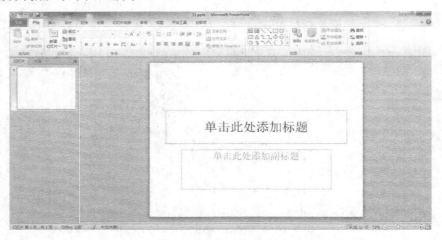

图 5-1　PowerPoint 2010 界面的组成

1. 功能区

（1）标题栏。显示当前的 PPT 文件名。标题栏最右端的三个按钮，从左到右依次为"最小化"、"最大化"和"关闭"按钮。标题栏最左端除了有"PowerPoint 2010 软件标记"之外，还有"自定义快速访问工具栏"。单击最左端的 PowerPoint 2010 软件标记P，弹出下拉菜单，包含还原、移

动、大小、最小化、最大化、关闭6个选项,如图5-2所示;单击标题栏左端图标自定义快速访问工具栏▼,弹出下拉菜单,包含新建、打开、保存、快速打印、撤销、恢复等13个选项,在弹出的子菜单中可以选择所需要的工具,被激活的工具前方带有"√",如图5-3所示。

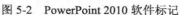

图5-2　PowerPoint 2010软件标记　　　图5-3　自定义快速访问工具栏

（2）菜单栏。从左到右依次为文件、开始、插入、设计、切换、动画、幻灯片放映等10个基本菜单。

（3）工具组。单击每一个菜单栏中的选项卡都会显示相应的工具组。

单击"文件"选项卡中可以对幻灯片进行保存、打开、新建、打印等。

单击"开始"选项卡支持大多数常见任务,如,粘贴、剪切、复制、新建幻灯片、设置幻灯片版式、设置字体、段落格式、插入图形、设置图形样式、查找、替换、选择对象窗口等。

"插入"选项卡中可以插入表格、图片、形状、图表、文本框、艺术字、符号、公式、视频、音频等。

"设计"选项卡中可以进行幻灯片页面设置、主题模板的选择和设计。

"切换"选项卡中可以设置幻灯片的切换效果以及切换方式。

"动画"选项卡中可以设置幻灯片中对象的动画效果以及动画的出现方式。

"审阅"选项卡可以进行拼写检查、语言翻译、中文简繁体转换等。

单击"视图"选项卡可以选择演示文稿视图的模式、母版视图的设计、显示标尺、网格线、参考线及显示比例。

2．工作区

进行PPT创作的区域。包括左边的幻灯片/大纲窗口,中间的幻灯片编辑窗口,以及编辑窗口下方的备注栏。

（1）幻灯片/大纲窗口。该窗口用于显示演示文稿的幻灯片数量及位置,通过它可更加方便地掌握整个演示文稿的结构。在"幻灯片"窗格下,将显示整个演示文稿中幻灯片的编号及缩略图;在"大纲"窗格下列出了当前演示文稿中各张幻灯片中的文本内容。

（2）幻灯片编辑窗口。该窗口是整个工作界面的核心区域,用于显示和编辑幻灯片,在其中可输入文字内容、插入图片和设置动画效果等,是使用PowerPoint制作演示文稿的操作平台。

（3）备注栏。该栏位于幻灯片编辑区下方,可供幻灯片制作者或幻灯片演讲者查阅该幻灯片信息或在播放演示文稿时对需要的幻灯片添加说明和注释。

3．状态区

位于PowerPoint窗口的最下面,显示幻灯片设计模板、当前的幻灯片编号和总的幻灯片数量等相关信息。

二、PowerPoint 2010的启动、退出和保存

在使用PowerPoint 2010制作演示文稿前,必须先启动PowerPoint 2010。当完成演示文稿制作后,不再需要使用该软件编辑演示文稿时就应退出PowerPoint 2010。

1．启动 PowerPoint 2010

启动 PowerPoint 2010 的方式有多种，可根据需要进行选择。常用的启动方式有如下几种。

（1）通过"开始"菜单启动。单击"开始"按钮，在弹出的菜单中选择"所有程序"→"Microsoft Office"→"Microsoft Office PowerPoint 2010"命令即可启动。

（2）通过桌面快捷图标启动。若在桌面上创建了 PowerPoint 2010 快捷图标，双击图标即可快速启动。

2．退出 PowerPoint 2010

当制作完成或不需要使用该软件编辑演示文稿时，可对软件执行退出操作，将其关闭。退出的方法有以下几种。

（1）通过快捷菜单关闭退出。在 PowerPoint 2010 工作界面标题栏上单击鼠标右键，在弹出的快捷菜单中选择"关闭"命令。

（2）单击按钮关闭退出。单击 PowerPoint 2010 工作界面标题栏右上角的按钮，关闭演示文稿并退出 PowerPoint 程序。

（3）通过命令关闭退出。在打开的演示文稿中选择"文件→关闭/退出"命令，关闭当前演示文稿。

关闭 PowerPoint 软件时，如果编辑的某个演示文稿的内容还没有进行保存，将打开提示对话框，在其中单击 保存(S) 按钮，保存对文档的修改并退出 PowerPoint 2010；单击 不保存(N) 按钮将不保存对文档的修改并退出 PowerPoint 2010；单击 取消 按钮，可返回 PowerPoint 继续编辑。

3．保存 PowerPoint 2010

对制作好的演示文稿需要及时保存在电脑中，以免发生遗失或误操作。保存演示文稿的方法有很多，下面将分别进行介绍。

（1）直接保存演示文稿。直接保存演示文稿是最常用的保存方法。其方法是：选择"文件→保存"命令或单击快速访问工具栏中的"保存"按钮，打开"另存为"对话框，选择保存位置和输入文件名，单击 保存(S) 按钮。

（2）另存为演示文稿。若不想改变原有演示文稿中的内容，可通过"另存为"命令将演示文稿保存在其他位置。其方法是：选择"文件→另存为"命令，打开"另存为"对话框，设置保存的位置和文件名，单击 保存(S) 按钮，如图 5-4 所示。

（3）将演示文稿保存为模板。为了提高工作效率，可根据需要将制作好的演示文稿保存为模板，以备以后制作同类演示文稿时使用。其方法是：选择"文件→保存"命令，打开"另存为"对话框，在"保存类型"下拉列表框中选择"PowerPoint 模板"选项，单击 保存(S) 按钮。

（4）自动保存演示文稿。在制作演示文稿的过程中，为了减少不必要的损失，可为正在编辑的演示文稿设置定时保存。其方法是：选择"文件→选项"命令，打开"PowerPoint 选项"对话框，选择"保存"选项卡，在"保存演示文稿"栏中进行，如图 5-5 所示的设置，并单击 确定 按钮。

图 5-4 "另存为"对话框

图 5-5 设置自动保存演示文稿

第二节　PowerPoint 2010 基本操作

一、添加文字并排版

（一）普通文字的添加

点击菜单栏中的"插入"，接着在相应工具组中选择"文本框→横排文本框"，当然根据需要，也可以选择"垂直文本框"；然后，鼠标在幻灯片某一位置上点击一下，会出现一个输入框，就可以输入文字了。

输入文字后，我们选中所有文字，出现一个快捷编辑工具，可对文字进行编辑，如设置文字字体、大小、加粗、倾斜、居左、居中、居右、颜色、背景颜色等。还有一种编辑方式就是选中文字后，点击菜单栏中的"开始"，在"开始"下面的工具组中就会出现相应的选项。

（二）艺术字的添加

选中相应文字，再点击菜单栏中的"插入"，在"插入"下面的工具组中选择"艺术字"，或点击"艺术字"的下拉按钮，在下拉菜单中点击选择某一个样式即可。另外，添加的步骤也可以换过来："插入→艺术字"→在幻灯片上某一位置输入文字。

还可以为文字添加其他效果，如选中文字，此时在菜单中出现有"格式"，在"格式"下面的工具组中可以设置"形状样式"和"艺术字样式"。在右上角，有一个对齐按钮，点击下拉按钮，在下拉菜单中可以对文字进行左右居中或其他对齐方式。

（三）幻灯片备注文字的添加

备注是对每张幻灯片的备注，是为了帮助演讲者熟悉幻灯片而设定的。在 PPT 幻灯片下方，初始状态是显示有的，按说明"单击此处添加备注"。备注栏也可以隐藏的，鼠标放在备注栏上面，出现双箭头时，往下拖就可以了。

二、添加公式符号和编号

（一）公式符号的添加

在 Office 2003 中我们还一直使用的是公式编辑器（Math Type）来输入一些复杂的公式。但是如今的 PowerPoint 2010 中我们已经不需要 Math Type 了，因为在 PowerPoint 2010 中已经自带了公式面板，我们可以通过公式面板，快速输入复杂公式，下面让我们一起来看看方法。

进入 PowerPoint 2010 后单击菜单栏中的"插入"，在相应工具组中点击"公式"按钮，然后在弹出的公式面板中选择需要的公式即可。

如果使用的是 Windows7 系统可以尝试"PowerPoint 2010 中用手写板输入复杂公式"的方法。

（二）项目符号和编号的添加

进入 PowerPoint 2010 后单击菜单栏中的"开始"，在工具组中的"段落"选项卡里单击 ≡ 或 ≡ 按钮；然后在弹出的子菜单中选择所需要的项目符号和编号即可。此外还可以在子菜单中进行自定义新项目符号和编号等操作。

三、添加形状、图表、表格和 SmartArt 图形

（一）形状的添加

进入 PowerPoint 2010 后单击菜单栏中的"插入"，在相应的工具组中单击"形状"，在下拉的子菜单中选择所需要的形状即可。

（二）图表的添加

图表的添加和形状的添加是相同的步骤。单击菜单中的"插入"，在相应的工具组中点击"图表"，在弹出的子菜单中选择所需要的图表，如图 5-6 所示。

(三）表格的添加

进入 PowerPoint 2010 后单击菜单栏中的"插入"，在相应的工具组中点击"表格"即可添加美观的表格，并且可在"表格工具"中对其进行格式的设计。

（四）SmartArt 的添加

PowerPoint 2010 中设计了很多流程图的模版，点击菜单栏中的"插入"，在相应的工具组中选择"SmartArt"选项卡，如图 5-7 所示。选择需要的图形，点击确定。图形就生成完毕。

图 5-6 "插入图表"对话框

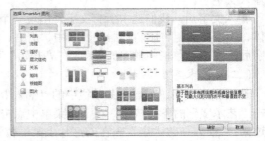
图 5-7 "选择 SmartArt 图形"对话框

选中生成的图形后，在菜单的上方出现 SmartArt 工具，如图 5-8 所示。在此菜单中可以设计修改图形的样式、颜色等属性。

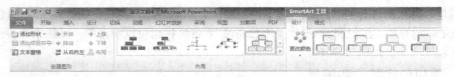
图 5-8 SmartArt 工具设计

四、添加图片及对图片进行简单的操作

（一）添加图片

1. 添加一般图片

进入 PowerPoint 2010 后单击菜单栏中的"插入"，在相应的工具组中选择"图片"，打开"插入图片"对话框，如图 5-9 所示。然后选择需要插入的图片，再单击"插入"按钮或直接在图片上双击即可。

图 5-9 "插入图片"对话框

在幻灯片上点击图片，在菜单中会出现"图片工具-格式"，如图 5-10 所示。

图 5-10　图片工具-格式

在图片格式功能区里有"调整"、"图片样式"、"排列"、"大小"，你可以根据需要进行设置。PowerPoint 2010 的图片格式相对于 PowerPoint 2003 来说更加丰富多彩。里面的图片编辑功能也是非常丰富，比以前几个版本都要强大许多。我们可以运用 PowerPoint 2010 中的图片美化，来快速地为我们的幻灯片进行个性化处理。

2．添加背景图片

要对幻灯片的背景进行纯色的填充或者图片的填充，使幻灯片看上去更加美观，可进行如下操作。

鼠标在要填充背景的幻灯片上右击，在弹出的菜单中选择"设置背景格式"，将会弹出一个窗口，如图 5-11 所示。你可以根据需要选择"纯色填充"、"渐变填充"、"图案填充"等，并且可以对背景进行透明度、偏移量的调整等操作。如果选择的是"图片或纹理填充"可从"插入自文件、剪贴板、剪贴画"中选择你所需要的背景图片，并且可在右边的"艺术效果"中对背景图片添加艺术效果的操作，如图 5-12 所示。

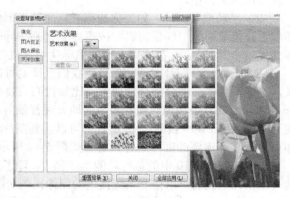

图 5-11　"设置背景格式"对话框　　　　图 5-12　添加背景图片的艺术效果

（二）对图片进行简单的操作

1．去除图片背景

去除图片背景一般都要用像 PS 这类专业的图像编辑工具才能实现，现在有了 PowerPoint 2010，我们就可以在演示文稿中轻松完成了。

如果我们插入幻灯片中的图片背景和幻灯片的整体风格不统一，就会影响幻灯片播放的效果，或者我们只需要图片中的某一物体而不需要背景图时，我们可以对图片进行调整，去除掉图片上的背景。例如，我们想要该图片中的花而不需要背景图时，我们可以这样做。

首先，在图像编辑界面单击"删除背景"按钮，进入"图像编辑"界面，此时我们看到需要删除背景图像中多出来的一个矩形框，通过移动这个矩形框来调整图像中需保留的区域。保留区域选择后，单击"保留更改"按钮，这样图像中的背景就会自动删除了。如图 5-13 所示。

 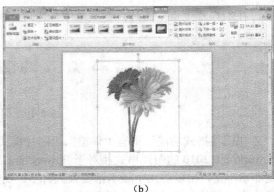

(a) (b)

图 5-13 去除图片背景前后对比图

PowerPoint 2010 提供的"删除背景"功能只是一个简单的背景删除功能,没有颜色编辑和调节功能,因此太复杂的图片背景无法一次性去除。

2. 屏幕图片裁剪

在制作演示文稿时,我们经常需要抓取桌面上的一些图片,如程序窗口、电影画面等。在以前我们需要安装一个图像截取工具才能完成,现在好了,在 PowerPoint 2010 中新增了一个屏幕截图功能,这样即可轻松截取、导入桌面图片。

(1)截取整个窗口图片。操作时,首先在 PowerPoint 2010 中打开需要插入图片的演示文稿并切换到"插入"菜单下,单击相应工具组中的"屏幕截图"按钮,弹出一个下拉菜单,在此我们可以看到屏幕上所有已开启的窗口缩略图。单击其中某个窗口缩略图,即可将该窗口进行截图并自动插入文档中。

(2)手动截取图片。如果你想截取桌面某一部分图片,在此我们可以单击工具组中"屏幕截图"下拉菜单中的"屏幕剪辑"按钮,随后 PowerPoint 2010 文档窗口会自动最小化,此时鼠标变成一个"+"字,在屏幕上拖动鼠标就可以进行手动截图了。

(3)截取部分图片。截图后虽然我们直接就可以在演示文稿中使用,但是如果为了最后的效果,要把图片的一部分部分裁剪掉,比如我们只要在演示文稿中展示一只蝴蝶。此时,就可以在 PowerPoint 2010 中快速对图片多余的地方进行裁剪,单击"图片工具—格式"界面,在点击"裁剪"下拉菜单下的"裁剪",随后我们可以看到图片边缘已被框选,使用鼠标拖动任意边框,这样即可对图片不需要的部分进行裁剪,如图 5-14 所示。

PowerPoint 2010 中的裁剪功能非常强大,除了直接对图片进行裁剪外,我们还可以通过"裁剪—纵横比"我们可以按照系统提供的图像比例对图片进行裁剪。此外,PowerPoint 2010 还提供了形状裁剪功能,单击裁剪按钮下方的下拉菜单按钮,打开多个形状列表,在此选择一种图形样式,这样该图片会自动裁剪为该形状。

3. 添加艺术特效,让图片更个性

如果我们添加到幻灯片中的图片,按照统一尺寸摆放在文档中总是让人感觉中庸而不显个性,也不会引起学生的注意。其实在 PowerPoint 2010 中增加了很多艺术样式和版式,这样我们可以非常方便地打造一张张有个性的图片了。

首先单击"图片工具"菜单下的"艺术效果"下拉列表,在打开的多个艺术效果列表中,我们可以对图片应用不同的艺术效果,使其看起来更像素描、线条图形、粉笔素描、绘图或绘画作品。随后单击"图片样式",在该样式列表中选择一种类型,这样我们就可以为当前照片添加一种样式效果,如图 5-15 所示。

此外,我们还可以根据需要对照片进行颜色、图片边框、图片版式等项目设置,这样就能轻松制作出有个性的图片效果。

第五章　PowerPoint 多媒体课件的制作　　91

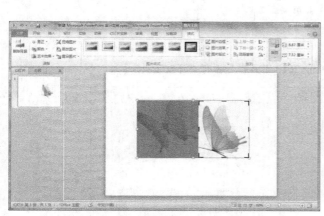

图 5-14　利用"裁剪"工具截取部分图片

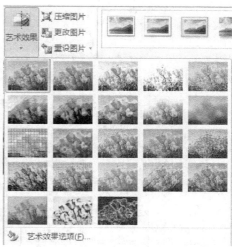

图 5-15　图片艺术效果示意图

五、添加声音

（一）背景音乐的添加

打开 Power Point 2010 以后选中一张幻灯片再点击菜单中的"插入→音频→文件中的音频"，然后选择你所需要的音频，确定插入即可。

在 PowerPoint 2010 中插入音频文件后，在点击菜单栏中的"动画"，会出现相应的工具组，可对插入的背景音乐进行设置。

（二）动画声音的添加

在动画窗口中，右击对应的动画，选择效果选项，会出现如图 5-16 所示的界面，找到声音选项可对其进行操作。

（三）切页声音的添加

选择菜单来中的的"切换"，直接可以看到如图 5-17 所示的位置（顶栏靠右侧），找到声音选项即可。选择最后一项的其他声音还可以自定义声音。

图 5-16　动画声音操作界面　　　　图 5-17　切页声音操作界面

六、添加动画和视频

第一步：首先把演示文稿保存，并且把需要插入的动画文件和演示文稿放在一个文件夹内。

第二步：检查一下你的 PowerPoint 2010 工具栏有没有"开发工具"（图 5-18）。如果有，请省略下面一步。没有请继续下面一步。

第三步：单击"文件"选项，调出选项对话框。

第四步：在"选项"对话框中选择"自定义功能区"，在右面自定义功能区先选择主选项卡，勾选下面的"开发工具"选项，按"确定"后返回（图 5-19）。

图 5-18　检查 PowerPoint 2010 工具栏是否有"开发工具"

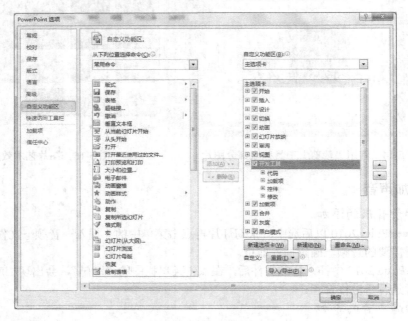

图 5-19　勾选"开发工具选项"

第五步：在开发工具下的控件选区，选择其他控件。调出"其他控件"对话框。

第六步：在其他控件对话框中选择"ShockwaveFlash Object"对象（技巧：按【S】键可快速定位到 S 开头的对象名），按确认返回，此时鼠标变成十字，在需要的位置拖出想要的大小（以后可以调）。

第七步：此时，控件还是空白的（图 5-20）。

第八步：在控件上右击"属性"，调出属性对话框，在 movie 项填上 flash 文件的文件名；请注意，文件名要包括后缀名，其他都不用管，关闭返回。

第九步：这时你可能需要保存一下文件，有时候调整一下控件也可以，你就能看到控件的预览图了（图 5-21）。到这里，插入 flash 就完成了，你可以随意调整控件的大小和位置。

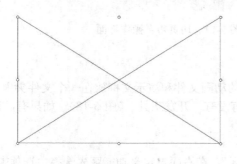

图 5-20　空白控件

图 5-21　控件预览图

第三节 美化课件

一、设计幻灯片的版式

（一）幻灯片版式的设计

在 PowerPoint 中，所谓版式可以理解为"已经按一定的格式预置好的幻灯片模板"，它主要是由幻灯片的占位符（一种用来提示如何在幻灯片中添加内容的符号，最大特点是其只在编辑状态下才显示，而在幻灯片放映的板式下是看不到的）和一些修饰元素构成。

使用版式的好处，可以罗列出以下几点。

① 提高了 PowerPoint 操作的自动化程度，直接通过占位符就可以在幻灯片中插入指定的内容。

② 实现了 PowerPoint 内容与外观的分离，通过修改幻灯片版式的占位符格式（如字体、字号、样式等）就可以修改使用了此版式的幻灯片的内容格式。

③ 方便统一幻灯片的风格，使用幻灯片版式的幻灯片外观直接受主题影响，利用幻灯片的主题，可以统一管理 PowerPoint 的外观。

另外，使用幻灯片的版式也有一些局限，远不如自己通过插入选项卡中的命令插入内容灵活。

PowerPoint 中已经内置了许多常用的幻灯片的版式，如标题幻灯片、标题图片幻灯片、标题内容幻灯片、两栏内容幻灯片等。实际上，如果经常使用一种固定的布局幻灯片，你可以将它设计成一种幻灯片的版式。

（二）创建幻灯片自定义版式

第一步：进入幻灯片的母版视图。点击菜单栏中"视图"下面的"幻灯片母版"，进入幻灯片的母版视图。

第二步：添加幻灯片自定义版式和命名。点击菜单栏中"幻灯片母版"下面的"插入版式"即可添加幻灯片自定义版式；点击菜单栏中"幻灯片母版"下面的"重命名"即可命名自定义版式名称。

（三）设计和编辑幻灯片自定义版式

1．添加内容（占位符）

单击菜单栏中"幻灯片母版"下的"插入占位符"，即可编辑幻灯片自定义版式，如图 5-22 所示。

2．设计幻灯片版式外观

你可以为幻灯片版式中的占位符设置格式及样式，设置方法和设置幻灯片普通内容相同，建议在占位符中提供使用说明文字，以起到明确的指示作用。

3．应用幻灯片自定义版式

退出幻灯片的母版视图，向作品添加幻灯片时，选择合适的版式即可。

二、调整幻灯片的外观

设计模板中包含配色方案、具有一定格式的幻灯片和标题母版以及字体样式，可以用来创建特殊的外观，套用 PowerPoint 提供的应用设计模板的步

图 5-22 "插入占位符"编辑幻灯片自定义版式

骤如下。

单击菜单中的"设计"按钮，在窗口的上方就会打开"幻灯片设计"任务窗格（图 5-23），用户从中选择一种模板单击，则该模板就会应用于当前演示文稿的所有幻灯片。

图 5-23 "幻灯片设计"任务窗格

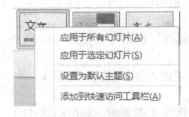

如果右键单击模板，则会弹出窗口，如图 5-24 所示。

如果选择"应用于所有幻灯片"，则会将该设计模板应用于幻灯片中的所有幻灯片，如果选择"应用于选定幻灯片"，则会将该设计模板应用于当前选中的幻灯片。

如果对已有的模板配色不满意，还可以单击模板旁边的 颜色 按钮对模板重新配色，如图 5-25 所示。

Powerpoint 还提供对单张背景颜色自定义更改，方法如下。

图 5-24 模板应用选框

右键单击"幻灯片—设置背景格式"，如图 5-26 所示。

弹出设置填充选项窗口，如图 5-27 所示。其中：

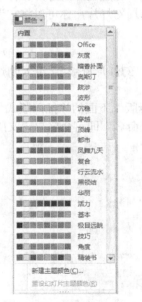

图 5-25 模板配色　　　　图 5-26 设置背景格式　　　　图 5-27 设置填充选项

"纯色填充"可对幻灯片背景进行纯色填充；

"渐变填充"可对幻灯片背景添加两种至两种以上的渐变背景；

"图片或纹理填充"可对幻灯片自定义背景图片；

"图案填充"可对幻灯片添加 ppt 已有预置图案；

"隐藏背景图像"即可隐藏幻灯片背景。

三、添加幻灯片切换效果

PowerPoint 2010 对于 PowerPoint 2003 来说，为我们提供了更多的幻灯片转换效果和动画效果，其中包括 3D 转换特效以及内容转换特效，使得切换和动画的效果更加梦幻、更加炫，能够帮我们轻松地制作出具有视觉冲击力的幻灯片。

点击菜单栏中的"切换"即可从中选择你所需要的切换效果，或者直接单击"切换"任务窗口中的图标，即可下拉出所有切换效果选项，如图 5-28 所示。

图 5-28　下拉菜单中的切换效果选项

选择好你所需要的切换效果后，在"切换"任务栏中点击"效果选项"可以改变你所选取的切换效果路径，如图 5-29 所示。

也可选择幻灯片切换时的声音、持续的时间、切换的方式等。最后可以在"切换"任务栏中的最左端点击"预览"来预览你所选择的效果。

四、添加动画效果

先选择所需要添加动画效果的文字或图片，再点击菜单栏中的"动画"即可从中选择所需要的动画效果，或者直接单击"动画"任务窗口中的图标，即可下拉出所有动画效果选项，如图 5-30 所示。

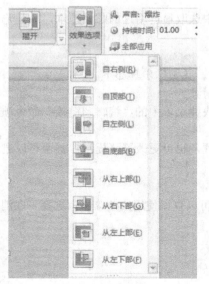

图 5-29　效果选项下拉菜单　　　　图 5-30　下拉菜单中的动画效果选项

可以直接点击菜单栏中的"动画",在相应的工具组中点击"添加动画",在弹出的子菜单中选择所需要的动画效果即可,还可以对动画进行"触发"、"重新排序"等操作,也可以自定义动画开始的方式、持续的时间、延迟的时间等。

另外,文字的动画效果相对于图片的动画效果来说更加丰富,效果选项也多了一项"序列"。

五、添加交互导航

交互导航,也称超链接,指页面上某些单词、词组、符号或者图像等元素,当用户将鼠标指针指向它们时就会变成手形,如果此时单击鼠标左键,就会跳转到某个预先设好的幻灯片、网页、图像、E-Mail 地址、Office 文档上甚至打开一个应用程序。

(一)创建超链接

① 选择要创建超级链接的对象。

② 单击"插入"菜单或快捷菜单中"超级链接"命令项,这时打开一个"插入超链接"对话框。如图 5-31 所示。

图 5-31 "插入超链接"对话框

如果选中第一项"现有文件或网页",可以在对话框底部的"地址"列表框中输入想要链接的文件标识符或网页地址。若不记得这个网页的 Url 地址或路径,那么可以从"查找范围"下方使用"最近使用过的文件"、"浏览过的网页"和"当前文件夹"三个方面之一进行查找。

如果选中第二项"本文档中的位置",你就可以在中间的列表中选择要链接的幻灯片,还可以预览幻灯片。

如果选中第四项"电子邮件地址",就可以从列表框中选取最近用过的邮件地址,或是输入新地址。

(二)编辑超链接

编辑超级链接用于对一个已存在的超级链接进行修改。其操作步骤如下。

① 插入点移到超级链接的对象中,或选中超级链接对象。

② 单击"插入"菜单的"超链接"命令项,或选择快捷菜单中的"编辑超链接"命令项,这时将打开一个"编辑超链接"对话框。

③ 用户可以在该对话框中更改"链接到"的文档位置,也可更改屏幕提示,甚至可以删除超级链接。

(三)删除超链接

删除超级链接,可以单击"编辑超链接"对话框,也可以直接使用快捷菜单,选择"取消超链接"命令项。

六、PowerPoint 与其他文稿的交互

(一)PowerPoint 与 Excel 的交互

1. 利用插入对象的方法插入 Excel 表格

第一步:打开需要插入 Excel 的 PPT 文件,执行"插入"→"对象"命令,弹出"插入对象"

对话框。

第二步：在对话框中选择"新建"选项，并在"对象类型"列表框中，选择"Microsoft Excel 工作表"选项，单击"确定"按钮，如图 5-32 所示。

第三步：可以看到幻灯片视图中会出现 Excel 工作表编辑区。Excel 菜单和按钮同 PowerPoint 的菜单一起出现在窗口中，可以像在 Excel 中一样对工作表进行编辑、修饰，如图 5-33 所示。

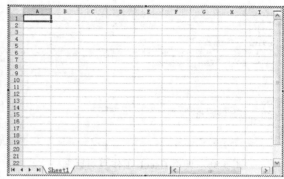

图 5-32 "插入 Excel 工作表"对话框　　　　图 5-33 插入 Excel 工作表的界面

另一种方法是"复制"、"粘贴"法：在 Excel 应用程序中，选定所需的表格区域，单击"复制"按钮，切换到 PowerPoint 程序，单击"粘贴"按钮，即可将 Excel 表格复制到 PowerPoint 程序中。

2．利用带有表格内容的幻灯片版式

第一步：打开需要插入 Excel 表格的 PPT 文件，执行"开始→新建幻灯片"命令。

第二步：在"开始"任务窗格里选择"版式→内容版式"。单击即可在幻灯片窗口中出现表格标志，如图 5-34 所示。

第三步：单击表格标志中的"插入表格"图标 ，弹出"插入表格"对话框，如图 5-35 所示。

图 5-34 带表格版式标志　　　　　　图 5-35 "插入表格"对话框

第四步：输入列数和行数，单击"确定"按钮，在幻灯片中即可出现表格。

第五步：如同 Excel 表格中的输入操作一样，在表格中输入文本即可。

学习导航：前面是插入一个空白的 Excel 表格；如果我们制作的演示文稿有大量的表格已经在 Excel 里输入过了，如何把 Excel 的文件快速转换成 PPT 文稿？我们可以采用以下方法。

3．利用插入对象的方法调用 Excel 表格

第一步：新建一张空白演示文稿，在演示文稿编辑模式中，单击菜单栏中的"插入→对象"命令。

第二步：在"插入对象"对话框中，单击"由文件创建"单选按钮，然后单击"浏览"按钮找到并选中 Excel 文档，并单击"打开"按钮。此时选中的文件将显示在"文件"文本框中，如图 5-36 所示。

在默认情况下，该文件会被完全插入到当前演示文稿中。如果希望插入后的表格随原文件中的表格一起变化，则在上述对话框中选中"链接"复选框。

第三步：单击"确定"按钮。此时 Excel 表格被插入到当前演示文稿中，如图 5-37 所示。

图 5-36　调用 Excel 工作表对话框　　　　图 5-37　演示文稿中插入 Excel 表格

第四步：如果要在 PowerPoint 中编辑表格，双击该表格则会调用 Excel 中的功能对表格进行编辑，如图 5-38 所示。

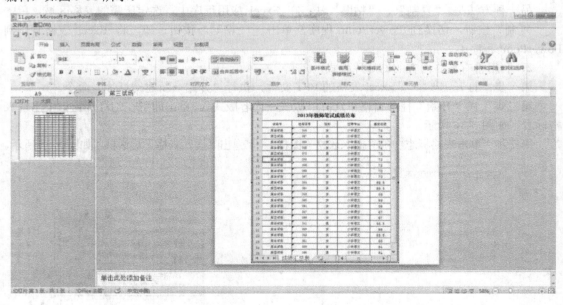

图 5-38　对 Excel 表格进行编辑

第五步：编辑完毕在表格以外的位置单击，可恢复到演示文稿编辑状态。

第六步：如果要移动表格的位置，可以直接拖动表格。

（二）PowerPoint 与 Word 的交互

在 PowerPoint 中，执行"插入→对象"命令，打开"插入对象"对话框，单击"由文件创建"单选按钮，然后单击"浏览"按钮找到并选中 Word 文档，并单击"打开"按钮。此时选中的文件将显示在"文件"文本框中，如图 5-39 所示。

图 5-39 "插入对象"文本框

第四节 综 合 实 例

实例 1 《梨子提琴》活动课件的设计与制作

一、课件总体设计

《梨子提琴》是幼儿园中班语言活动的内容。为满足幼儿对语言的需求，激发幼儿学习兴趣，将故事的意境、内容、语言用图片、声音、视频呈现出来，让孩子更好地学习。采用简单易用的 PowerPoint 软件来完成课件制作。

（一）活动设计

1. 活动目标

① 培养幼儿热爱和平，与同伴之间友好相处和共同分享美好事物的情感。
② 发展幼儿的观察力、想象力和语言表达能力。
③ 理解故事内容，学说故事中的对话，感受音乐的美。

2. 活动过程

（1）导入：用提琴曲导入主题，为故事的讲述创造氛围，让幼儿感受小提琴曲的美。

* 你喜欢音乐吗？
* 音乐是由哪些乐器演奏的？
*这段音乐主要由哪种乐器演奏的？

（出示第 1 张幻灯片，听小提琴曲，揭示课题。）

（2）完整欣赏故事：让幼儿对故事有一个整体感知，为下一步分析故事奠定基础。

（出示第 2 张幻灯片： 播放网上下载的"梨子提琴"故事视频。）

（3）让幼儿说自己的感受：打破以往教学常规，调动幼儿积极性、主动性，把看到的、听到的、想说的说出来，让孩子成为课堂的主体。

* 仔细观察，你们看见了些什么？
* 小松鼠在干什么？你是怎么知道它在制作琴呢？
* 小松鼠真聪明，把半个梨子做成了一把小提琴，拉起了优美的音乐，让我们也来听一听小松鼠拉的音乐吧！
* 你听了这段音乐有什么感觉？
* 观察狐狸和小兔子的表情，动作，并用肢体来表示。（你从哪里看出来狐狸要吃小兔子呢？）
* 引导幼儿想象动物的心理变化，并尝试表演。（狐狸怎么又不吃小兔子了呢？狐狸会对小兔子说什么？）
* 音乐越传越远，森林里还会发生什么事情？（请你说一说，让每个幼儿都有发言的机会）

（出示第 3~12 张幻灯片，结合画面，详细分析故事内容，充分调动幼儿感官，边提问边讲述，教师与幼儿是互动的。）

（4）表演故事：进一步让幼儿理解故事内容，发展其口语表达能力。

（5）热爱和平，喜欢分享：发展幼儿想象力、思维力，激发幼儿热爱和平、与人分享的情感，从而升华主题。

* 如果没有音乐，森林会是什么样呢？
* 如果你听见了音乐，你想干什么？
* 小松鼠用音乐给大家带来快乐，你怎样给别人带来快乐？

（6）用小提琴模仿演奏：亲身体验，再次感受音乐的魅力，在音乐声中结束活动，首尾呼应。

结束语：小朋友的想法真好，如果人人都这样做，我们的生活将会充满和平，充满爱。今天，我们在音乐声中感受了快乐，让我们做一个小小演奏家，把音乐送给大家好吗？（设计意图：亲身体验，再次感受音乐的魅力，在音乐声中结束活动，首尾呼应。）

（二）课件结构

本课件根据活动设计过程，主要是用于辅助教师讲授，课件采用顺序结构。基本内容包括封面、活动过程模块和封底。

二、素材准备

课件制作过程中使用的文字、图片、声音、视频等多媒体素材，可以通过多种途径取得。如通过网上下载、自己采集制作、交流、购买或使用剪辑库中提供的素材等多种方式。本课件由于所需多媒体信息不多，所以主要素材集中在图片、声音和视频上。

（一）图片参考素材

主要的图片素材如图 5-40 所示。

（二）声音参考素材

课件中的声音素材主要是梨子提琴的故事、小提琴曲两个声音文件，如图 5-41 所示。

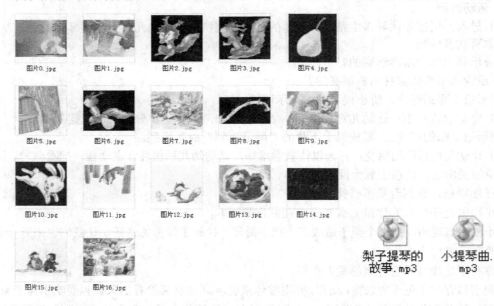

图 5-40　图片素材　　　　　　　　　　图 5-41　声音素材

（三）视频参考素材

课件中的视频素材主要是根据教材的故事内容下载的梨子提琴故事视频。如图 5-42 所示。

三、页面设计与制作过程

（一）封面

封面（第 1 张幻灯片）中主要用艺术字设计了标题，并添加声音文件"小提琴曲.mp3"，背景用图片素材中的图片 0。如图 5-43 所示。

图 5-42　视频素材——"梨子提琴.wmv"

图 5-43　课件封面示例

（二）活动过程模块

课件的第 2 张幻灯片的背景"水绿色"，在右上角处插入艺术字"观看视频"，插入视频文件"梨子提琴.mwv"，并幻灯片的右侧制作了"播放"、"暂停"、"停止"三个控制按钮，分别控制视频的播放、暂停和停止。效果如图 5-44 所示。

再根据活动过程共设计和制作了第 3～12 张的 10 张幻灯片。系列效果图如图 5-45～图 5-54 所示。

图 5-44　第 2 张幻灯片页面

图 5-45　第 3 张幻灯片页面

图 5-46　第 4 张幻灯片页面

图 5-47　第 5 张幻灯片页面

图 5-48　第 6 张幻灯片页面

图 5-49　第 7 张幻灯片页面　　　　图 5-50　第 8 张幻灯片页面

图 5-51　第 9 张幻灯片页面　　　　图 5-52　第 10 张幻灯片页面

图 5-53　第 11 张幻灯片页面　　　　图 5-54　第 12 张幻灯片页面

（三）封底

课件封底的设计如图 5-55 所示。

图 5-55　课件结束页面

实例 2 《圆的周长》活动课件的设计与制作

一、课件总体设计

《圆的周长》是义务教育课程标准实验教材数学（六年级，上册）的内容。为完成本课的教学目标、突出重点和解决难点，将采用 PowerPoint 软件来形象、生动地呈现相关知识点，让学生更容易理解圆的周长的概念、测量圆的周长的方法以及圆周率的意义。

（一）教学设计

1．教学目标

（1）知识与技能：理解圆周率的意义，掌握圆的周长的计算公式，并能正确计算圆周长。

（2）过程与方法：通过探究圆周长与圆直径或半径关系的过程，发展学生的空间观念和初步的推理能力。

（3）情感态度价值观：通过介绍圆周率的史料，渗透爱国主义教育。

2．教学重点

推导圆的周长的计算公式，并且会正确计算圆的周长。

3．教学难点

理解圆周率的意义。

4．教学过程

（1）复习铺垫，揭示课题

① 出示正方形和圆，比周长。（第 2 张幻灯片：动画演示小圆点引正方形和圆形走一圈）。

师：什么是周长？正方形的周长公式是什么？

学生独立思考，交流汇报。

生：封闭图形一周的长度是这个图形的周长。

②（出示第 3 张幻灯片）正方形周长＝边长×4。

师：从公式中我们可以看出，正方形的周长与其边长有关，那圆的周长会和什么有关呢？

（2）合作交流，探究新知

① 4 人一小组合作，动手操作。出示 4 人一小组合作要求（第 4 张幻灯片）。

师：你们能想到用什么方法来测量圆的周长吗？

鼓励学生用不同的方法来测量圆的周长。

② 记录动手测量的结果（第 5 张幻灯片）。

生：分别量出它们的周长和直径，并算出周长和直径的比值，把结果填入书本中的表格中。

师：有什么发现？

③ 比较发现后，可得到以下结果。

师：a. 观察填表的结果，从纵向看，圆的直径、周长和周长与直径的比值是怎么变化的？

b. 从横向看，圆的直径、周长和周长与直径的比值之间又有什么关系呢？

师生共同总结：圆的直径变，周长也变，而且直径越短，周长越短；直径越长，周长越长。圆的周长总是直径的 3 倍多一些。（课件演示动画：出示第 6 张幻灯片。）

④ 归纳总结

a. 揭示圆周率的概念。这个 3 倍多一些的数，其实是个固定不变的数，我们称它为圆周率。圆周率一般用字母 π 表示。

师：现在，谁能说说圆的周长与它的直径有什么关系？谁是固定的倍数？

生：圆周长÷直径＝π，π 是固定的倍数。

出示第 7 张幻灯片，阅读方框里的这段话。

师：看过这段话后，你知道了什么？

b. 推导圆的周长计算公式。（出示第 8 张幻灯片）

师：已知一个圆的直径，该怎样求它的周长？
学生独立思考，交流汇报。

$C=\pi d$

请同学们从表格中挑一个直径计算周长，然后跟测量结果比比看，是不是差不多？

师：告诉你一个圆的半径，让你计算它的周长吗？怎样计算？
学生独立思考，交流汇报。

$C=2\pi r$

（3）巩固新知、拓展应用
① 基础练习（出示第 9 张幻灯片）。
② 综合练习（出示第 10 张幻灯片）。
③ 拓展练习（出示第 11 张幻灯片）。
（4）总结评价，感悟延伸。（出示第 12 张幻灯片）通过今天的学习你有什么收获？
（二）课件结构
本课件根据活动设计过程，主要是用于辅助教师讲授，课件采用顺序结构。基本内容包括封面、教学过程和封底，教学过程分"引入圆的周长"、"探索圆的周长"、"巩固圆的周长"、"回顾圆的周长"四个模块。

二、页面设计与制作过程

（一）封面
封面（第 1 张幻灯片）如图 5-56 所示。交待课题和教材出处，页面要精巧、有趣、简明。
（二）教学过程四个模块
（1）引入圆的周长（第 2～3 张幻灯片）。在制作第 2 张幻灯片时，要动画演示小圆点引正方形和圆形走一圈，步骤如下：

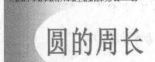

图 5-56 课件封面示例

① 绘制一个正方形和一个圆。单击菜单栏中的"开始"，在相应工具组里选择"绘图"中的正方形和圆，绘制一个正方形和一个圆，并设置正方形和圆的大小、颜色（黑色）和线条等。
② 绘制两个黑色小圆点，分别放到正方形的左下角和圆的最上方。
③ 再绘制四条和正方形一样的线条（颜色为红色），然后将其放在对应的位置上，完全重叠。又复制一个圆（颜色设为红色），与黑色圆完全重叠。

④ 设置黑色小圆点沿正方形走一圈动画。先设置四条边的进入效果为"擦除"，再设置黑色小圆点的动画效果为自定义路径，调整路径与四条边吻合。
⑤ 设置黑色小圆点沿圆走一圈动画。先设置红色圆的进入效果为"轮子"，并将"辐射状"设为"1"，再为黑色小圆点的添加动作路径为"圆形扩展"，调整路径与红色圆吻合。最终效果如图 5-57 所示。
⑥ 再制作第三张幻灯片，在圆上绘制一条红线，动画设置为单机时擦除动画。如图 5-58 所示。
（2）探索圆的周长（第 4～8 张幻灯片，效果图如图 5-59～图 5-63）。在制作第 6 张幻灯片时，要动画演示周长是直径的 3 倍多一点，步骤如下：
① 画一个圆。
② 画一条直线，长度为圆的直径 3 倍多一点。
③ 添加圆的动画效果为强调"陀螺旋"，并添加"向右"的动作路径，调整路径与直线

吻合。

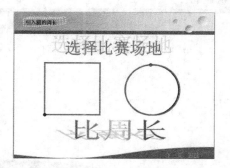

图 5-57　第 2 张幻灯片页面

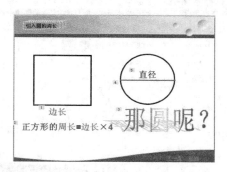

图 5-58　第 3 张幻灯片页面

④ 分别演示三个圆移到直线上，最后效果如图 5-61 所示。

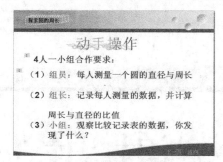

图 5-59　第 4 张幻灯片页面

图 5-60　第 5 张幻灯片页面

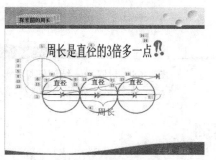

图 5-61　第 6 张幻灯片页面

图 5-62　第 7 张幻灯片页面

（3）巩固圆的周长，效果图如图 5-64～图 5-66 所示。

图 5-63　第 8 张幻灯片页面

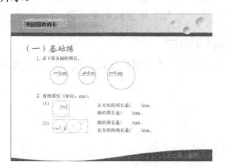

图 5-64　第 9 张幻灯片页面

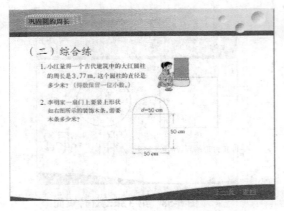 

图 5-65　第 10 张幻灯片页面　　　　　图 5-66　第 11 张幻灯片页面

（4）回顾圆的周长，设计效果图如图 5-67 所示。

（三）封底

效果图如图 5-68 所示。

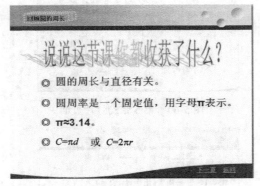 

图 5-67　第 12 张幻灯片页面　　　　　图 5-68　封底——结尾幻灯片
　　　　　　　　　　　　　　　　　　　　　　（课件设计者为伊思洁）

思考与实训

思考练习

1. 简述幻灯片切换和自定义动画的区别。
2. 简述幻灯片母版的制作方法。

实训项目

自己选择一个主题，设计制作一学时或两学时的教学课件。

第六章　Flash 动画的制作

【学习目标】
1. 熟悉 Flash 8 操作界面。
2. 掌握 Flash 8 的基本工具和常用面板的基本操作。
3. 熟悉时间轴、图层、帧、关键帧、空白关键帧、库、元件等的概念及其基本操作。
4. 掌握逐帧动画、补间动画、引导动画和遮罩动画等各类动画的设计与制作。
5. 掌握声画同步动画的制作方法。

第一节　Flash 基础知识

一、Flash 8 工作界面

Flash 8 的操作界面就像表演舞台，在这个舞台里可以尽情地发挥。在学习使用 Flash 制作动画之前，先来认识其操作界面。在计算机中安装 Flash 8 中文版后，启动 Flash 8 中文版，如图 6-1 所示。

图 6-1　Flash 8 的启动界面

在启动界面中从左到右分为"打开最近项目"、"创建新项目"、"从模板创建"三个选项区域。单击"创建新项目"选项区域的"Flash 文档"按钮，打开 Flash 操作界面，如图 6-2 所示。

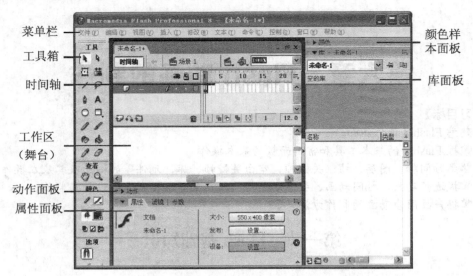

图 6-2　Flash 操作界面

二、Flash 的基本操作

1. 文件的新建、打开和保存

在 Flash 8 中进行动画制作时，既可以创建新文档进行动画制作，也可以在启动界面单击"打开最近项目"选项区域打开以前已经完成的文档进行修改和加工。

当 Flash 文档在创建或者编辑完成后，都需要进行保存操作。在对动画处理完成之后就需要保存并关闭 Flash 动画（保存动画时，可以制订多种保存格式）。保存文件的操作方法与其他 Windows 应用程序一样（在进行动画的编辑过程中应注意随时保存）：如果文件已经被保存过，选择"文件→保存"命令将保存最近的修改内容；如果是新建的 Flash 文件，选择"文件→保存"命令将打开"另存为"对话框。在"另存为"对话框的"保存在"下拉列表框中列出了文件保存的位置；在"文件名"文本框中可以输入动画的名称；在"保存类型"下拉列表框中可以选择文件保存的格式。

2. 设定文件属性

每次新建一个 Flash 文件时，系统会设置文件默认大小、背景色等属性。用户可以根据实际创作需要利用"文档属性"对话框对当前编辑的影片属性进行设定，包括影片画面的尺寸、背景色、帧播放速率等属性。选择"修改→文档"命令后，将打开"文档属性"对话框，如图 6-3 所示。

图 6-3　"文档属性"对话框

"文档属性"对话框中的各项的作用如下。

（1）"尺寸"选项区域。在"宽度"和"高度"文本框中输入相应的数值，可以确定以像素为单位的当前影片画面的尺寸（默认尺寸的宽度为550像素，高度为400像素）。

（2）"匹配"选项区域。单击"打印机"单选按钮，将影片大小设置为最大可用打印区域；单击"内容"单选按钮，可以自动调整当前影片画面的大小，使之与围绕影片内容的四周空间相等；单击"默认"单选按钮，可以自动设为默认值。

（3）"背景颜色"选项区域。单击"颜色"按钮，可以从弹出的调色板中选择一种背景颜色。

（4）"帧频"文本框。该文本框用于输入每秒要显示的动画帧数，对于没有特殊要求的动画通常设置每秒8～12帧进行播放即可。

（5）"标尺单位"下拉列表框。在该下拉列表框中用户可以选择Flash文档尺寸单位。

3. 文件的导入

在编辑动画的过程中如果需要导入一些图片、矢量图形、声音或动画文件等素材时，可以选择"文件→导入→导入到舞台或导入到库"命令，打开如图6-4所示的"导入"对话框。用户在"导入"对话框的"文件类型"下拉列表框中选择要导入文件的类型，然后选中要导入的文件并单击"打开"按钮即可将该文件导入Flash 8中。

如果要导入多个文件，可以在"导入"对话框中按住【Ctrl】键的同时选择多个不连续的文件（或者在按住【Shift】键同时选择多个连续的文件）。

图6-4 "导入"对话框

4. 文件的测试与导出

（1）测试影片。在完成动画的制作后，选择"控制→测试影片"命令，或者按【Ctrl+Enter】快捷键，Flash会自动将当前的文档导出为一个swf格式的文件，并在打开的新窗口中播放当前动画文件。

（2）导出。在完成动画的制作后，选择"文件→导出→导出影片"命令，打开"导出影片"对话框，如图6-5所示。

图6-5 "导出影片"对话框

使用"导出影片"对话框除了可以导出动态的影片之外，还可以将 Flash 动画输出为其他格式的动画文件或图形文件，如 GIF 动画，JPGE，PNG，BMP 和 AVI 视频格式等文件。

三、Flash 的基本概念

（一）时间轴

时间轴（timeline）由图层、帧和播放头三部分组成。

时间轴是一个是以时间为基础的现行进度的安排表，用户能够很容易地以时间的进度为基础，一步步安排每一个动作。Flash 将时间轴分割成许多大小相同的小块，每一小块代表一帧。帧由左到右运行就形成了动画电影。时间轴是安排并控制帧的排列及将复杂动作组合起来的窗口。时间轴窗口如图 6-6 所示。

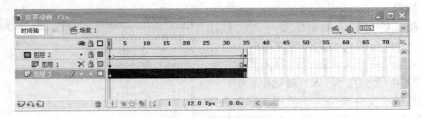

图 6-6　时间轴的组成

1. 图层

（1）图层的概念。图层是从上到下逐层叠加的，一个图层如同一张透明的玻璃纸，不同图层上的内容会叠加在一起，一个 Flash 影片中往往包含许多图层。它与 Photoshop 中的图层类似。图层从类型上可分为：普通图层、引导层和遮罩层。

① 普通图层（以下简称图层）是一个非常重要的概念。在 Flash 中制作复杂动画，都要经常和图层打交道。图层是 Flash 使对象产生动画的一个空间维度。在 Flash 的舞台上，任何一个运动的对象都要拥有独立的空间和时间，而普通图层反映的就是空间维度，时间轴线就是时间维度，二者就构成了运动对象在舞台上进行动作不可缺的两样东西。Flash 制作动画就是靠在时间轴线窗口中，通过图层和时间轴线的编辑来完成各种复杂动画制作的。图层和时间轴线是紧紧相连的。如图 6-6 所显示的左边部分为图层，右边部分为图层所对应的时间　轴线。

② 引导层的作用是辅助其他图层对象的运动或定位，如可以为一个球指定其运动轨迹。另外也可以在这个图层上创建网格或对象，以帮助对齐其他对象。被导向图层在上一层为导向层或被导向层才是有效的。当该项被选择时，所代表的层与导向图层将产生某种关联。

③ 遮罩层的作用是遮罩层中的对象被看作是透明的，其下被遮罩的对象在遮罩层对象的轮廓范围内可以正常显示。遮罩也是 Flash 中常用的一种技术，用它可以产生一些特殊的效果，如探照灯效果。当定义一层为遮罩层时，其下的一层会自动定义为被遮罩层，当然也可以通过属性进行修改。

（2）图层的操作

① 图层的创建和修改。单击"图层"面板下方的"插入新建图层"按钮，可以创建一个新的图层并将其激活。图层上方的"眼睛"代表是否显示或隐藏图层；"锁"代表是否锁定图层；"线框"代表图层是否以线框模式显示，默认为预览模式。

② 选取图层的方法

a. 选中"时间轴"面板中的图层名称，可以选取图层。

b. 单击属于该图层时间轴上的任意一帧，也可以选取图层。

c. 在舞台编辑区中选择该层中的对象，可以选中图层。

d. 想要同时选取多个图层时，按【Shift】键的同时再单击所要选择的图层名称即可。
③ 删除图层的方法
a. 单击"时间轴"面板上的"删除图层"按钮，可将图层删除。
b. 将要删除的图层用鼠标拖动到"删除图层"按钮上，直接删除。
c. 在图层上单击鼠标右键，在弹出的快捷菜单中选择"删除图层"命令，可将图层删除。
④ 图层的属性设置。双击某个图层图标时，会弹出"图层属性"对话框，可以调节图层属性。
⑤ 改变图层的次序。按住鼠标左键可上下拖动图层来改变图层的位置。

2. 帧

（1）帧的概念。我们都知道，电影是由一格一格的胶片按照先后顺序播放出来的，由于人眼有视觉停留现象，这一格一格的胶片按照一定速度播放出来，在我们看起来就"动"了。动画制作采用的也是这一原理，而这一格一格的胶片，就是 Flash 中的"帧"。在时间轴上，每一个小方格就是一个帧，在默认的状态下，每隔 5 帧进行数字标示，如时间轴 1，5，10，15 等数字的标示。帧一般分为：关键帧、空白关键帧、过渡帧，如图 6-7 所示。

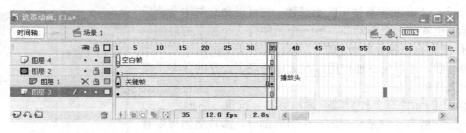

图 6-7　帧的组成

① 关键帧。它是一个动作的起始画面和结束画面，关键帧中的小黑点表示此帧中有内容。
② 空白关键帧。在一个关键帧里，什么对象都没有，这种关键帧，就称其为空白关键帧。每个图层的第 1 帧默认为一个空白关键帧，可以在上面创建内容，从而变成关键帧。
③ 过渡帧。两个关键帧之间的部分称过渡帧，也有的称延长帧或普通帧。它是延续前面关键帧上的内容，不可对其进行编辑操作，只用于延长画面显示的时间。

（2）帧的操作
① 插入关键帧（【F6】）
a. 菜单"插入"→"时间轴"→"关键帧"。
b. 鼠标右键单击时间轴，选择"插入关键帧"。
② 插入帧（【F5】）
a. 菜单"插入"→"时间轴"→"帧"。
b. 鼠标右键单击时间轴，选择"插入帧"。
③ 插入空白关键帧
a. 菜单"插入"→"时间轴"→"空白关键帧"。
b. 鼠标右键单击时间轴，选择"插入空白关键帧"。
④ 删除帧（【Shift+F5】）。选中需要删除的帧或关键帧，单击鼠标右键，选择"删除帧"。
⑤ 移动帧。鼠标选中需要移动的帧，拖曳至目标位置释放。
⑥ 复制、粘贴关键帧。选中关键帧，单击鼠标右键，选择"复制帧"，然后在待复制的位置单击鼠标右键，选择"粘贴帧"。
⑦ 清除帧（【Shift+F6】）选中帧或关键帧，单击鼠标右键，选择"清除帧"，该帧将转换为

空白关键帧，其后的帧将变成关键帧。

⑧ 转换帧。选中帧，单击鼠标右键，选择"转换为关键帧/转换为空白关键帧"。

若转换多个帧，使用【shift】键或【Ctrl】键选择需转换的帧，单击鼠标右键，选择"转换为关键帧/转换为空白关键帧"。

⑨ 翻转帧。选中帧，单击鼠标右键，选择"翻转帧"。

3．播放头

播放头所指的帧的内容会展现在舞台上，有助于我们编辑帧的内容，见图 6-7。

（二）元件和库

1．概念知识

元件（符号）是 Flash 的重要功能也是最基本的元素，全部放在库中，通过库面板可以对元件进行管理和编辑。元件可以被重复利用，被调动的元件就形成一个元件实例。可以赋予元件实例不同的属性，却不改变元件本身。元件只需创建一次，就可以在整个文档或其他文档中重复使用，创建的任何元件都会自动成为当前文档库中的一部分，如图 6-8 所示为库面板，当把元件从库面板中拖到当前舞台上时，即形成了一个实例。

元件是一个可以重复使用的小部件，它可以独立与主动画运行，实际上也就是一个小动画。每一个元件有一个独立的时间轴（按钮元件没有自己独立的时间轴）、舞台和若干个图层，它是构成动画的基础，可以反复地使用，大大地提高了工作的效率，而不会影响文件的大小。

Flash 中的元件有 3 种类型：影片剪辑、按钮、图形。

（1）影片剪辑元件是动画的一个组成部分，影片剪辑可以看作是主时间轴内嵌入的时间轴，它可以包含交互式控制、声音甚至是其他的影片剪辑，也可以将它放置在按钮元件中，以创建动画按钮。当主体动画播放时，影片剪辑元件也在循环 播放。

（2）按钮元件用于创建动画的交互控制按钮，以响应鼠标事件，如滑过、单击或其他动作的交互式按钮。它包括"弹起"、"指针经过"、"按下"和"点击"四种状态。在按钮元件的不同状态上创建不同的内容，可以使按钮对鼠标操作进行相应的响应。

（3）图形元件用于创建可以反复使用的图形，它可以是静止的图片，也可以是由多个帧组成的动画。图形元件是制作动画的基本元素之一，但它不能添加交互行为和声音控制。

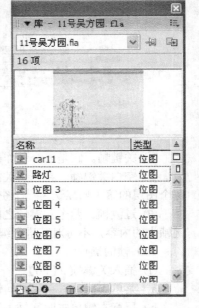

图 6-8　库面板

2．创建元件

（1）创建影片编辑元件。有以下两种方法。

方法一：新建影片编辑元件，执行菜单"插入→新元件"或按【Ctrl+F8】，打开"创建新元件"对话框，如图 6-9 所示，选择"影片剪辑"点击"确定"按钮，元件名称会出现在舞台左上角，在该元件工作窗口中心会出现一个"+"，代表该元件的中心点。

方法二：转换，选中场景中的时间轴所有的帧，单击鼠标右键选择复制后，再插入新建的影片编辑元件中粘贴即可。

（2）创建图形元件。有以下两种方法。

方法一：新建图形元件，与创建影片剪辑元件相似，只是"类型"选中"图形"。

方法二：将当前对象转换为元件，执行菜单"修改→转换为元件"或按【F8】，打开"转换为元件"对话框，如图 6-10 所示，选择"图形"点击"确定"按钮。这时元件会自动存放在库中，双击该元件会进入元件的窗口，可对元件进行编辑。

第六章 Flash 动画的制作

图 6-9 "创建新元件"对话框

图 6-10 "转换为元件"对话框

（3）创建按钮元件。创建按钮元件，与创建影片剪辑元件相似，只是在"类型"选中"按钮"，点击"确定"按钮后，打开按钮元件编辑时间轴线，按钮元件的结构设置由 4 帧组成，如图 6-11 所示。

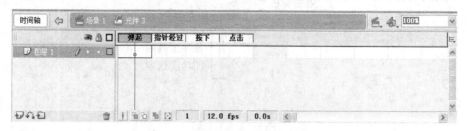

图 6-11 按钮元件编辑时间轴线

弹起：为第 1 帧，代表指针没有滑过时，按钮的外观状态，在此帧上可以制作按钮的外观图案。

指针经过：为第 2 帧，代表指针滑过时，按钮的外观状态，【F6】插入关键帧，在此帧上可以制作按钮滑过时的外观图案。

按下：为第 3 帧，代表单击按钮，按钮的外观的状态，【F6】插入关键帧，在此帧上可以制作单击按钮外观图案。

点击：为第 4 帧，定义将响应鼠标单击的区域（最好是实心的），这一片区域在影片中是看不到的。一般定义为第 1 帧按钮的大小，或直接复制第 1 帧粘贴到第 4 帧即可。

（三）舞台和场景

1. 舞台

舞台是 Flash 动画的主要场所空间，Flash 中的所有运动对象的动画表现都是在舞台上完成的，舞台也就是 Flash 的工作区，如图 6-2 所示，白色的区域就是 Flash 的舞台。

2. 场景

场景就是动画中一个相应独立的场所，有背景衬托，动画对象就在这样一个场所中运动或表现出来的。一个 Flash 动画文件可能包含几个场景，每个场景中又包含许多图层和帧内容。整个 Flash 动画可以由一个场景组成，也可以由几个场景组成。

在播放时，场景与场景之间可以通过交互响应进行切换。如果没有交互切换，将按照它们在场景面板中的排列顺序逐次播放。

第二节 Flash 8 常用工具与面板的使用

一、常用工具箱

工具箱好比是一个百宝箱，包含绘制、编辑图形所需的大部分工具。使用工具箱中的工具可以使绘制的图形千变万化，满足教学需要。Flash 8 工具箱如图 6-12 所示，它主要包括绘图工具、查看工具、颜色工具和选项设置工具等四部分。下面重点介绍各种绘图工具的功能和使用方法。

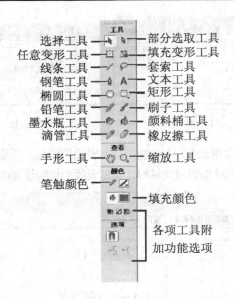

图 6-12　工具箱

（1）选择工具。用来选取对象、移动对象、修改对象。

① 可以选择全部对象，也可以选择部分对象。

② 用"选择工具"选择完对象后，按住鼠标左键拖动选取的部分，便可以移动对象。

③ 在不选中对象的情况下，移动鼠标指针至线条上，拖动线条，可以将线条扭曲，从而使选中的对象变形。将鼠标放置在线条的边角处，可以拖动边角的位置，将对象进行变形操作。

（2）部分选取工具。通过选取图形的节点和路径来改变图像的形状。

（3）任意变形工具。对图像进行旋转、缩放、倾斜、扭曲和封套等变形操作。

① 旋转与倾斜：对选取的图形进行旋转和倾斜处理。

② 缩放：对选取的图形进行缩小与放大处理。

③ 扭曲：对选取的图形进行扭曲变形。

④ 封套：单击该按钮，对象周围出现很多控制柄，拖动这些控制柄，可对对象进行更细微的变形。

（4）填充变形工具。主要是对颜色进行渐变变形操作。可以对渐变色或分离后的位图进行编辑，调整填充颜色的范围、方向、角度等属性，达到特殊的色彩填充效果。

① 单击绘图工具面板中的"填充变形工具"按钮。

② 单击要调整图形的填充色，图形周围出现调整框控制点。

③ 将鼠标指向渐变色调整框控制点，按住鼠标左键拖动渐变色调整框完成调整。

（5）套索工具。用"魔棒"工具或"多边形"来选取文字或图像。可以用来去除背景等操作。

（6）铅笔工具。绘制不规则曲线和直线。其中有 3 个选项。

① 伸直：绘制的曲线相邻节点间是以直线段连接。

② 平滑：使用该模式可使绘制的线条变得平滑。

③ 墨水：使用该模式绘制出的图形与绘制时的笔迹最接近。

（7）线条工具。绘制各种不同方向的矢量直线段。

① 单击绘图工具面板中的"线条工具"按钮。

② 将鼠标移动到场景中绘制直线的起点处，光标将变为十字形状。

③ 按住鼠标左键拖动到直线的终点即可绘制出一条直线。

（8）钢笔工具。绘制比较复杂、精度高的图形，也可作为选区工具使用。

① 单击绘图工具面板中的"钢笔工具"按钮。

② 将鼠标移动到场景中要绘制直线的起点处，光标将变为一个钢笔头形状。

③ 单击所绘线条的起点位置，移动鼠标至线条的下一个点位置处单击，相邻两点自动以直线段相连，绘出直线；继续单击其他点，将绘成一条直线段。

（9）矩形工具。绘制任意矩形、多边形和多角星形。

（10）椭圆工具。绘制椭圆和圆，还可以绘制扇形。

（11）刷子工具。给图形上色，绘制自定义形状、大小及颜色的图形。在选项区域中有调节笔刷的形状、笔刷的大小及笔刷的模式 3 个选项，如图 6-13 所示。

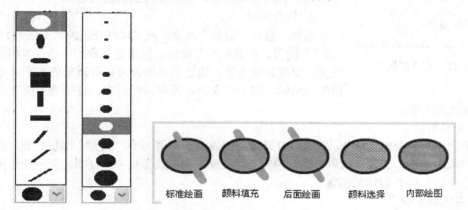

图 6-13　笔刷形状、笔刷大小、笔刷模式

（12）墨水瓶工具。给没有边框的矢量图添加边框，修改已有的线条或边框的颜色等属性。
① 单击绘图工具面板中的"墨水瓶工具"按钮。
② 在墨水瓶工具属性面板中对笔触颜色、粗细等进行设置。
③ 将墨水瓶工具移到需填充的线条上或图形的外边框上，单击鼠标完成线条填充。

（13）颜料桶工具。用于填充颜色。
① 单击绘图工具面板中的"颜料桶工具"按钮。
② 在颜料桶工具属性面板中对填充色进行设置。
③ 单击选项栏中按钮，在选择列表中选择相应的填充模式。

（14）滴管工具。用于获取已有图形颜色以及类型等的属性，它能够对矢量线、矢量图、位图和文字的属性进行复制，并将它应用到场景上不同的对象。

（15）橡皮擦工具。用于擦除图形的框线或填充。

（16）文本工具。用于动画中文字的设置与输入。

二、常用面板

1. 属性面板

属性面板是一个智能化的面板，可以显示当前文档、文本、元件、组、帧或工具等的属性和参数，在属性面板中可对当前对象的一些属性和参数进行修改。当用户未选择任何工具或所选工具没有设置项时，在"属性"面板中将显示当前文档属性。属性面板的默认内容是关于整个文档的信息，如图 6-14 所示。

图 6-14　属性面板

2. 对齐面板

使用对齐面板可以方便地对所选对象与舞台中心精确地对齐，或者使多个对象精确地相互对齐，而且可以对所选对象应用一个或多个对齐选项。对齐面板如图6-15。使用对齐面板的具体操作方法如下。

（1）选择要对齐的对象。
（2）单击"窗口→对齐"，打开对齐面板。
（3）在对齐面板中，单击相应的对齐按钮。

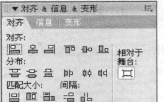

图 6-15　对齐面板

3. 信息面板

选择"窗口→信息"命令，就可以打开或关闭如图6-16所示的"信息"面板。信息面板上显示当前选定对象的一些基本信息，例如高度、宽度和颜色等。通过信息面板可以对对象的大小和位置进行精确的编辑。选中对象后，可在该面板中，直接输入位置、大小信息，从而改变对象。

4. 变形面板

选择"窗口→变形"命令，就可以打开或关闭如图6-17所示的"变形"面板。变形面板可以对选定对象的大小、旋转、倾斜等进行精确变形处理。利用该面板中"复制并应用变形按钮"我们可以制作出一些有韵律的图案。

5. 混色器面板

选择"窗口→颜色"命令，就可以打开或关闭如图6-18所示的"混色器"面板。混色器面板可以对笔触和填充的颜色进行设置。可以直接输入RGB值、十六进制值、从"颜色拾取器"中拾取颜色来创建颜色，还可以使用色调滑块拾取所需的颜色。各种混色器类型的含义如下。

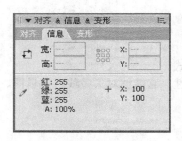

图 6-16　信息面板

图 6-17　变形面板

图 6-18　混色器面板

（1）"纯色"类型：单纯的颜色。
（2）"线性"类型：使用线性渐变。
（3）"放射性"类型：使用放射性渐变。
（4）"位图"类型：使用计算机上的图像作为填充。

第三节　Flash 动画制作

一、逐帧动画

1. 逐帧动画的概念

逐帧动画（frame by frame）是一种常见的动画形式，是由一幅幅内容相关的图像组成的连续画面,其原理是在"连续的关键帧"中分解动画动作,也就是逐帧逐帧在时间轴上绘制不同的内容,使其连续播放而成动画,它适合制作形状变化较大的动画。逐帧动画中的每一帧都是关键帧,即每一帧图形都需要由制作者制作。因此制作工作量大,而且最终输出的文件量也大,但其却具有非常大的灵活性,几乎可以表现任何想表现的内容,适合于表现很细腻的动画。

在 Flash 中创建逐帧动画的方法可分为两种:一种方法是在 Flash 中逐帧地制作矢量分解动作,由不同的帧内容形成动画;另一种方法是从外部导入在其他绘图软件中制作出来的分解动作的连续文件,如 Gif 序列图。下面结合实例介绍创建逐帧动画的方法。

2. 逐帧动画实例一:打字效果

(1)创建一个 Flash 文档,保存名为"打字效果"。
(2)选择"文本工具",在舞台中输入数字"123456789",并设置文本属性。
(3)将输入数字两次分离,效果如图 6-19 所示。

123456789

图 6-19 两次打散后的状态

(4)在时间轴的第 2 帧处添加一个关键帧,并选择数字"9",将其删除。
(5)在时间轴的第 3 帧处添加一个关键帧,并选择数字"8",将其删除。
(6)按照先添加关键帧再删除对象的方法,依次将舞台上的数字删除,在舞台上只保留数字"1"。
(7)拖动播放头就可以很清楚地看出数字是逐个消失的,但是我们要求数字逐个出现,只需将帧进行翻转即可。
(8)按【Ctrl+Enter】组合键生成预览,观看所制作的动画。

3. 逐帧动画实例二:小鸟飞

(1)新建一个 Flash 文档(注意保存)。
(2)创建背景层,并在第 8 帧插入帧(【F5】)使帧内容延续。
(3)创建小鸟飞图层,导入"小鸟.gif"。
(4)利用"绘图纸"工具,调整对象位置,如图 6-20 所示。
(5)测试影片。

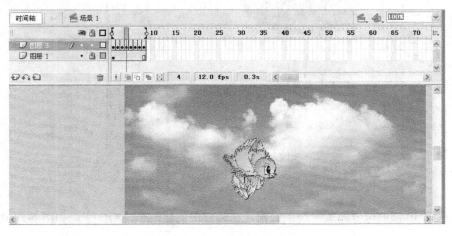

图 6-20 小鸟飞动画制作

二、补间动画

补间动画是 Flash 最基本的一种动画形式。补间动画包括形状补间动画和动作补间动画。补间动画只需要绘制起始帧和结束帧,而中间的全部帧由补间来完成,如图 6-21 所示。

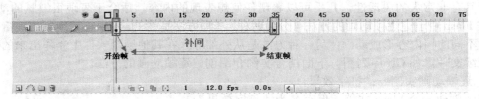

图 6-21 补间动画

1. 形状补间动画的概念

形状补间动画就是将对象变形的动画,形状补间动画只能用于属性为形状的对象,也就是说形状补间动画是针对形状变化的动画。创建方法如下。

(1) 开始帧创建一个对象的开始形状。
(2) 结束帧创建要变成的终止形状。
(3) 单击开始关键帧,在"属性"面板上单击"补间"旁边的小三角,在弹出的下拉列表中选择"形状"(或右击选择"创建补间形状")。

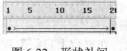

图 6-22 形状补间

形状补间动画创建好后,"时间轴"面板上关键帧之间的时间点的背景色将变为淡绿色,在起始帧和结束帧之间有一个长长的箭头,效果如图 6-22 所示。若是虚线则表示形状补间动画没有创建好,还有问题。

2. 形状补间动画实例:笑脸变哈哈

(1) 新建一个空白文档,在图层第 1 帧上利用椭圆工具在舞台中创建两个简单的笑脸,如图 6-23 所示。

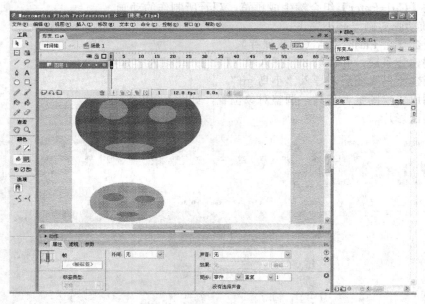

图 6-23 笑脸

(2) 在第 30 帧的位置添加一个关键帧,在舞台中创建两个"哈"字,如图 6-24 所示。

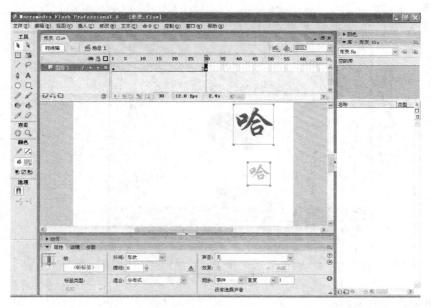

图 6-24 文字"哈"

（3）选中两个"哈"字，右击选择"分离"命令，将文字分离打散。分离后对文字可以进行适当的调整，如图 6-25 所示。

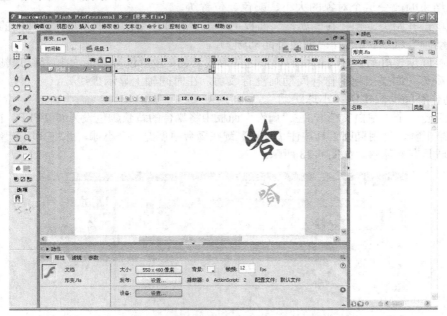

图 6-25 将文字打散

（4）在两个关键帧之间随意单击一帧，在"属性"面板中选择补间为"形状"，建立形状补间动画，如图 6-26 所示。

（5）调试并保存动画，最终效果如图 6-27 所示。

图 6-26 选择形状补间

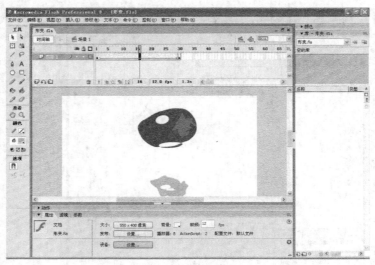

图 6-27 变形效果

3. 动作补间动画的概念

动作补间动画就是在动画中只出现同一对象的移动、缩放、旋转或变色，就是针对同一对象的移动、缩放、旋转或变色的运动。创建方法如下。

（1）开始帧创建一个对象。

（2）结束帧改变这个对象的大小、颜色、位置等。

（3）单击开始关键帧，在"属性"面板上单击"补间"旁边的小三角，在弹出的下拉列表中选择"动画"（或右击选择"创建补间动画"）。

动作补间创建好后，时间轴线的背景色变为淡紫色（淡蓝色），在起始帧和结束帧之间有一个长长的箭头（如果创建动作补间动画没有成功，在时间轴上显示虚线）。

4. 动作补间动画实例：小球跳动

（1）新建一个"空白文档"，在"属性"面板中将舞台的背景颜色设为#00FFFF，在 Flash 默认图层的第 1 帧，使用椭圆工具按住【Shift】键在舞台中创建一个小球，并将其填充色设为渐变色，使小球具有立体感，如图 6-28 所示。

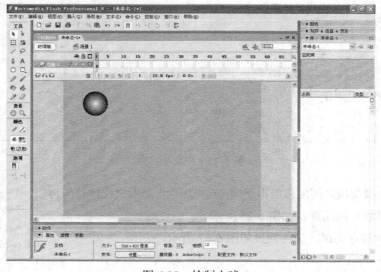

图 6-28 绘制小球

（2）在"时间轴"面板第 5 帧处右击插入关键帧，也可通过按【F6】快捷键来插入关键帧，如图 6-29 所示。关键帧在时间轴中是含有黑色实心圆点的帧。它用于定义动作变化的帧，在动画制作过程中是最重要的帧类型。在使用关键帧时不能太频繁，过多的关键帧会增加文件的大小。补间动画的制作就是通过关键帧内插的方法实现的。

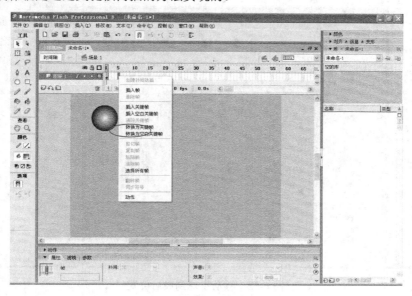

图 6-29 插入关键帧

（3）在第 5 帧选中小球，打开"属性"面板。通过"属性"面板中小球的坐标位置来控制小球的移动位置，小球向下移动时，X 轴不变，改变 Y 轴的位置，如图 6-30 所示。

（4）在时间轴上第 15 帧处添加一个关键帧，拖动小球到合适的位置，如图 6-31 所示。

图 6-30 坐标位置

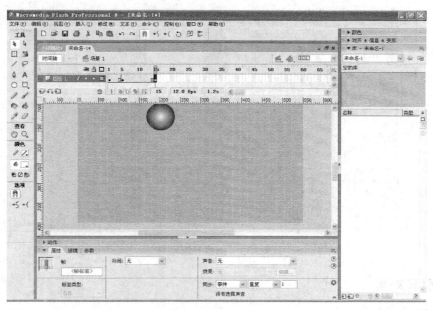

图 6-31 移动小球

（5）重复第（3）步的操作，插入关键帧以及移动小球到合适的位置，如图 6-32 所示。
（6）保存文件，调试并发布。

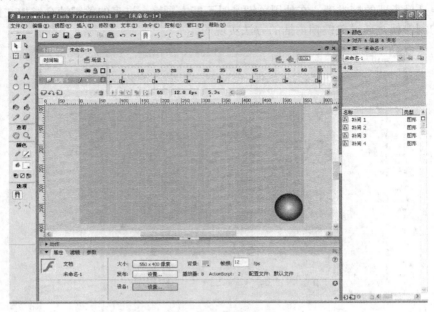

图 6-32　移动小球到最后位置

（7）为了使小球的运动更加流畅，在两个关键帧之间创建补间动画，如图 6-33 所示。小球跳动的补间动画就制作完成了。

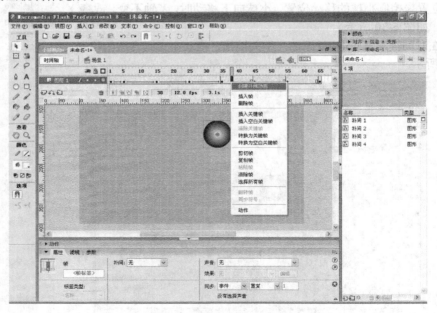

图 6-33　创建补间动画

三、引导动画

1. 引导动画的概念

在 Flash 中,将一个或多个图层链接到一个运动引导层,使一个或多个对象沿着同一路径运动的动画称为引导动画,也称为轨迹动画。这种动画可以使一个或多个元件完成曲线或不规则运动。

引导动画一般由两个图层组成:上面的一层是引导层,图标为 ;下面一层是被引导层,图标同普通图层,为 。当在普通图层上单击时间轴面板的"添加引导层"按钮 时,该图层的上面就会添加一个引导层 ,同时该普通层缩进成为被引导层。

引导动画就是使一个运动动画"吸附"在"引导线"上运动。引导层用来表明元件运行的路径,它可以是用钢笔、铅笔、椭圆工具等绘制出的线段或曲线。而被引导层中的对象要沿着引导层的引导线运动,可以使用影片剪辑、按钮、图形元件、文字等,但不能使用形状。

2. 引导动画实例:太阳、地球和月亮运动

太阳、地球和月亮三者的运动关系是:月亮沿着椭圆形轨道绕着地球旋转,地球沿椭圆形轨道绕着太阳旋转。这两个运动都是有规律的运动,都可以用运动引导层动画来实现,其中,月亮沿着椭圆形轨道绕着地球旋转是一个用运动引导层动画制作的动画元件。

(1) 在 Flash 中新建一个空白文件,设置其背景色和大小。

(2) 将图层 1 命名为"太阳",然后使用"绘图"工具栏中的"椭圆工具"按钮 ,将"笔触色"设置为"无色",将"填充色"设置为黄色到红色的放射状渐变色(也可以到"混色器"面板调节颜色);然后在编辑窗口中画一个圆(画的同时按住【Shift】键,使画出来的为圆形,而不是椭圆);最后将"对齐"面板调出来,单击"相对舞台"按钮,并分别单击水平中齐和垂直中齐按钮,使元件位于舞台中央。

(3) 制作地球、月亮两个元件。

(4) 制作月亮绕地球旋转的动画元件,这是一个运动引导层动画。考虑到视角的因素,月亮在旋转中可能被地球遮挡,所以将月亮沿旋转的轨道分为两个部分:地球正面半椭圆轨道和地球背面半椭圆轨道。在【时间轴】面板的图层设计上,正面轨道位于"地球"图层的上面,背面轨道位于"地球"图层的下面。这两部分的动画都是运动引导层动画,如图 6-34 所示。

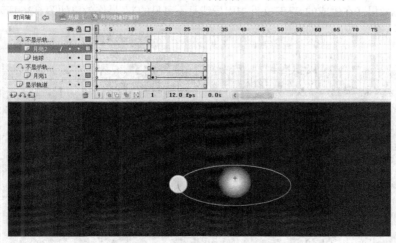

图 6-34 "月亮绕地球转"的动画元件

(5) 回到场景 1 编辑窗口,在"太阳"图层上面添加一个图层,命名为"月亮绕地球转",并把制作好的月亮绕地球旋转的动画元件拖到该图层中,在它的上面再添加一个运动引导层,作为"地球"绕太阳公转的引导层。引导层需要使用"绘图"工具栏中的"椭圆工具"按钮 绘制,在"填充色"工具栏中选择无色,在引导层中画一个椭圆,再用"变形工具"按钮 调整椭圆的大小和角度,需要留意的是最后用"橡皮擦工具"按钮 将椭圆擦去一个小缺口,如图 6-35 所示。

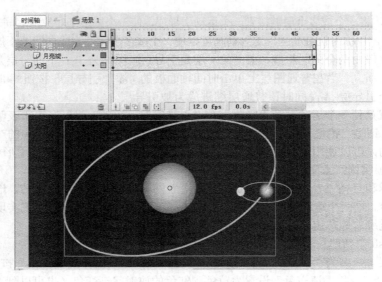

图 6-35　地球绕太阳转

（6）在"太阳"图层和引导层的第 50 帧各插入一个普通帧，使它们延长到第 50 帧。单击"月亮绕地球转"图层，选中第 1 帧，选中"月亮绕地球转"元件并把它拖到椭圆上的一个端口（上端为起点）；再在该图层的第 50 帧上按【F6】键插入一个关键帧，把"月亮绕地球转"元件拖到椭圆上的另一个端口（下端为终点）。其中，地球图形的中心一定要紧紧吸附在引导线上。这里需要注意的一点是地球绕太阳公转是沿逆时针方向转动。

（7）最后回到"月亮绕地球转"图层的第 1 帧，在"属性"面板设置"补间"为"动作"，为两个关键帧中间加入补间动画。这样"地球绕着太阳公转"的动画就做好了，可以按【Ctrl+Enter】组合键进行测试，观看动画效果（在生成的 SWF 文件中引导线是不可见的）。最终效果如图 6-36 所示。

图 6-36　动画效果

四、遮罩动画

1. 遮罩动画的概念

顾名思义,遮罩动画就是运用遮罩制作而成的动画。它通过"遮罩层"来达到有选择地显示"被遮罩层"中的内容,在一个遮罩动画中,"遮罩层"只有一个,"被遮罩层"可以有任意个。

在 Flash 中没有专门的按钮来创建遮罩层,而是由普通图层转化来的。只要在某个图层上右击,在弹出的快捷菜单中选择"遮罩",该图层就会生成一个遮罩层。层图标继而变为遮罩层图标,系统也会自动把遮罩层下面的一层关联为"被遮罩层",如果想关联更多被遮罩图层,只要把这些需被关联的图层拖到"遮罩层"下与"被遮罩层"置于一起就可以了。

同引导动画的引导线一样,遮罩层中的图形对象在播放时是看不到的。遮罩层中的内容可以是按钮、影片剪辑、图形、文字等,但不能使用线条。如果一定要用线条,必须将线条转化为"填充"。被遮罩层中的对象只能透过遮罩层中的对象才能看到。在被遮罩层中,可以使用按钮、影片剪辑、图形、文字、线条等。

2. 遮罩动画实例:地球自转

(1)新建一个 Flash 文档,设置其背景色。

(2)将图层 1 命名为"地球",通过单击"文件→导入→导入到舞台"命令,在弹出的"导入"对话框中导入两张同样的地球平面图(map.jpg),并将两张图片首尾相接,放在舞台的右边,如图 6-37 所示。

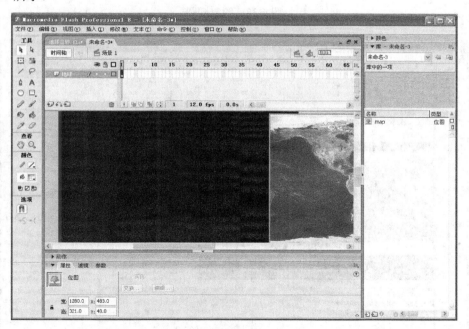

图 6-37 导入图片

(3)新建一图层将其命名为"圆形遮罩",利用圆形工具绘制一个圆,选择填充类型为"放射状";填充颜色为"蓝色";并移动图片和圆到合适的位置,如图 6-38 所示。

(4)新建一个图层将其命名为"半透明圆",复制"地球"图层舞台上的圆到"半透明圆"图层的第 1 帧,调整位置同原图形重合。

(5)选定"地球"图层,在第 50 帧的位置插入关键帧,在"圆形遮罩"和"半透明圆"图层的第 50 帧处插入帧。在"地球"图层的第 50 帧中,移动图片到圆的左边的合适位置,如图 6-39 所示。

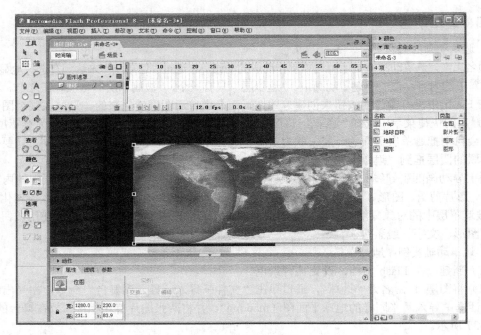

图 6-38 绘制椭圆

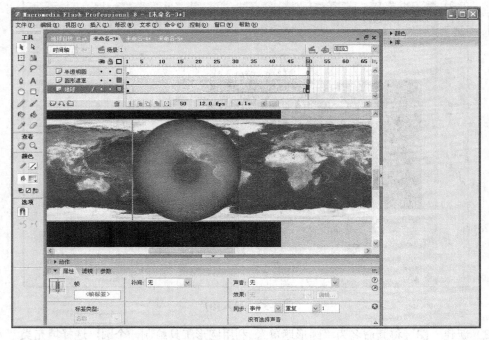

图 6-39 移动图片

（6）选中"圆形遮罩"，右击，在弹出的快捷菜单中选择"遮罩层"命令。

（7）新建一个图层，命名为"文字"，利用文本工具在舞台中输入"地球自转"。

（8）测试并保存文件，如图 6-40 所示。

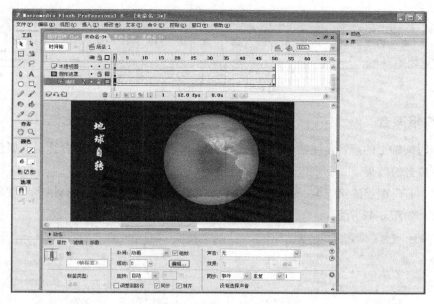

图 6-40　地球自转的效果

在 Flash 作品中，常常看到很多眩目、神奇的效果，其中不少就是用最简单的"遮罩"完成的，如水波、万花筒、百叶窗、放大镜、望远镜、探照灯等。

第四节　声画同步制作

声音是多媒体课件中的重要元素。课件中经常用到的声音类型有背景音乐、旁白、按钮上的声效等。Flash 是著名的多媒体网页动画制作软件，由于其设计的初衷是为网络应用提供多媒体集成元素，所以它对声音的支持值得称道，尤其是可以将声音做大幅度的压缩，使得 Flash 课件的文件体积很小，便于在网上使用。

一、导入声音

只有将外部的声音文件导入到 Flash 中以后，才能在 Flash 课件中加入声音效果。能直接导入 Flash 的声音文件类型主要有 WAV 和 MP3 两种格式。另外，如果系统上安装了 QuickTime4 或更高的版本，就可以导入 AIFF 格式和只有声音而无画面的 QuickTime 影片格式。

声音导入 Flash 中的方法很简单，执行菜单"文件"→"导入"→"导入到舞台"或"导入到库"，选择要导入的声音文件，单击"打开"按钮，将声音导入到库中。这样就可以在"库"面板中看到导入的声音文件，就可以像使用元件一样使用声音对象了。

二、引用声音

无论是采用导入舞台还是导入到库的方法，将声音从外部导入 Flash 中以后，时间轴并没有发生任何变化。必须在时间轴上引用声音对象，声音才能出现在时间轴上，才能进一步应用声音。

（1）为声音添加新的图层或创建一个声音元件，并选择要加入声音的关键帧，然后将"库"面板中的声音对象拖放到场景中。

（2）这时会发现"声音"图层或元件第一帧出现一条短线，这其实就是声音对象的波形起始点，任意选择后面的某一帧，按【F5】键，就可以看到声音对象的波形，如图 6-41 所示，这说明已经将声音引用到"声音"图层了，可以按一下键盘上的【Enter】键就可以听到声音了，如果想听到效果更为完整的声音，可以按下【Ctrl+Enter】组合键进行测试。

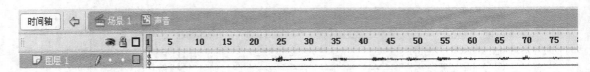

图 6-41　图层上的声音

三、编辑声音

引用到时间轴上的声音，往往还需要在声音的"属性"面板中对它进行适当的属性设置才能更好地发挥声音的效果。

选择"声音"图层的第一帧，打开属性面板，可以发现，属性面板中有很多设置和编辑声音对象的参数，如图 6-42 所示。

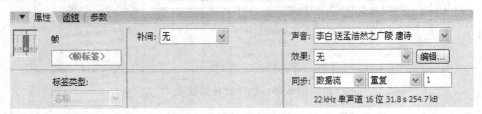

图 6-42　声音的属性面板

"声音"选项：从中可以选择要引用的声音对象，这也是另一个运用库中声音的方法。

"效果"选项：从中可以选择一些内置的声音效果，比如声音的淡入、淡出等效果。

"编辑"按钮：单击这个按钮可以进入到声音的编辑对话框中，对声音进行进一步的编辑。

"同步"选项：这里可以选择声音和动画同步的类型，默认的类型是"事件"类型，还有"开始"、"停止"、"数据流"。各选项的功能如下。

【事件】选项会将声音和一个事件的发生过程同步起来。事件与声音在它的起始关键帧开始显示时播放，并独立于时间轴播放完整的声音，即使 SWF 文件停止执行，声音也会继续播放。当播放发布的 SWF 文件时，事件与声音混合在一起。

【开始】与【事件】选项的功能相近，但如果声音正在播放，使用【开始】选项则不会播放新的声音实例。

【停止】选项将使指定的声音静音。

【数据流】选项将强制动画和音频流同步。与事件声音不同，音频流随着 SWF 文件的停止而停止。而且，音频流的播放时间绝对不会比帧的播放时间长。当发布 SWF 文件时，音频流混合在一起。

四、声音和字幕同步的制作方法

声音和动画同步效果是一个很重要的技术。在制作 Flash 多媒体课件时旁白声音和字幕的同步效果就需要用到这个技术。下面以古诗"黄鹤楼送孟浩然之广陵"为例介绍制作声音和字幕同步效果的方法。

1. 导入和引用声音

（1）新建一个 Flash 影片文档，保存名为"声画同步"。

（2）选择"文件→导入→导入到库"命令，将 5 张背景图片和古诗朗诵的声音文件导入到库中，如图 6-43 所示。

图 6-43　导入素材到库中

（3）将"图层 1"更名为"背景"。将"背景"图片拖到这个图层的第一帧。

（4）新建一图层，重命名为"声音"，将库中的声音文件拖到舞台中，并延长到380帧。在"属性"面板中设置声音的"同步"选项为"数据流"。

2. 制作声画同步诗文

（1）标题

① 新建一个图层，重命名为"标题"，用"文本输入"工具在舞台中间输入文字"黄鹤楼送孟浩然之广陵"，居中。

② 再新建一个图层，命名为"标题遮罩"。在第1帧画一个大小适中的矩形，放置在标题文字的左侧，点击任意变形工具，将中心调节至左侧，效果见图6-44。在第80帧（标题朗读结束）插入关键帧，调整矩形使它完全遮住"黄鹤楼送孟浩然之广陵"几个字，效果见图6-45。然后在第1～80帧之间添加动画补间动画。最后，将"标题遮罩"图层设置为遮罩层。这样"标题"的声音和字幕同步效果做好。

图6-44 "标题遮罩层"第1帧效果　　　　图6-45 "标题遮罩层"第80帧效果

（2）用同样的方法制作"作者"、"第一句"、"第二句"、"第三句"、"第四句"诗文和声音同步的效果。

值得注意的是，在107帧、177帧、241帧、301帧分别将"背景"图层的图片换成"第一句背景"、"第二句背景"、"第三句背景"、"第四句背景"图片。

3. 控制声画同步的播放

（1）创建"播放"和"停止"两个按钮元件。首先制作"播放按钮"元件，方法如下。

① 选择"插入→新建元件"命令，设置类型为"按钮"，命名为"播放"。

② 绘制按钮的弹起状态：在"弹起"帧中输入文字"播放"，颜色设置为绿色。

③ 绘制按钮的指针经过状态：在该帧中插入一个关键帧，将文字的颜色设置为红色。

④ 绘制按钮的按下状态：改变按钮的位置，可以向右向下移动，产生位移，实现立体感。

⑤ 在"单击"帧中用矩形工具绘制一个蓝色响应区域（响应区域的大小以文字所在区域为标准，要覆盖住所有的文字，但也不能超出文字太多）。

用同样的方法创建另一个"停止按钮"元件。

（2）回到主场景中，在"背景"图层上方新建一个图层，命名为"按钮"，用于放置"播放按钮"元件和"停止按钮"元件。

（3）添加动作语句。在主场景第1帧添加语句Stop();。

单击选中"播放按钮"，打开"动作"面板，添加如下语句：

on (release) { play(); }

单击选中"停止按钮"，打开"动作"面板，添加如下语句：

on (release) { stop(); }

（4）测试并保存文件，最后的效果如图 6-46 所示。

图 6-46 最后效果

第五节 综合实例

实例 《乌鸦喝水》活动课件的设计与制作

一、课件总体设计

《乌鸦喝水》是幼儿园大班语言活动的内容。为激发幼儿学习兴趣，将故事的意境和内容用形象而生动的动画呈现出来，采用 Flash 8 来完成动画的制作。

（一）活动设计

1．活动目标
① 理解故事内容，懂得遇到困难要动脑筋想办法的道理。
② 能够根据故事内容创编新的情节。
③ 培养幼儿的倾听能力和想象力。

2．活动过程
（1）看图片，初步感受故事内容。
＊ 教师结合图片，第一遍完整讲述故事。
提问：刚才老师讲了个什么故事，你是怎么知道的？
＊ 引出封面，书名及故事中的人物。
（2）视、听、议结合，发展幼儿的形象思维，进一步理解故事内容。
① 幼儿观看动画片，完整欣赏故事内容。
＊ "乌鸦喝不到水，它想了个什么办法？"
② 小实验操作：水位上升。
③ 同伴交流讨论：小乌鸦的办法真不错，你能像小乌鸦那样爱动脑筋，想出其他不一样的办法吗？
（3）师幼共同阅读图书，复述故事，深入故事主题，引出活动的教育意义。
＊ 交流：我们要向小乌鸦学习什么？
＊ 小结：遇到困难不要害怕，要多动脑筋多想办法。

（4）活动延伸（区角学习）。详细内容如下。

科学区——水是怎样上升的？

① 活动目标：引导幼儿感受水位上升的现象，发展幼儿的观察力。

② 活动准备：盘子、瓶子、盛物盒、记录纸、笔、抹布、汤匙 小石块、玻璃珠、沙子、白糖、盐、纸屑、泡沫等若干。

③ 活动指导：

* 出示材料，教师讲解操作的方法及要求；
* 将不同材料放入不同的瓶子中；
* 观察并记录水位上升的情况，与老师或同伴进行交流。

语言区———《乌鸦喝水》故事，找字游戏。

* 材料：图书、汉字卡片。
* 指导要点：引导幼儿阅读或创编《乌鸦喝水》故事，鼓励幼儿与同伴进行故事交流或找字游戏。

（二）课件设计

本课件根据活动设计过程，结合幼儿的认识规律、心理特点、教学内容等因素，设计了"乌鸦飞行"、"乌鸦喝水"两个小动画，使静态的画面形象地动起来，使幼儿体验乌鸦喝到水的全过程，使活动教学进入"柳暗花明又一村"的佳境。

二、动画制作过程

1. "乌鸦飞行"动画的绘制

（1）新建一个 Flash 文档，通过单击"文件"→"导入"→"导入到舞台"命令，在弹出的"导入"对话框中导入背景图（背景.jpg）导入背景图片，如图 6-47 所示。

图 6-47 "导入，对话框中导入背景图

（2）插入一个新影片剪辑元件并命名为"乌鸦飞行"，在第一个关键帧，利用椭圆工具、线条工具、选择工具绘制出一只没有翅膀的乌鸦如图 6-48 所示；再新建一个图层，命名为"翅膀"，利用椭圆工具绘制出乌鸦的翅膀（如图 6-49 所示）；在"翅膀"图层的第 5 帧处插入关键帧，利用任意变形工具，将翅膀变形；再在第 10 帧处插入帧，如图 6-50 所示。

图 6-48 绘制一只无翅膀的乌鸦　　　　图 6-49 利用椭园工具绘制翅膀

图 6-50 利用变形工具给翅膀变形

（3）回到主场景，新建图层"乌鸦飞行"，将"乌鸦飞行"影片剪辑拖放到图层里，这样就完成了乌鸦飞行过程的绘制。

2. "乌鸦喝水"动画的绘制

（1）新建一个影片剪辑元件并命名为"乌鸦喝水"。在元件中，将新建图层命名为"瓶子"，利用椭圆工具、矩形工具绘制出瓶子，如图 6-51 所示。

再新建一个图层，命名为"水"，在第 1 个关键帧处利用椭圆工具绘制出水，如图 6-52 所示。在第 20 帧处插入关键帧，利用任意变形工具和选择工具，绘制出水面上升的另一个形状，如图 6-53 所示。

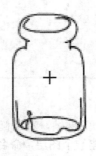 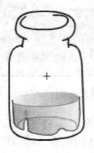 

图 6-51 绘制出"瓶子"　　图 6-52 绘制"水"的形状（一）　　图 6-53 绘制"水"的形状（二）

在元件里再新建一个图层，命名为"乌鸦"，同样利用椭圆工具、线条工具、选择工具绘制出乌鸦弯腰，张嘴捡石头等六个画面，如图6-54～图6-59所示，分别将它们放置在第1，5，8，10，14，17关键帧处，这样乌鸦捡石头的画面绘制好了；接下来，新建图层"石子"，如图6-60所示。

图 6-54 乌鸦站起

图 6-55 乌鸦弯腰

图 6-56 乌鸦弯腰张嘴

图 6-57 乌鸦弯腰张嘴抬石头

图 6-58 乌鸦抬头嘴里叼着石头

图 6-59 乌鸦抬头

图 6-60 乌鸦与瓶子画面

再新建一个图层，命名为"石头落下"，如图 6-61 所示，在第 18 帧处插入空白关键帧，绘制出一个石子掉落起始位置，在第 20 帧处插入关键帧，将石子移到瓶子底部。

然后乌鸦再捡起石子，石子再掉落，循环往复，直到水满为止，如图 6-62 所示。

图 6-61　石头在瓶子里（一）　　　　　　图 6-62　石头在瓶子里（二）

（2）回到主场景，新建图层"乌鸦喝水"，在第 30 个帧处建立空白关键帧，将"乌鸦喝水"影片剪辑拖到第 30 帧处，在第 30 帧处写入动作脚本代码 stop()；这样整个乌鸦喝水动画就绘制好了，最终效果如图 6-63 所示。

图 6-63　最终效果图

思考与实训

思考练习

1. 简述时间轴、图层、帧、关键帧、空白关键帧、库、元件的含义。
2. 简述逐帧动画、补间动画、引导动画和遮罩动画等各类动画的制作方法。

实训项目

1. 自己选择素材，分别制作逐帧动画、补间动画、引导动画和遮罩动画。
2. 自己设计制作一个学科知识点的教学动画。

学习模块三　信息化环境与教学应用

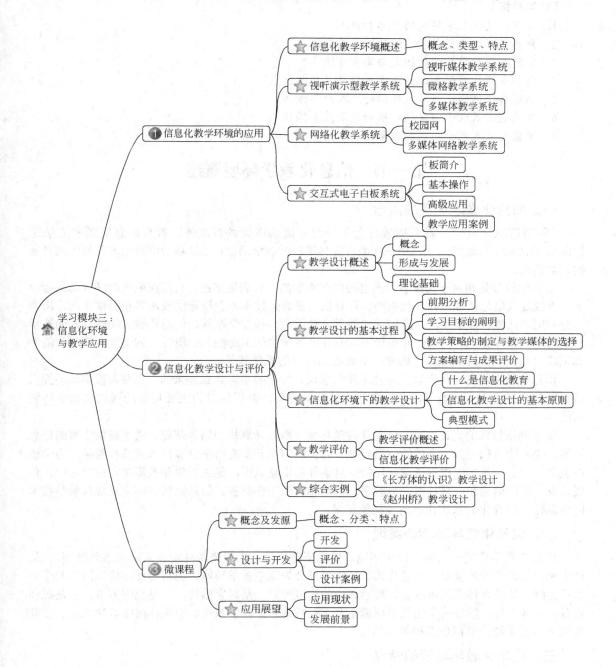

第七章　信息化教学环境的应用

【学习目标】
1. 理解信息化教学环境的概念和特点。
2. 熟悉视听演示型教学系统的特点及应用。
3. 了解微格教学系统的组成与实施方法。
4. 熟悉多媒体教学系统的基本功能及其教学特点。
5. 熟悉多媒体网络教学系统的特点及应用方式。
6. 熟悉交互式电子白板的各项功能及基本操作。
7. 掌握交互式电子白板的教学应用。

第一节　信息化教学环境概述

一、信息化教学环境的概念

"所谓信息化教学，就是指教育者和学习者借助现代教育媒体、教育信息资源和方法进行的双边活动。它既是师生运用现代教育媒体进行的教学活动，也是基于信息技术在师生间开展的教学活动。"

信息化教学是相对于传统教学而言的现代教学的一种表现形态，它是在现代教学理念的指导下，重视现代信息技术，如现代网络、计算机及多媒体技术、卫星通信技术等在教学中的作用，充分利用现代教育技术手段，应用现代教学方法调动多种教学媒体、信息资源，构建良好的教学与学习环境，并在教师的组织和指导下，充分发挥学生的主动性、积极性、创造性，使学生能够真正成为知识、信息的主动建构者，从而达到良好的教学效果。

信息化教学环境，是指以信息技术和信息设备为主要手段建立起来的，主要为教学活动提供信息和信息技术服务的教学场所、教学设施和氛围等，是以信息为主要特征的现代化教学环境系统。

随着网络技术的迅速发展，信息化教学环境一般以计算机网络为基础，通过提供丰富的信息资源、快速的信息交流、高效的信息处理、方便的信息开发应用平台等技术支持和服务，为学校以教学为中心的各项工作创造现代化的信息条件和信息氛围，促进学生和教师树立信息意识，积极开发、利用信息和信息技术，为教学、科研和管理工作服务。信息化教学环境是现代教学技术向信息化、综合化、系统化方向发展的结果。

二、信息化教学环境的类型

信息化教学环境包括物理教学环境、信息资源环境、人力资源环境及人际关系环境等。从技术和活动方式的角度看，信息化教学环境可以分为课堂教学环境、视听传播环境和网络教学环境等类型。从教育传播的角度看，教学环境的构成要素一是时空结构，二是空间容量，三是媒体装备。具体来说，学校信息化教学环境主要有视听演示型教学系统、多媒体网络教学系统、交互式电子白板系统、虚拟仿真型教学系统。

三、信息化教学环境的特点

信息化教学环境具有主体个性化、时空开放性、技术人性化等特点，特别有利于学生主动性与创造性的发挥，可以说是培养学生创造能力和信息能力最理想的教与学环境。

第二节 视听演示型教学系统

视听媒体是一种形象化的教学媒体，它能真实地再现客观事物，能以形象的方式展示客观事物。即使是非常抽象的内容，视听媒体也可以采用动画的形式来表示。视听媒体具有艺术属性，能激发人的情感，带来美的享受和扩展人的视野和体验。视听媒体可以表现运动状态和过程的教学内容、表现与时间有关的教学内容、表现与空间有关的教学内容、表现抽象的教学内容、演示实验或实验情境、向学生提供各种案例学习材料、视听媒体在某些情况下可以代替教师的教学、提供学生不能直接观察和感知的内容。

一、视听媒体教学系统

（一）教学光盘播放系统

教学光盘播放系统是我国较早的信息化教学环境，也是农远工程实施的最基本模式之一，覆盖面广，为全国约 11 万个农村小学教学点的约 510 万山村小学生提供优质教育教学资源，解决师资和教学质量较低的问题。

1．教学光盘播放系统的组成

教学光盘播放系统由电视机、DVD 播放机和成套教学资源光盘组成，如图 7-1 所示。

设备主要有 DVD 播放机和电视机。DVD 播放机和电视机的使用比较简单，播放教学光盘的方法也可以查看说明书，将教学光盘放入 DVD 播放机，将电视机设置为 AV 播放状态，按 DVD 播放机上的"播放"键，就可以看到播放出来的教学节目了。该套设备的线路连接图如图 7-2 所示。

DVD 播放机的"暂停"、"快进"、"快退"等几个功能在教学中是非常有用的。在初次使用的时候可以按说明书反复把这些功能的使用方法实践几次，做到能熟练操作，随心所欲。

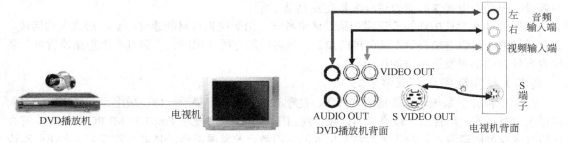

图 7-1　光盘播放模式图　　　　　图 7-2　设备线路连接图

2．教学光盘播放系统的主要功能和特点

主要功能：播放视频教学资料。

特点：简单实用；投入少，见效快；资源丰富；系统稳定，易于维护。

3．教学光盘播放系统在教学中的应用

教学光盘播放系统是用电视机呈现视听教学信息，因而视听媒体教学通常就是电视教学。教学中，可以根据教学的需要进行重放、慢放、快放、静止画面等，特别是一些激光影碟机可以定点寻找节目内容和进行人机间的交互学习活动。

电视呈现信息有声画并茂、富有动态性、表现手法丰富、感染力强等特点。在学校教育中，我们更应注意利用视听媒体在以下几方面的教学功能。

① 利用视听媒体能动态性呈现视觉和听觉信息的特点，在教学中提供丰富多彩、生动形象的感性材料，有效地弥补学生直接经验的不足。

② 利用可变时空的蒙太奇表现手法，向学生充分表现宏观和微观、瞬间和漫长的过程与事物，让学生观察、认识、理解和思考，拓宽学生的知识领域。

③ 利用电视声画并茂的特点和丰富的表现手法，激发学生的学习兴趣，调动学生的学习积极性，发展学生的观察力、想象力、思维能力和创造力。

用视听媒体和电视教材，可以组织如下的多种形式的教学活动。

（1）远距离系统教学。远距离系统教学又称主体式教学，是指采用电视和电视教材进行整门课程的远距离教学。这是我国广播电视大学采用的主要教学形式。远距离系统教学是有效扩大教育规模的好形式，但由于广播电视信息是单向传播，学生不能及时提出问题，教师也不能及时判断学生的学生情况，因而缺少反馈信息。不过将该形式与网络相结合，可有效地解决这些问题。此外，利用视频点播（video on demand，VOD），学生也可在一定程度上自主选择学习内容。

（2）互补式教学。互补式教学是指在一门课的课堂教学中，电视教学与其他媒体教学方法互为补充、各展所长的教学方式，具有灵活、方便、效果好的特点，是课堂教学中应用较广泛的形式。

（3）示范教学。示范教学是指教师在指导学生进行教学实践时，利用电视教材为学生提供示范，供学生观察仿效。比如，在实验课前利用电视展示实验的标准操作、仪器设备的使用方法等；在体育训练课前，利用电视展示优秀运动员的标准示范动作；在学生进行生产实习前，展示先进生产者的技术操作；在师范院校的学生进行教育实习前，展示优秀教师的课堂的教学实况等。通过电视示范教学，让学生带着对操作技能的深刻印象进行生产实践，可起到事半功倍的效果。

（4）微格教学。微格教学又称微型教学，是利用电视摄录媒体对学生的技能、技巧进行分段反复训练与观察，以迅速纠正其错误动作，使学生掌握正确技能、技巧的教学方法。微格教学在师范教育中已成为训练师范生教学技能的一种好形式。

（5）个别教学。个别教学是指学生借助于视听媒体进行自学。电视教材不仅提供丰富的感性材料而且有教师在屏幕内外作分析与讲解，因此利用电视进行自学要比自学文字教材有更好的学习效果。但利用电视学习难以进行人机交流是其不足。

视听媒体在学校中还被广泛用于第二课堂教学。由于电视教材的题材广泛，形式生动活泼，富有感染力，因而电视教学不仅在传递知识、培养技能方面作用巨大，而且在思想品德教育、素质教育等方面都可发挥很好的作用。

（二）校园数字广播教学系统

数字广播教学系统是集课堂语音教学、视频教学、校园广播于一体。采用目前最先进的嵌入式系统网络技术，结合当今最流行的音频、视频压缩与解压缩技术（mp3 和 MEPG 标准），符合网络技术发展的潮流，符合我国教育部倡导的远程教育的发展趋势，是未来教育信息高速公路构架的重要组成部分。

1. 数字广播教学系统组成

系统主要由中心控制室和教室组成，广播教学系统的连接如图 7-3 所示。

中心控制室：服务器一台，节目录制播音主机一台。

教室：网络终端一台、遥控器一个，音箱一个或两个。

在系统中，传声器（俗称话筒）是一种将声信号转换为电信号的换能器件。话筒的种类很多，但教学中广泛应用的是动圈话筒、电容话筒和无线话筒。

（1）动圈话筒是普遍使用的一种传声器，它主要由振动膜片、音圈、永久磁铁等组成。其工作原理是：当人们对着话筒讲话或唱歌时，声波使音圈振动，从而使音圈在磁场中振动，产生感应电信号，完成声电转换。其样式如图 7-4 所示。

（2）电容话筒的工作原理是：当声波使薄膜片振动时，平行板电容器的电容量发生变化，从而使电路中的电流发生相应变化，负载上就得到相应变化的音频电信号，从而完成声电转换。其外观如图 7-5 所示。电容传话筒的频率范围宽、灵敏度高、失真小、音质好，但结构复杂、成本高。

第七章 信息化教学环境的应用

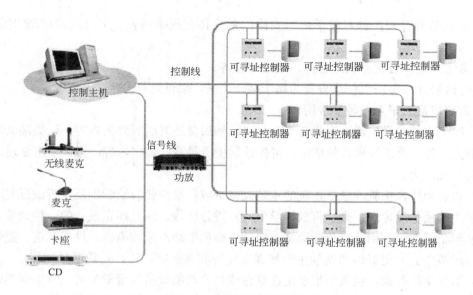

图 7-3　广播教学系统连接图

（3）无线话筒实际上是一种小型的调频发射、接收扩声系统，由小型调频无线电发射机和接收机两部分组成。发射机又由微型传声器、调频电路和电源三部分组成，无线话筒采用了调频方式调制信号，传声器把声音变换成音频电信号，通过发射机调制成调频电信号，调制后的信号经短天线发射出去，由接收机接收并还原成音频电信号输出到扩音机。接收机是专用调频接收机，无线传声器与接收机应一一对应，配套使用，不得张冠李戴，出现差错。其外观如图 7-6 所示。

图 7-4　动圈话筒　　　　　　图 7-5　电容话筒　　　　　　图 7-6　无线话筒

2．数字广播教学系统的主要功能

（1）课堂语音教学。全数字化课堂语音教学，可以进行语音授课、听力训练、听力考试等。

（2）广播功能。全数字化播音，按区打铃、放操；话筒播音，可以进行校园实时信息、通知、新闻播音；室外广播，如午间音乐、放学音乐等。

（3）播控管理功能。包括以下几项功能。

① 接收教室网络终端请求，组织、传输点播的节目。

② 多媒体节目处理：服务器将公共信息，交互点播菜单等所有的视像节目信息存储在硬盘中。

③ 计划节目管理：针对教学内容安排，系统具有预排课表、节目的定时/选时播放等功能。

④ 班级管理：设置各班级名称、地址信息等。

⑤ 分区管理：各班级任意设置为属于某一个区，以便进行分区管理。

3. 数字广播教学系统教学应用

（1）听力训练。学生通过反复听录音材料，然后复述其所听到的内容，以提高其理解、听懂的能力。如在英语等语言教学中，可先让学生听录音，理解内容，再让学生复述，可训练学生的听说能力。

（2）语音训练。由教师录下正确的示范发音带或标准声带放给学生反复听或反复跟读，然后把学生的模仿发音录下来，再放给学生听，进行比较。这是纠正发音的一种训练方法。

（3）示范朗读。利用录音范读课文，向学生提供生动形象的语言，烘托气氛，把学生带到课文的意境中去，更好地帮助学生理解课文内容和掌握字、词、句等基础知识。

（4）引导学生欣赏。由教师把示范性歌曲或自己教的歌播放给学生听，学生学唱时，教师可以进行辅导，提高学生的欣赏能力和歌唱水平。如用录音教材上欣赏课，教师可事先把歌曲或音乐录好，上课时播放给学生听，以提高学生的音乐欣赏能力，发挥学生对音乐的想象力，培养兴趣和提高感受、理解音乐的能力。

（5）文体伴音。在进行队列、体操、舞蹈等训练及其他技巧训练时，可用录音机来播放有关的乐曲，以增加艺术效果。

（6）模拟音响。用录音机录下风声、雷声、流水声、枪炮声等实际声音和模拟声，在教学中结合课文和画面进行播放，能帮助教师讲授课文中某些难以用语言描述的难点，帮助学生获得真实感，从而提高教学效果。

二、微格教学系统

（一）微格教学概述

微格教学是一种建立在现代教学理论和现代教育技术基础上，系统培训师范生和在职教师的基本技能的教学方法。原名为"micro teaching"，我国统一译为"微格教学"。微格教学有别于一般的教学技能训练。一方面，微格教学必须借助于现代教育设备（如计算机，监视、监听设备等）对整个训练过程进监视、监听以及录像记录；另一方面，微格教学的规模比较小，是一种小型化的教学技能训练活动。微格教学的创始人之一爱伦（W. Allen）教授说它是"一个缩小了的，可控制的教学环境。它使准备成为或已经是教师的人可能集中掌握某一特定的教学技能"。微格教学实际上是提供了一个练习的环境，它使相对复杂的课堂教学得以分解，从而变成一些教学分段，使综合的、复杂的、受多种因素制约的教学能力的培养，变成有清晰目标、可观察描述、可操作的单一教学技能的训练。微格教学的另一创始人布朗（G. Brown）说："微格教学是一个简化、细分了的教学，从而使学生易于掌握。"这种简化和细分主要体现在：

① 授课时间短，可以减轻受训者的压力和负担，也有利于指导教师集中精力观察、评价教学；

② 教学内容单一，每次只教一个概念或片段；

③ 训练目标单一，每次只训练一种技能，使受训者易掌握，教师易评估；

④ 参与训练的人数少，一般为10~15人，灵活而易于控制。

（二）微格教学的特征

师范生在实习之前必须先在学校里开展相应的试教训练。试教一般要经历备课、上课、评课、再上课这样一个过程，由师范生选择一个内容在教室里上课，同时有指导教师听课，课后由指导教师对整个上课过程进行点评，师范生则根据指导教师的评课意见在下一次试教时作出改进。这种试教方式往往存在多种弊端，如：没有任何教学经验的师范生一下子进入正式的教学环境，都会很难适应；一堂课中需要运用多种教学技能，师范生很难逐个把握；试教后指导教师往往会提出很多问题，师范生却没有机会立即纠正；反馈不够形象、直观等。

如果在试教时采用微格教学的形式，就能较好地克服上述弊端。相对于传统的试教训练，微格教学有以下特征。

1．理论联系实际

微格教学是建立在现代教学理论和现代教育技术基础上的教学，教育学、心理学和教学论等教学理论为微格教学的实践活动提供了理论指导。微格教学实践中的教学示范、备课写教案、角色扮演、反馈评价等一系列活动将理论教学与实践紧密结合，是教育学理论的贯彻和体现，它既体现了教学方法的改变，又体现了教学观念的更新。

2．训练目标明确

一般的课堂教学包含多种教学技能，如导入技能、板书技能、演示技能等，各教学技能相辅相成。微格教学将复杂的课程教学过程分解开来，对不同的教学技能进行科学、合理的分类，并结合实际情况进行有针对性的训练。一般每次只训练一两个技能，训练时间短，有利于确定清晰、明确的训练目标，又便于观察、操作，同时还可以快速、方便地判断训练者是否达到了训练目标。

3．重点突出

在传统的教学技能训练中，一般是以完整的一节课为时间单位进行训练的，学生要运用的教学技能和考虑的环节较多，一个环节出问题就会影响整个过程。而在微格教学训练中，学生可以将精力集中在一两个教学技能的运用上，不用考虑过多的其他因素，从而突出了重点，能使学生迅速达到训练目标。

4．反馈及时、有效

由于在微格教学训练过程中采用了录像记录的方法，训练结束后，参与训练的学生和教师通过观看录像可进行及时，有效地反馈评价。受训者通过观看自己的教学录像，可以很容易地找出许多平时自己未察觉的错误，结合指导教师和其他同学的评价，还可以获得更广泛的意见，从而得以在重教过程中加以改进。

5．有利于创新

受训者可以根据大家的评价完善和改进自己的方案，通过对教案及微格教学实践的讨论与改进，逐渐加深对相应教学技能的理解与掌握，丰富自身应用教学技能的方法。

由此可见，微格教学的运用能非常有效地提高师范生和在职教师的教学技能。目前，各师范院校都建有微格教学系统，并已相应地开展了微格教学实践活动。

(三) 微格教学系统的组成

微格教学系统是为微格教学的开展而设置的一种完全真实的教学环境。通常由多间微格教室、微格示范教室、观摩室、主控室组成。一个典型微格教学系统的设备连接和配置情况如图 7-7 所示。

1．微格教室

格教室是学生进行角色扮演的场所，室内装有白板、讲台、学生桌椅等，面积一般为 20 平方米左右，能容纳 10~15 个学生。此外，在微格教室内还配备有计算机、录像机、电视机、摄像机、话筒等设备。为了便于操作，采用计算机对室内所有设备进行集中控制，在主控室的授权下，使用者可以通过专门的计算机控制本室甚至其他教室内每台设备的主要功能，如更换电视频道、控制摄像机的方位等。学生在微格教室内进行教学训练时，整个训练情况通过监视监听系统送至主控室供教师观看。

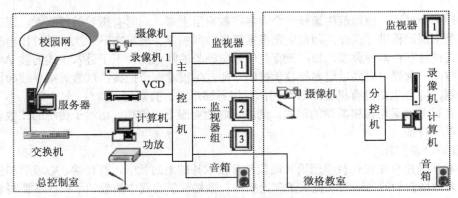

图 7-7 微格教室的设备及其连接

2. 微格示范教室、观摩室

微格示范教室是参与训练的师生开展示范教学以及进行课后重放录像、反馈评价的场所，面积与普通教室的大小相近。在微格示范教室内同样设有相应的微格教学设备，为方便示范教学活动的开展，一般还配有各种多媒体教学设备，如大屏幕投影机、视频展示台、音响设备等。在进行微格教学之前，教师可组织学生在微格示范教室观看教学示范录像或现场观摩示范课；在微格教学训练之后，则可在重放实况录像，进行点评与反馈。

观摩室主要用于现场观摩。为了方便听课而又不影响微格示范教室内的教学活动，一般采用单反射玻璃将观摩室与微格示范教室隔开，在观摩室内配有电视机与扬声器，用于监视、监听微格示范教室内的教学。

3. 主控室

主控室内装有大量的微格教学设备，主控室、示范教室以及微格教室的所有设备相互连通，构成一个完整的微格教学系统。它包括双向闭路监视监听系统、计算机网络系统、计算机控制系统等，在控制室内配有一台主控计算机，通过主控计算机，教师可以控制、操作整个微格教学系统中的任何一台设备。

教师在主控室内可以通过电视屏幕对哪个微格教室的训练情况进行实时监视监听及录像记录，并可随时对参与训练的学生进行现场指导。

随着信息技术的发展，数字化的微格教学系统应运而生。这是一个集微格教学、多媒体编辑、影视音像制作、多媒体存储、视频点播、数字化现场直播为一体的数字化网络系统。在这里，观摩和评价系统均采用计算机设备，并通过交换机连接校园网或 Internet。信息记录方式采用硬盘存储，或刻录成光盘，人们可以随时随地通过网络或光盘进行点播、测评与观摩。

（四）微格教学的实践

在正式进行微格教学训练之前，指导教师要向学生介绍微格教学的基本理论，微格教学的概念、特点、目的、作用以及微格教学设备的使用方法，各种课堂教学技能的特点及运用方法等，让学生心中有数，目的明确，然后再进行相应的教学技能训练。

微格教学的开展一般要经历如图 7-8 所示的几个步骤。

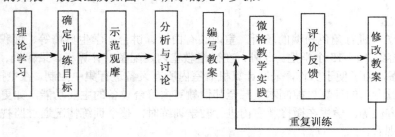

图 7-8 微格教学的步骤

（1）理论学习。在训练前，指导教师必须组织学生学习某一教学技能的理论知识，使学生对该项技能有一个全面的了解，包括该技能的特点、作用、分类、构成要素、具体运用方法等。

（2）确定训练目标。在进行微格教学训练之前，指导教师首先应该向学生讲清楚本次教学技能的训练的具体目标、要求，以及该教学技能的类型、作用、功能和典型事例运用的一般原则、使用方法及注意事项。

（3）观摩示范。教师针对该项技能选择不同角度、水平的教学示范录像带让学生观摩，或是组织教师或学生进行实地上课示范。示范可以是正面的，也可以是反面的；示范的内容可以是一堂课的全过程，也可以是课堂教学的某一片段。示范要突出重点，内容要多样化；所有的示范都要体现同一个教学技能。

（4）分析与讨论。在观摩示范片（带）或教师的现场示范后，组织学生进行课堂讨论，分析示范教学的成功之处及存在的问题，并就"假使我来教，该如何应用此教学技能"展开讨论。通过大家相互交流、沟通，集思广益，酝酿在这一课题教学中应用该教学技能的最佳方案，为下一步编写教案做准备。

（5）编写教案。学生结合指定教材或自选内容，针对该项教学技能的应用进行备课。所备的课一般为5～10分钟的一个教学片段。备课时应重点考虑教学技能的运用，因为教学内容主要是为教学技能的运用提供一个载体，因此在开展微格教学训练时，应与教育学、教材教法课的教学结合起来，指导教师要帮助学生理解、分析教材，是学生熟练掌握教学内容，以便有利于教学技能的运用。

（6）微格教学实践。参加训练的学生被分成几组，每组约5～10人，进入相应的微格教室组成一个微型课堂，分别扮演教室角色和学生角色（学生角色可同时兼任教学评价人员），指导教师则在主控室内操作微格教学设备，担任教学评价和指导工作。

微格教学的中心环节是角色扮演。在微型课堂上，扮演教师角色的学生根据课前的准备开展教学，一般为某一个教学片断或某一种技能的具体运用，时间为5～10分钟。为保证训练效果，参与训练的学生必须迅速地进入相应的角色。

在进行角色扮演时，可利用微格教室内的录像设备将教师角色和学生角色的行为准确地记录下来，以便反馈给学生。在录像记录的同时，兼任教学评价人员的学生以及指导教师也可以用文字的形式加以记录。

（7）评价反馈。评价反馈是微格教学中最重要的一步。在教学结束后，必须及时组织学生重放教学实况录像或进行视频点播，由指导教师和学生共同观看。先由试讲人进行自我分析，检查实践过程是否达到了自己所设定的目标，是否掌握了所培训的教学技能，指出有待改进的地方，也就是"自我反馈"。然后指导教师和小组成员对其教学过程进行集体评议，找出不足之处，教师还可以对其需改进的问题进行示范，或再次观摩示范录像带（片），以利于受训者进一步改进、提高。

（8）修改教案。评价反馈结束后，受训者需修改、完善教案，再次实践。在单项教学技能训练告一阶段后，要有计划地开展综合教学技能训练，以实现各种教学技能的融会贯通。

随着教育教学改革的开展，以及多媒体、网络在教学中应用的逐渐深入，微格教学训练的项目和评价也应当随之发展与深入。例如，可以将多媒体视听技术、网络技术等应用于师范类学生或在职教师的教学技能训练；除了传统的微格训练项目，还应增加现代教学媒体操作、多媒体课件演示、网络信息获取及交互控制等技能的训练，以适应教育信息化的发展需要。

三、多媒体教学系统

以多媒体计算机为代表的多媒体技术的快速发展及其在教学中的广泛运用，极大地推动了教学的发展。目前各级各类学校普遍开展了以计算机为主的多媒体教学，这种教学形式能克服以往传统教学形式的局限，把课堂教学水平提高到一个新的层次，而多媒体教室则为这种教学形式的实施提供了必要的教学环境。

多媒体教室也称多媒体演示室，是根据现代教育教学的需要，将多媒体计算机、投影、录音、录像等现代教学媒体结合在一起而建立起来的综合教学系统。它能使教师方便、灵活地应用多种媒体实施多媒体组合教学，可使教学过程更加符合学生的认知、理解和记忆规律，从而提高教学效果和效率。

（一）多媒体教室的主要功能

多媒体教室一般有以下功能。
（1）连接校园网络和 Internet，使教师能方便地调用丰富的网络资源，实现网络联机教学。
（2）连接闭路电视系统，充分发挥电视媒体在教学中的作用。
（3）演示各类多媒体教学课件，开展计算机辅助教学。
（4）播放录像、VCD、DVD 等视频教学资料。
（5）利用视频展示台展示实物、模型、图片、文字等资料。
（6）能以高清晰、大屏幕投影仪显示计算机信息和各种视频信号。
（7）用高保真音响系统播放各种声音信号。
（8）具备多路信号输入输出功能，扩展性强，可随时方便地接入其他教学设备。
（9）具有集中控制功能，可利用计算机软件、红外线遥控器以及控制面板对系统任一媒体的主要功能进行集中控制，操作方便。
（10）可以对灯光、银幕、窗帘等实行统一控制。

（二）多媒体教室的构成

一个由多媒体计算机与各种视音频设备组成的、由中央控制系统集成控制的多媒体系统结构框图如图 7-9 所示。该系统与校园计算机网、闭路电视网连接，系统中的多媒体计算机不仅发布各种教学信息，还可以作为中控系统的操作平台。各种不同类型的教学资源通过相应媒体送入中央控制系统，然后通过计算机软件界面或桌面按键面板或遥控器进行操作控制，完成各种信号之间的切换，实现对视、音频设备的全面控制。在这个多媒体系统中，教师能通过直观、简便的操作，以人机对话的方式调用各种教学资源。

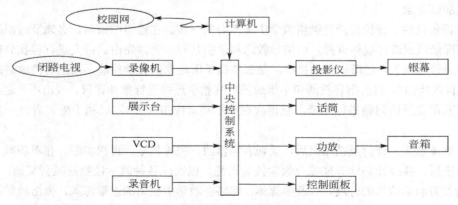

图 7-9　多媒体教室系统结构框图

1. 中央控制系统

整个多媒体教室中的全部媒体设备都由中央控制系统集中管理控制。该系统采用单片机多机通信技术和系统集成技术，将被控设备的各种操作功能按照用户实际操作要求进行组合处理，然后将其具体对每一媒体或设备的操作过程集成一体。目前，一些中央控制系统还具备远程控制、状态反馈的网络型集中控制系统，该系统可将多媒体教室重要设备的运行状态如：投影机的工作状态、电动幕布工作位置、讲台门锁、计算机工作情况等真实或实时地传送到主控制室进行监控管理并可对教室的设备进行远程控制。

目前，中央控制系统管理下的多媒体教室设备大都采用"一键开/关"机，操作方便。上课时，教师只需将讲台门打开，按"上课"键后系统就能自动将所有设备打开，教师可直接进行上课；下课时按"下课"键，关上讲台即可离开，系统会自动遥控关闭投影仪，使电动屏幕升起来，将功放电源关闭，延时设定时间后关闭设备电源，延时几分钟后关投影机电源，最后关闭系统主机电源。这样，教师不需经过专门培训即可在教学过程中自如使用并操作各种媒体设备。

对于那些具备远程控制功能的网络多媒体教学系统，管理人员可以通过监控系统在主控室查看各个多媒体教室的设备使用情况。在授权的情况下，管理人员也可以利用校园网上的计算机实时观看教室的教学情况并可控制摄像机的各种动作。

2．多媒体计算机

多媒体计算机是多媒体教室的核心设备，在系统中既是计算机教学媒体，又是网络连接设备，可能还是中央控制系统的操作平台，由于其多数时间处于多任务工作状态，所以尽量选配运行速度快、内存大、配有声卡、网卡、光驱纠错能力强，且状态稳定可靠的多媒体计算机。因多媒体教室的计算机要适合不同课程的教学，软件的配置要兼顾不同课程的需要，最好要安装系统保护还原软件，以防由于误操作等引起的故障。

3．视频展示台

视频展示台又称实物展示仪、实物展台、文字显示台。由于视频展示台功能齐备，使用简单方便，通过投影机等输出设备，可将文字、图片、透明投影胶片、幻灯片、彩色图片及实物等放大显示出来，因此被广泛应用于教学。视频展示台除了具备幻灯机、投影器的功能外，还具有摄像机功能。下面简要介绍视频展示台的基本结构和使用方法。

（1）视频展示台的基本结构原理。视频展示台的基本构造如图 7-10 所示，主要由摄像头、照明光源、信号连接端口、控制部分等组成。

① 摄像头：摄像头的作用是将载物台上物体的影像转换成电信号，通过输出端口送给投影机或电视机。

② 照明光源：照明光源的作用是照亮被摄对象。通常有两种光源：一种是在机箱外的直射光源，主要用于照亮非透明的物体，如书刊、照片、实物等；另一种是在机箱内部的透射光源，它是用于照射透明材料，如投影片、幻灯片、玻璃器皿等。两种光源通常不能同时使用。

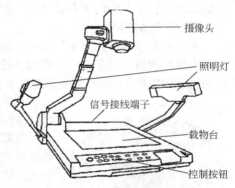

图 7-10　视频展示台

③ 信号连接端口：信号连接端口分输入输出两部分。信号输入输出端会因型号不同有所区别。常见的通常有"视/音频"端子、S 端子、VGA 端子等。

④ 控制部分：如图 7-11 所示，操作控制按钮主要有光源选择、输入选择、调焦、正负片切换等。

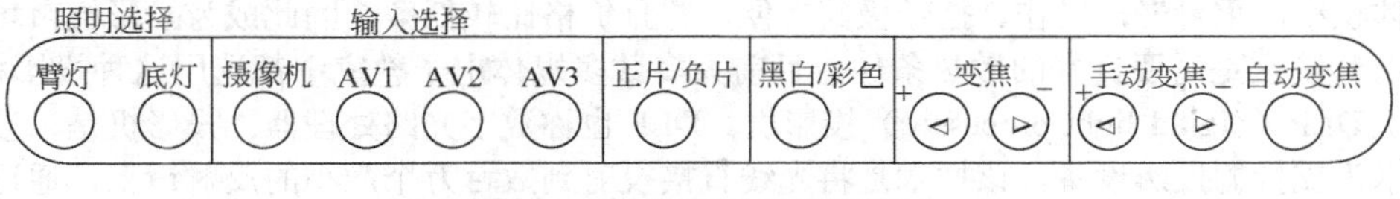

图 7-11　视频展示台控制面板

(2) 视频展示台的主要特点。

① 成像清晰。视频展台的摄像头采用单片1/3英寸的CCD，图像分辨率可达44万像素以上，可以传送清晰度达470TV线数的静止图像，使得图像的细小部分都十分清晰。同时，由于低照度技术在视频展台上的成功应用，使其即使在照度很低的环境下仍可获得清晰的图像，从而很适合在普通教室里使用。

② 调焦方便。摄像头具有先进的自动聚焦、变焦技术。自动聚焦使教师在更换展示物后不用重新聚焦，就可以获得清晰的图像；自动变焦可以很轻松地实现对演示资料或物体进行局部放大，以突出某一重点。

③ 具有多路输出输入接口。视频展台不仅可以提供投影仪、电视机使用的视频信号，还具有其他标准信号的输入输出接口，如RS-232C接口，可与计算机相连，通过计算机来控制展示台上的所有按钮，方便教学。

(3) 视频展示台的使用。视频展示台的操作步骤如下。

① 开启电源前，首先连接好视频展示台与投影机等其他配套使用的设备的连线。

② 打开投影机与展示台电源。把投影机切换为视频。

③ 把被投影对象放置于展示台摄录工作台上，根据不同的投影物，选择展示台上不同的光源。

④ 利用控制面板调节图片和实物影像，以达到最佳效果。

⑤ 如果使用时需把外接信号转换到投影仪上，只要把外接信号接到展台的输入端口，按下输入键，选择相应的"视/音频"端子（与其对应的灯亮）即可。

⑥ 计算机通过视频捕捉卡连接展示台。通过相关程序软件，可将视频展示台输出的视频信号输入计算机进行各种处理。

有些视频展示台具有画面定格（也叫帧存储）功能，即在视频展示台使用过程中，移去被投物，画面仍可保持而不消失，使展示内容从一个画面到另一个画面平滑过渡；有的展示台有存储功能，即展台设备中内置存储器，一般可存储20幅以内的图片（一般为JPEG格式）。

4. 多媒体投影机

投影机是多媒体教室中计算机、视频展示台、VCD、录像机的视频再现设备，是目前多媒体教室中价格较贵的设备之一。多媒体投影机的产品从技术角度上分为阴极射线管投影机(CRT)、液晶显示投影机(LCD)和数字光路投影机(DLP)，图7-12为一种常见的LCD投影机的实例。

(1) CRT（cathode ray tube）投影机。CRT也称三管投影机。CRT技术是一种应用广泛的成熟的投影技术，它具有显示色彩丰富、色彩还原性好、分辨率高、几何失真调节能力强、可长时间连续工作的特点，而且价格也适中。但由于本身结构的限制，使其体积大而笨重，并且不能与计算机直接驳接，必须用外加的VGA-TV转换器转换信号才能投影显示计算机输出的文字和图像信息。因此，在一般的多媒体电子教室系统中都不采用这种投影机。

图7-12　LCD投影机

(2) LCD（liquid crystal display）投影机。也就是通常说的液晶投影机。它是利用液晶的光电效应，通过电路控制液晶单元的透光率及反射率，从而产生不同灰度层次及多达$1.67×10^9$种色彩的图像。液晶是介于液体和固体之间的物质，本身不发光，工作性质受温度影响很大，其工作温度为–55～77℃。LCD投影机色彩还原较好、分辨率可达SXGA标准，体积小，重量轻，操作、携带极其方便，并且价格比较低廉，因此成为投影机市场上的主要产品；其缺点是需要良好的散热条件。目前大多数多媒体电子教室中都选用这种投影机。

(3) DLP（digital light processor）投影机。DLP也称数字光路处理器。投影机是以数字微反射器技术为支持的投影设备。该技术是将光线直接投射到数百万个微小的反射镜上，通过电路控制微镜发生角度偏转，从而产生各种色彩鲜艳的图像。

5. 教室环境

多媒体教室的环境建设要同时考虑整体环境、照明环境和声学环境等多个方面。除安放各种设备的教师讲台和学生课桌应当式样新颖、结构简洁、色调明快外，还可以在教室顶部和后部墙面采用吊装和敷设多孔纸面石膏板，利用它们和窗帘的吸音特性，有效地调整教室的吸音量，减少混响时间，以获得预期的声场效果。在照明灯光的处理中，可以将学生座位区的吊顶设计成向后逐渐升高的"锯齿"状，在"锯齿"向后的平面上安装内嵌式格栅日光灯。利用日光灯安装平面与水平面之间的夹角，使座位区的照明光线不会照射到投影屏幕上。经过这些技术处理，多媒体教室的照明方式、音质条件以及外观形态因此而构成一个和谐的整体。

（三）多媒体教室的使用

多媒体教室内配备了各种现代化的教学设备，为了保证各种设备的正常运行以及教学活动的顺利展开，在使用多媒体教学设备时应做到正确、科学的操作。

1. 使用步骤

在使用多媒体教学设备开展教学时，教室应按照以下步骤进行操作。

① 接通系统总电源。

② 接通中央控制系统电源及各设备电源。

③ 利用控制面板切换音视频信号，使银幕上显示出相应的图像并使音响系统播放相应的声音，开展教学。

④ 使用结束后应及时关闭系统。由于液晶投影机工作时会产生大量的热量，因此在关机时应先遥控关闭液晶投影机，再关计算机等其他设备；过 5 min，等液晶投影机内部散热风扇将热量全部排出并停止工作后再关闭系统总电源。

2. 控制面板的使用

典型的控制面板主要分为五个部分：环境控制、投影机控制、电源控制、设备功能控制和信号切换控制。

① 环境控制包括控制电动银幕、电动窗帘、室内灯光等。

② 投影机控制主要有投影机的电源控制及输入信号选择控制。投影计算机及数字式视频展示台的图像时可选择 RGB 信号，投影其他媒体图像时选择视频信号。

③ 电源控制包括控制系统复位及电源。

④ 设备功能控制：这部分集中了各设备的主要功能，如录像播放、选曲、音量控制等。

⑤ 信号切换控制：选中其中某一设备时，该设备的声音及图像信号就通过中央控制主机送至投影机和音响系统。

第三节　网络化教学系统

一、校园网

校园网是计算机校园信息网络的简称，它是学校信息化教学环境的基础设施，是教师和学生运用现代信息技术进行教学活动的基本条件，是学校实现现代化教学管理的物质基础，也是建立远程教育体系的前提。搞好校园网建设，构建现代化教育环境，是教育现代化的重要组成部分。21 世纪是全球信息化、网络化的时代，以现代化的教育技术手段取代旧有的落后教学手段，实现网络教学、远程教学、教育资源共享是时代的需要。

（一）校园网概念

校园网络可以说是一个发展的概念，是指利用通信媒质、网络设备和相应的协议（例如 TCP/IP 协议等）以及一些系统管理软件，将校园内计算机和各种终端设备有机地集成在一起，同时又通过防火墙（firewall）与外部的 Internet 网络连接，以用于教学、科研、学校管理、信息资源共享和远程教育等方面工作的局域网。可见，校园网络 Internet 是技术在学校教育中的一个应用范例。

（二）校园网的系统结构

校园网一般是以网络交换设备（如交换机、路由器、集线器等）为中心。通过网络传输媒质把各类网络终端（如服务器、工作站等）按一定的规则连接起来的网络系统，它是一个局域网，通常和 Internet 相连接。

1. 网络传输媒质

所谓网络传输媒质就是网络数据传输的通道，是网络物理连接的建立者，常用的有双绞线与光纤。

（1）双绞线（twisted pair）。是由两根相互绝缘的铜导线按照一定的规格互相缠绕在一起而成的网络传输介质。它的原理是：如果外界电磁信号在两条导线上产生的干扰大小相等而相位相反，那么这个干扰信号就会相互抵消。常用的无屏蔽层双绞线由 4 对双绞线和一个塑料护套构成。由于线缆的长度受到衰减的严重限制，所以在当前的技术下，传输数据的距离一般限定在 100 米范围内，双绞线是目前局域网中使用最多的传输媒质。

（2）光纤（fiber）。光纤是以光脉冲的形式来传输信号，材质以玻璃或有机玻璃为主的网络传输介质。它由纤维芯、包层和保护套组成。光纤按其传输方式可分为单模光纤（直线传播）和多模光纤（折射传播）。单模光纤较多模光纤具有更高的容量和更大的传输距离，但价格比较昂贵。光纤具有极高的传输带宽，目前技术可以 1000MbPs 以上的速率进行传输。光纤的衰减极低，抗电磁干扰能力很强，所以传输距离可达 20 公里以上，但价格高，安装复杂和精细，需要使用专门的光纤连接器和转换器。

2. 交换设备

（1）集线器（HUB）。集线器是计算机网络中连接多个计算机或其他设备的连接设备。HUB 主要提供信号放大和中转的功能，把一个端口接收的信号向所有端口分发出去，有些集线器还可以通过软件对端口进行配置和管理。通常集线器到各节点间的连接使用双绞线、光纤、同轴电缆等，端口的数量为 4~24 个不等，如果网络中计算机的数目较多，可将集线器级联使用或选用可堆叠集线器。

（2）交换机（switch）。交换机的外形与集线器很接近，也是一个多端口的连接设备。两者主要区别在于：从工作方式看，集线器采用广播模式，也就是说集线器的某个端口工作的时候，其他所有端口都能够收到信息，容易产生广播风暴。当网络规模较大时，网络性能会受到严重影响。而当交换机工作的时候，只有发出请示的端口和目的端口之间相互响应，而不影响其他端口（即点对点方式）。从带宽看，集线器不管有多少个端口，所有端口都是共享一条带宽，在同一时刻只能有两个端口传送数据，其他端口只能等待；而交换机每个端口都有一条独占的带宽，当两个端口工作时，并不影响其他端口的工作，因此，交换机的数据传送速率通常要比集线器快很多。此外，学校网络中心的核心交换机往往还具有路由功能。

（3）路由器（router）。路由器是连接多个网络或网段的网络设备，它能将不同网络或网段之间的数据信息进行"翻译"，以使它们能够相互"读"懂对方的数据，从而构成一个更大的网络。通常路由器有两大典型功能，即数据通道功能和控制功能，数据通道功能一般由硬件来完成，控制功能一般用软件来实现。

（4）网关（gateway）。网关是网络连接设备的重要组成部分，它不仅具有路由的功能，而且能对两个网络段中使用不同传输协议的数据进行互相的翻译转换，从而使不同的网络之间能进行互联。网关一般是一台专用的计算机，该机器上配置有实现网关功能的软件，这些软件具有网络协议转换、数据格式转换等功能。

3. 服务器

服务器（server）是网络上一种为客户端计算机提供各种服务的高性能的计算机。由于服务器是针对具体的网络应用而特别定制的，所以在处理能力、稳定性、可靠性、安全性、可扩展性、可管理性等方面比普通计算机要强。服务器根据其在网络中所执行的任务不同可分为：Web 服务器、数据库服务器、视频服务器、FTP 服务器、Mail 服务器、打印服务器、网关服务器、域名服务器等。上述服务器既可以安装在同一台物理服务器上，也可以分别安装在多台物理服务器上。对于小型的校园网络，网管人员往往把 Web 服务、FTP 服务、数据库服务等集于一台服务器上。

4. 防火墙

防火墙（firewall）：是指一种将内部网和公众访问网（如 Internet）分开的硬件或软件技术。防火墙对流经它的网络通信进行扫描，这样能够过滤掉一些攻击，以免其在目标计算机上被执行。防火墙还可以关闭不使用的端口，而且它还能禁止特定端口的流出通信，封锁特洛伊木马等程序。另外，它可以禁止来自特殊站点的访问，从而防止来自不明入侵者的所有通信。防火墙有不同类型，一个防火墙可以是硬件自身的一部分，如路由器，你可以将 Internet 连接和计算机都插入其中。防火墙也可以是在一个独立的机器上运行的软件，该机器作为它背后网络中所有计算机的代理和防火墙。对于直接连在 Internet 的 PC 机可以使用个人防火墙软件。

（三）校园网的基本功能

校园网是学校门户网和师生活动的平台，一般具有以下基本功能。

（1）宣传功能。拥有学校主页，作为学校的对外窗口。可以及时发布学校的活动情况，介绍宣传学校的优秀师生，介绍学校的办学理念宗旨，展示学校及师生获奖情况等。

（2）信息发布功能。学校的通知、公告及时发布在网上，让全校教师及时了解，方便学校工作的开展。

（3）素材库和资源库。校园网区别其他网站的一个重要特点就是为教育教学服务，教学资源库的建设尤其重要，只有建成方便、快捷、实用、丰富的资源库，它包括多媒体素材库、教案库、课件库、试题库、学科资料库等，让师生能找到各自需要的资源，这样才能更好地服务于教育教学，有利于教师学生的成长。

（4）网络教学平台。可以通过网站现场互动，探讨问题，解决疑问等。

（5）视频点播功能。教学工作是学校的主要工作，而课堂教学是教学工作的主阵地，如何提高课堂教学水平，优化课堂结构，就需要我们观摩优秀课例，反思、比较自己的课堂教学。视频点播能很好地帮助教师学习优秀课例，反思自己的课堂实录，不断改进自己的教学艺术，提高课堂效率。

（6）FTP 服务器。学校网站应为每位教师建立一个网络硬盘，方便教师储存、转移资料，减少了 U 盘反复插拔造成电脑交叉中毒的现象；也避免了网上邻居的系统不兼容性和不稳定性。

（7）师生展示自身特长的平台。校园网建设应该是师生展示自身特长的平台，如师生优秀文章、书画作品、电脑作品、手工制作、课件展示等。以此激发师生创作热情，成为师生自主学习提高的重要动力。

（8）拥有交流平台。校园网应该具有交互性，让师生在这个平等的交流平台发表意见、交流思想，促进教师与学生关系、领导与教师关系的和谐发展。进行教学讨论，碰撞思维火花，提高教育教学水平。

（9）邮件系统功能。将邮件放在自己的网站，方便了邮件的管理和存取。

（四）校园网的教学应用

校园网的教学应用主要体现在如下几方面。

（1）教学资源共享。师生可以通过校园网进行教育教学资料查询、下载等，教师教学和学生个性化自主学习都可获得网络资源的支持，从而大大提高了教学和学习效率。师生可以通过访问校园网上的教育教学信息库、图书资料信息库、教学管理信息库方便、快速地查询和调用教育教学信息。

（2）教师协同备课。教师可在网上开展合作，收集各种资料和数据等教学信息，开发教学软件，在网上进行学术讨论和交流学术信息。

（3）网络教学管理。利用校园网的电子邮件、文件传输、视频点播、远程教学、BBS 服务等进行信息的传输和交流。

（4）视频广播和点播。视频广播可以广播多套视频节目，实时转播优秀教师的示范课和电视节目、新闻等，从而使计算机网络全面代替闭路电视网。

二、多媒体网络教学系统

网络教室也称网络机房，是目前国内各类学校，尤其是中小学较为普遍、应用广泛的一种网络教学系统。它集普通的计算机机房、语音室、视听室、多媒体演示室等功能于一体，利用网络和多媒体技术将多台计算机及相关的网络设备互联而成，是一个小型教学网络。它为提高教学质量、建构协作化学习环境创造了良好的技术基础。

（一）网络教室的主要功能

（1）教学功能。可以利用教师视频、教师音频、外部视频、外部音频等多媒体节目源，对全部、部分或个别学生进行教学。

（2）示范功能。可以将指定学生的屏幕、话音及声音广播给全体、部分或个别学生进行示范。

（3）交互控制功能。教师可以利用键盘、鼠标对选定的学生进行遥控操作；学生也可以利用键盘和鼠标对教师或其他学生进行遥控操作；遥控过程的控制与交互可以通过相应的开关来设定。

（4）监视功能。教师可以利用手动的方式对指定学生的屏幕画面或声音进行监视；也可以利用自动的方式对全体或部分学生的屏幕和声音进行扫描监视。监视功能不影响被监视者正在进行的操作，也不会被察觉；自动监视的时间间隔可以调节。

（5）学生控制功能。教师可以对全体、部分或个别学生进行锁键、黑屏、重新启动等控制操作。

（6）分组讨论功能。教师可任意指定每 2～16 人为一组，将全体学生分为多组进行分组讨论，教师也可加入到任何一组参加讨论。

（7）电子举手功能。学生有问题提出或需要帮助时，可以按功能键进行电子举手。

（8）快速抢答功能。教师开启快速抢答功能后，学生按功能键抢答，最先按键的学生被显示。

（9）学籍管理功能。可对学生的姓名、学号、班级、年龄等学籍信息进行管理并显示在屏幕上。

（10）联机考试功能。这是一个很重要的教学反馈功能，教师选择此功能后，先可以指定一个正确答案，再通过屏幕或声音将试题发送给学生，学生按 A、B、C、D 回答，收卷后电脑立即自动批卷，教师可以马上了解学生对所学知识的掌握情况，从而对教学效果做出正确的评估。

（11）FREECHAT 功能。内部有多个语音聊天室，freechat 有两种操作模式。在教师控制模式下，教师可指定哪些学生加入哪个聊天室；在学生控制模式下，每个学生自己有权选择加入八个聊天室中的一个参加讨论。

（12）专业化网络联机考试功能。支持统一发卷、统一收卷功能，试卷内包含多道试题；支持单选、多选和复选等多种题目类型。自动批卷，自动评分；包含考试结果评估与分析系统。

（13）媒体控制功能。可直接在控制界面或控制台上对录像机、影碟机等媒体设备进行控制。

（14）数码录音功能。运行数码录音机软件后，录音机既可由教师控制，又可由学生控制。

（15）自动辅导功能。教师可依电子举手的先后顺序对学生进行逐一辅导。

（二）网络教室的构成

典型的网络教室结构如图 7-13 所示。

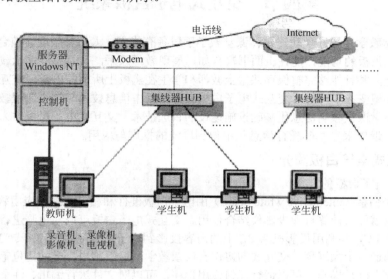

图 7-13　网络教室

1．计算机网络

网络机房通常由计算机网络和网络教学系统两部分构成，前者是一个小型局域网络，该网络可以通过代理服务器与校园网或 Internet 连接。

系统硬件的基本配置包括：学生机、教师机、集线器或交换机、服务器等设备，并通过双绞线连接。机房中的服务器可用高性能的 PC 机承担，也可用普通的 PC 服务器承担。学生用计算机除常规 PC 的配置外还需各配网卡、耳机和话筒。由于教师机经常处于多任务工作状态，所以教师机在 CPU、内存等方面的配置应高些。有条件的机房还可以加配置功放、投影仪等多媒体演示设备。

系统中学生机和教师机的操作系统一般选用 Windows，服务器的操作系统可选择 Windows2000 Server 或更高，它除存放本地的一些教学资源外，还应提供简单的 WWW、FTP、E-Mail 等常见的 Internet 应用服务。此外，服务器还应安装代理软件，使学生机用户可以通过服务器的访问校园网或 Internet，这样既可增强网络的安全性能，同时还可以进行数据流监控、过滤、记录和报告等网络管理职能。

2．网络教学系统

网络教学系统是指在计算机网络系统的基础上为开展网络多媒体教学所提供的控制系统，这类教学系统在中小学的网络机房中使用较广泛，它包括多媒体控制与教学管理两部分。

多媒体控制部分是以计算机网络系统为基础，在教师机和学生机上增加了相应的硬件控制和软件控制，它的核心技术是音频、视频信号和控制信号的传输。目前多采用软件控制，它是在计算机局域网的基础上，利用专用软件进行教学控制和数据传输，是目前网络教学系统的发展方向。常见的产品有：HiClass、LanStar、四海多媒体网络教室、红蜘蛛多媒体网络教室、赛思多媒体网络教室等。该方式无需额外的硬件设备，成本低、容易升级。但系统过于依赖于操作系统及网络性能，因此在稳定性上稍有欠缺。

教学管理部分直接支持网络机房的教学活动，它通常包含的功能有教学功能、示范功能、交互控制功能、监视功能等等，已在"网络教室的主要功能"中详细阐述，此处不再重复。

第四节 交互式电子白板系统

传统的课堂教学手段和现代多媒体课堂教学手段各有优劣。人们希望能够整合二者的长处，使其既具有普通黑板的功能，能在上面书写自如，展现教师风采，又具有能够承载丰富多彩的网络多媒体的功能，并且能够完整保存课堂上教师和学生在黑板上所写的内容。交互式电子白板的出现，使这种愿望变成了可能。交互式电子白板成为课堂中信息技术与学科课程教学整合的主流技术，成为中小学课堂教学信息化基础设施建设的首选技术。交互式电子白板作为一种新型的教育信息化装备，近年来在基础教育信息化中得到广泛的推广与应用。

一、交互式电子白板简介

1. 交互式电子白板的定义

交互式电子白板（interactive white board）由电子白板硬件和相应的白板应用软件组成。多数交互式电子白板需要与计算机和投影仪结合使用。交互式电子白板可以与电脑进行信息通信，将电子白板连接到 PC，并利用投影机将 PC 上的内容投影到电子白板屏幕上，在专门的应用程序的支持下，可以构造一个大屏幕、交互式的协作会议或教学环境。利用特定的定位笔（手指也行）代替鼠标在白板上进行操作，可以运行任何应用程序，可以对文件进行编辑、注释、保存等在计算机上利用键盘及鼠标可以实现的任何操作。其连接示意图如图 7-14 所示。

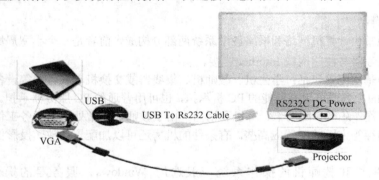

图 7-14 交互式电子白板与计算机连接示意图

2. 交互式电子白板的类型

交互式电子白板根据其实现技术不同可以分为压感型、电磁感应型、红外型、超声波型、光电耦合型这五种类型。不同类型交互式电子白板的常用性能及功能对比表如表 7-1 所示。

表 7-1 不同类型交互式电子白板的对比

交互式白板类型	压感型	电磁感应型	红外型	超声波型	光电耦合型
触摸操作	不支持	支持	支持	不支持	支持
专用笔	不需要	需要	不需要	需要	不需要
表面覆膜	需要	需要	不需要	不需要	不需要
使用耗材	无需电池	电池	无需电池	电池	无需电池
使用寿命	中	长	长	长	长

续表

交互式白板类型	压感型	电磁感应型	红外型	超声波型	光电耦合型
响应速度	慢	中	快	中	快
主材料	电阻膜	带线圈的膜	红外收发 LED	超声检测器	光检测器
教鞭操作	支持	不支持	支持	不支持	支持
定位算法依据	坐标	坐标	坐标	距离	角度
定位精度算法	模拟电压	插值计算	插值计算	距离换算	角度换算
市场比例趋势	下降	平稳	上升	下降	少
环境影响因素	划伤	划伤和电磁波	强外红外光	强噪声和温度	强光
背投影模式	差	不支持	好	好	好
同类技术	触摸屏	数字化板	触摸屏	测距仪	扫描装置
超大面积	难	难	可以实现	易	易

3．交互式电子白板的主要功能

① 具有硬笔、毛笔和荧光笔等多种样式书写功能，支持书写颜色和笔芯粗细的更换。

② 具有书写自动识别功能。

③ 具有书写版面无限漫游功能，用户可以任意拓展书写版面。

④ 具有强大的教学辅助工具，比如聚光灯、拉幕、截屏、直尺、三角板和放大缩小等，帮助提高教学质量。

⑤ 具有强大的视频标注和图片拍摄功能。

⑥ 具有图形智能识别、插入、填充、翻转和分割功能，用户可以绘制出想要的多种图形。

⑦ 支持多种应用程序文档（Office、Flash、图片等文件）的随意导入，并具实时标注和保存功能。

⑧ 支持单笔、单页、多页及整个文档的回放。

⑨ 具有操作录播功能，可以记录下用户进行的所有操作，方便资料存档和日后进行查看和更新。

二、交互式电子白板的基本操作

下面介绍白板软件的一些基本操作。

（一）主工具栏功能简介

打开电子白板软件会弹出主工具栏（图7-15）。下面介绍几种国内应用较多的交互式电子白板的主工具栏，该工具栏为用户提供了软件的常用功能按钮，用户通过点击不同功能按钮在各个功能之间进行切换。

1．IPBOARD 交互式电子白板

图 7-15　主工具栏

（1）开始菜单按钮：该按钮提供文件的新建、保存、打印，用户切换，工具，系统配置等功能。

（2）切换模式按钮：单击该按钮可使书写主窗口显示或隐藏，实现在计算机操作界面与白板页面两种模式的相互切换。

（3）屏幕批注按钮：单击该按钮可将书写主窗口透明处理，同时将主工具栏半透明化，使用户可以对桌面以及其他软件进行操作和批注并可以实现对 ppt、Word 等格式文件的批注。

（4）新建页面按钮：通过点击该按钮用户可以根据需要选择新建屏幕页、白板页、蓝板页、黑板页、背景页等五种页面。

（5）删除页面按钮：单击该按钮可删除当前页面。

（6）前翻页按钮：单击该按钮可在书写页面之间进行前翻页操作。

（7）后翻页按钮：单击该按钮可在书写页面之间进行后翻页操作。

（8）放大功能按钮：提供了使当前页面放大的功能。放大操作有两种方式：一种是单击放大按钮后，在页面上点击一次，页面将以点击位置为中心，放大 1.25 倍；另一种是在页面上拖框，操作结果是将框内对象放大至屏幕尺寸。

（9）移动按钮：单击该按钮即可随意移动页面内容到需要的地方。

（10）文本框按钮：用户可以通过文本框功能在页面上插入文字，并对文字进行修饰。

（11）局部遮挡器按钮：用户可对书写页面上需要遮挡的部分内容进行遮挡。

（12）选择按钮：该按钮用来对页面中的对象进行选取操作，根据选择对象的不同弹出不同的工具栏进行操作。

（13）橡皮擦工具：该按钮用来对页面上的对象进行不同类型的删除操作。该工具提供了三种类型的删除操作：区域删除、清页、点删除。

（14）调整宽度和线型按钮：单击该按钮可以调整笔迹的粗细及线型。

（15）调整笔画颜色按钮：单击该按钮可调整笔画对象的颜色、纹理、透明度等属性。

（16）填充颜色按钮：单击该按钮可对选中笔迹的封闭区域进行颜色或纹理图形填充，并可改变填充颜色的透明度。

（17）自定义录制按钮，单击该按钮，用户可将在白板软件中的操作过程以及过程中的语音录制成 dpb 格式的文件，通过播放键功能可观看录制文件。

（18）撤销按钮：单击该按钮可取消上一步的操作过程。

（19）重做按钮：单击该按钮可恢复"撤销"按钮取消的操作。

当用户需要使用某个功能是，只需点击所需要工具，当工具图标被淡黄色细线圈中时则表示处在该工具的功能中。注解模式下的工具条如图 7-16 所示。

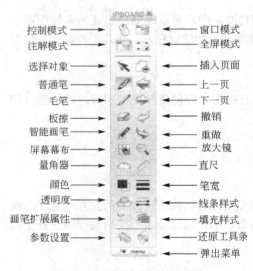

图 7-16 注解模式下的工具条

2. HiteBoard

主工具栏（图 7-17）提供开始、页面、插入、笔盒、学科工具五个功能选项卡。

（1）开始选项卡（图 7-18）中提供了软件中的常用功能按钮，如图 7-18 所示。该选项卡提供文件的新建、保存、关闭、删除，软件模式的切换，常用书写工具的编辑等常用功能。

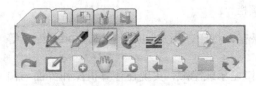

图 7-17 主工具栏

图 7-18 开始选项卡

（2）页面选项卡中提供了软件中对页面操作的常用功能，如图 7-19 所示。其中涵盖页面的新建、删除、清页，页面背景色以及背景图的改变，页面的翻页、放大、缩小、漫游、回放等常见操作。

（3）插入选项卡提供软件中插入对象的常用功能，如图 7-20 所示。该选项卡提供插入文本、媒体、矢量图形、自选图形、资源等功能。

图 7-19　页面选项卡

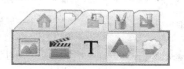

图 7-20　插入选项卡

（4）笔盒选项卡中提供了多种书写工具，如图 7-21 所示。该选项卡提供了硬笔、软笔、排笔、荧光笔、激光笔、纹理笔、智能笔、手势笔，用户可以根据需要设置笔的颜色、宽度、纹理，并可以对线头、线体、线尾进行选择。

（5）学科工具选项卡中提供了多种学科专业工具和学科通用工具，如图 7-22 所示。该选项卡提供了数学、物理、化学、语文、英语工具栏及幕布、遮屏、聚光灯、窗口播放器、抓屏、书写窗口、时钟、放大器等学科通用工具。

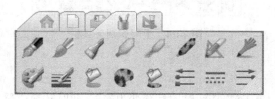

图 7-21　笔盒选项卡

图 7-22　学科工具选项卡

3．SCT BOARD（2.0 版）

SCT 的主工具条如图 7-23 所示。

（二）笔的功能

交互式电子白板提供多种笔型功能，包括普通笔、排笔、毛笔、荧光笔和纹理画笔等。选择相应的笔，设置好笔宽、颜色，即可在白板绘图区域内书写。

（1）普通笔。普通笔具有等宽的笔画的特点，适用于所有日常板书。

（2）排笔。排笔具有笔画扁平的特点，适合书写一些西方文字（比如阿拉伯文）。

（3）毛笔。毛笔可以根据书写速度自动调整笔画宽度大小，形象地模拟出毛笔书写效果。

（4）荧光笔。荧光笔是一种具有半透明效果的画笔工具，颜色鲜明，方便标注重点。

（5）纹理画笔。纹理画笔具有纹理效果，可绘制具有纹理效果的线条。

（三）手写识别功能

手写识别工具可将手写体识别成为印刷体。

单击手写识别按钮，即可弹出手写识别工具栏，如图 7-24 所示。

开始菜单：单击此按钮可以设置识别范围、设置抬笔识别等待时间及退出等。

退格：向前退一格。

删除：删除选中的文本。

回车：回车换行。

空格：在文本中插入空格。

笔色设置：设置笔的颜色。

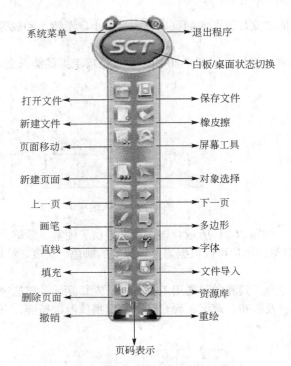

图 7-23 SCT 的主工具条

图 7-24 手写识别工具栏

笔宽设置：设置笔迹的宽度。

屏幕软键盘：打开屏幕软键盘。

手写识别：图标为 时为手写识别状态，单击 按钮时图标会变为 ，此时转换成鼠标操作状态，再次单击即可切换成手写识别状态。

单击开始按钮 ，在下拉菜单选择"退出"即可退出手写识别功能。

（四）对象编辑

1．选择对象

要对对象进行操作，需要先选中该对象，大部分和 Windows 中的文件、文件夹选中是一致的。

（1）对单个对象选取。只选择一个对象可以点击工具栏上的"选择对象"按钮。

（2）对多个对象选取。按住【Ctrl】键，点击需要选择的对象。

（3）全部对象选取。点击主菜单上的"编辑"——"全选"。

2．编辑对象

编辑对象主要介绍常用的复制、剪切、粘贴和删除操作。首先选中目标对象，再点击对象的功能菜单按钮，在弹出菜单中选择复制、剪切、粘贴和删除操作，如图 7-25 所示。

（五）页面移动及幕布的使用

教师要遮挡住不需要学生看到的板书，或者要将处于页面下方的板书拖上来让学生看得更清楚，就需要用到拉幕和页面移动功能。

1．页面移动

交互式电子白板的移动页面功能可以将当前显示的页面上下或左右移动。点击工具栏上的"移动页面"按钮即可。

2．拉幕

拉幕功能可以遮挡屏幕上的部分区域，利用它可以遮挡住教师不让学生看到的部分。点击工具栏上的"拉幕"按钮，就会弹出一块幕布将屏幕挡住，如图 7-26 所示。拉幕可以实现上下或左右拉幕，通过展示问题点及答案，先由学生思考、讨论回答后再展示正确答案，激发学生独立思考的积极性与兴趣，发展学生的探究能力。同时用户也可根据需求点击右下角的图标来设置背景的图片及背景的透明度、颜色等。

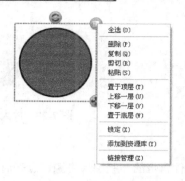

图 7-25　功能菜单按钮

图 7-26　幕布

3．黑屏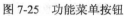

把屏幕变成黑色，上课前让学生肃静，增强课堂气氛。

（六）简单几何图形的绘制

1．直线

点击"直线"按钮，设置线条类型、线条颜色和线条粗细等属性，即可绘制直线。

2．常用的几何图形

交互式电子白板提供了多种常用的几何图形，如图 7-27 所示。

还可以画出任意角度的扇形；可以根据需要画出不同的饼状图和柱状图；画笔可以点击图标绘制各种立体几何图形，有圆锥、三棱柱、圆柱、四面体、长方体。

图 7-27　各种几何图形

（七）截图与放大

1．截屏

点击后直接跳转到电脑桌面，屏幕右下角会出现一个工具栏如图 7-28 所示。如用户以矩形框选的方式选择所需的图像区域，系统将自动将选定区域的图像添加到当前的白板页面，供用户编辑，在截屏前也可点击右下角工具按钮实现屏幕标注等功能。此功能可以随意捕获互联网、教材、幻灯片的画面，无限获得教学资源，信手拈来，大大提高老师及学生教与学的效率。

2．放大镜

放大镜（图7-29）有两种模式，可通过点击按钮进行互换，它们分别可以放大放大镜区域的内容，点击图标放大，点击图标缩小到原图大小，点击图标退出。它能突出重点内容，方便后排学生看得更清楚。

三、交互式电子白板的高级应用

（一）资源管理

交互式电子白板支持各种各样的教学资源，包括图片、声音、视频、多媒体文件、文本等等。

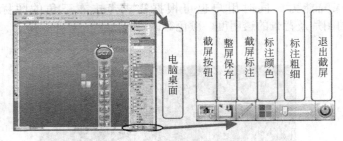

图 7-28 截屏工具栏及其功能

图 7-29 放大镜

1. 自带资源的使用

打开资源库，在屏幕左侧上方有一个公用图库，这是软件自带的一些图片资源，点开前面的加号，有常用图库、教育图库和模板。如果需使用其中的图片，直接选中后拖入页面中即可，或者点击右上角的功能菜单按钮，选择插入到页面。其中的教育图库还按学科进行了分类，模板相当于给页面添加一张背景图片。

2. 外部资源的获取和添加

自带资源库里的资料相对还是很少的，要想真正利用好电子白板还需要教师自己添加资源。随着计算机技术和网络技术的不断发展，互联网上的优秀资源越来越丰富，教师们可以通过多种方式获取需要的资源，这样不仅可以大大节省自制资源的时间和精力，同时也使学生们有更加开阔的视野。

（1）文本素材的获取和添加。文本素材的获取主要有以下几种方法。

① 点击文本 A，在页面上单击，用键盘输入文字，并进行文本编辑。

② 在其他文档中进入文字编辑状态后进行复制，切换到白板，点击文本输入框，再在工作区域内单击鼠标右键，选择"粘贴"，可将文字粘贴为文本格式后，再进行编辑。

③ 在其他文档中，进入文字编辑状态后进行复制，切换到白板，直接"粘贴"，可把文本粘贴成图片格式进行缩放。

若需要把文本素材转换为资源供以后使用的话，则可选择该文本，点击右键或者点击右上角的功能菜单按钮，选择添加到图库，该资源就添加到资源库中。

（2）图形、图像素材的获取和添加。图形、图像素材主要可以通过相机拍摄、扫描仪扫描、网上查找、软件的抓取和自己创作等方式获取。添加图片的方式有以下三种。

① 从其他文档中进行复制，并粘贴图片。

② 通过菜单栏中的"插入"→"来自文件的图库"进行图片的选择插入。

③ 通过白板的屏幕捕获工具进行图片的获取。

若想把抓取的图片保存为图片文件，可点击保存捕捉，即可保存为图片。若需要把图片素材转换为资源供以后使用的话，则可以选择该图片点击右键或者点击右上角的功能菜单按钮，选择添加到图库，该资源就被添加到资源库中。

（3）音频素材的获取和添加。音频素材的获取主要通过网上查找、CD/VCD 中截取、自己录制等方式获取。

若需要把本地电脑中的音频素材导入为白板资源的话，则可选择资源库预览中的某个文件夹右键或者点击右上角的功能菜单按钮，选择添加资源，文件类型选择 Sound，选中要导入的声音文件，点击打开则添加到资源中去了。

（4）视频素材（包括动画素材）的获取和添加。视频素材的获取主要通过网上查找、磁带、CD/VCD 中截取、自己录制等方式获取。下面重点介绍电子白板系统软件自带的 Screen Recorder

录屏软件。启动屏幕录制程序，弹出屏幕录制程序窗口。

点击红色按钮开始录制，点击停止录制，点击停止录制后会弹出保存对话框，选择保存的位置为桌面，文件名为录屏，点击保存即可。

之后若需要把视频素材导入为资源的话，则可以选择资源预览中某个文件夹右键或者点击右上角的功能菜单按钮，选择增加资源，文件类型选择 Media Files，选中要导入的视频文件，点击开始，则增添到资料中去了。

3．资源分类及管理

交互式电子白板可以使用文本、图形、图像、音频、视频、动画等多种资源，平台会自动把资源进行分类存放。但是，实际使用中一块交互式电子白板会有多位教师去使用，有些教师希望有一个自己专门的资源库，资源不仅需要按类型来分类，还需要其他分类方法，比如教师需要按每堂课分类，这样每堂课的所需资源都在一个类目里，方便以后使用。下面介绍如何给资源分类及如何管理资源。

（1）资源分类。首先介绍怎样建立自己的资源库，怎样在自己资源库中添加分类，以便对资源进行管理。

① 增加资源分类。首先打开资源库，选择某一文件夹，右键或点击右上角的功能菜单按钮，在弹出菜单中选择"增加分类"。在弹出对话框中填写分类名称，可以以教师的名字命名，如 Tom，点击"确定"完成增加分类，点击"取消"则放弃增加分类。

② 修改资源分类名。打开资源库，可看见刚才新建的 Tom 分类了，选择需要修改的资源分类，右键或者点击右上角的功能菜单按钮，在弹出菜单中选择"修改分类名"。

输入新的分类名称。确定修改后页面其他地方点击一下即可。

③ 删除资源分类。打开资源库，选中待删除的分类，右键或点击右上角的功能菜单按钮，在弹出菜单中选择"删除分类"。

点击"确定"删除该分类，点击"取消"保留该分类。

（2）资源管理。资源管理主要涉及资源的添加、删除和资源标识的修改。

① 增加资源。打开资源库，在资源库分类框中，选择需要增加资源分类，右键或者右上角的功能菜单按钮，在下拉菜单中选择"增加资源"。

点击后弹出打开对话框（选择要添加的资源类型），选择添加的文件并打开即可。

② 删除资源。打开资源库，选择需要删除的资源，右击右上角的功能菜单按钮，在下拉菜单中选择"删除资源"。

在对话框中选择"确定"删除资源，选择"取消"保留该资源。

③ 修改资源标识。打开资源库，选择需要修改标识的资源，点击右上角的功能菜单按钮，在下拉菜单中选择"修改标识"。

输入新的标识，确认修改后在页面其他地方点击一下或回车即可。

4．导入（导出）资源库

为了方便资源的异地使用，电子白板系统软件可以导入（导出）资源库，选择"资源预览"——点击图库（或其子分类），右键或者点击右上角的功能菜单按钮选择"导入（导出）资源库"。其中的模版可以导入（导出）。非管理员不允许导入资源到公共资源库，只可以在个人资源库下进行导入（导出）。

5．超链接

所谓的超链接是指向一个目标的连接关系，这个目标可以是一个网页、一个图片、一个电子邮件地址、一个文件甚至可以是一个应用程序。交互式电子白板中超链接可以链接上面所述的所有目标。教学中往往需要超链接外部资源。

（1）插入超链接。超链接有两种形式：一是直接插入超链接，二是对象插入超链接。点击主菜单上的"插入"——"超链接"即可直接插入超链接，直接插入超链接会生成默认的链接对象。

对象插入超链接则是先选中需要插入超链接的对象（参见"对象选择"），点击对象的功能菜单按钮在弹出菜单中选择"超链接"。即弹出"插入超链接"窗体。

（2）链接到网页。按照上面的步骤打开"插入超链接"窗口后，在地址栏中输入链接网页的地址。其中激活方式有两种：选择角图标激活方式时，链接区域在角图标上；而选择对象作为激活方式时，链接区域在整个文本上。

（3）链接到页面。除了链接网站，还可以链接一个文档页面。按照第一步打开"插入超链接"窗口，在页面选择框当中选择你要链接的页面。

与链接网页一样，链接到页面也有两种激活方式："角图标"和"对象"。

（4）链接到磁盘文件。同时还可以链接一个磁盘文件。按照第一步打开"插入超链接"窗口，在文件路径中点击"浏览"按钮选择你要链接的文件。

磁盘文件的链接有两种方式：快捷方式；复制到附件。快捷方式是建立一个链接，链接到需要打开的文件，该文件不保存。复制到附件则是将文件添加到文档附件中，随文档一起保存，链接到页面有两种激活方式："角图标"和"对象"。

（5）链接到文档附件。超链接还可以直接链接一个文档附件。按照第一步打开"插入超链接"窗口，在上图的列表框中选择需要链接文档的附件，其激活方式与前几种链接一样。

（二）对象的编辑

交互式电子白板上常见的对象有图片、文字、添加的动画视频等。对象的选择在前面已经提到，下面主要是针对对象的高级复制（克隆、镜像）、移动、旋转、翻转、锁定、图层、对象回放、添加到图库和顶点编辑。

1. 对象的高级复制（克隆和镜像）

高级复制指的是克隆和镜像。它们是对复制功能的扩充，是为了更方便操作而设计的一些稍微高级的操作。

（1）克隆。克隆类似于复制，功能相当于复制加粘贴。它与复制的区别是：复制需要粘贴后才会生成一个相同的对象，而克隆则是直接生成一个相同的对象出来。克隆首先要用选择工具选中所需要的对象，然后按键盘上的快捷键（[Ctrl]+[L]）或者点击右上角功能菜单按钮，在其弹出的菜单中选择"克隆"，立刻就会出现一个复制品。

（2）镜像。镜像分为水平镜像和垂直镜像。水平镜像就是复制加上水平翻转，垂直镜像是复制加垂直翻转。镜像首先要选中对象，然后点击右上角功能菜单按钮或者在选中的对象上单击右键，在弹出的菜单中选择"镜像"，在其后弹出的菜单中选择水平或垂直镜像即可。

2. 对象的移动和锁定

对象的移动主要指的是将对象移动到另外一个位置。对象的移动包括移动、旋转、翻转。对象的锁定则和对象的移动功能相反，目的是保持对象在一定的位置，防止因误操作而改变对象已设定好的位置。

（1）移动。移动最基本的理解是将对象从当前位置移动到另一个位置。移动时首先选中要移动的对象，将电子笔移动到对象上方出现✥标志，按住电子笔不放拖动，一直拖到目的位置松开即可。

（2）旋转。旋转是将一个对象绕其中心位置转动，选择对象时，若出现 ⟳，就可以对该对象实现任意旋转，如图7-30所示。选择对象时，若出现 ⟲，点击此图标可以变换角度，见图7-31。

需要旋转时，首先用选择工具选中要旋转的对象，然后点击功能菜单按钮或者在选中的对象上按住电子笔上的按钮，在弹出的菜单中选择"旋转"，在弹出的菜单中选择需要的角度即可。或者将电子笔移动到旋转点 ⟳ 、● 上，然后按住电子笔不放，以对象中心旋转或沿着其他的一端点旋转即可。

（3）翻转。翻转分为垂直翻转和水平翻转。水平翻转就是对象在水平线上沿着对象右边界线旋转180°，然后将对象摆放在原来的位置。如 b 字母经过水平翻转后变成 d；垂直翻转是对象在垂直线上沿着对象下边界线旋转180°，然后将对象摆放在原来的位置。如 b 字母经过垂直翻转后变为 p。翻转时首先选中对象，然后点击功能菜单按钮或者在选中的对象上单击右键在其弹出的菜单中选择"翻转"，在其弹出的菜单中选择水平或翻转即可。

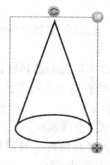
图 7-30　任意旋转
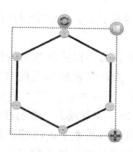
图 7-31　变换角度旋转

（4）锁定。锁定就是将对象锁定在当前区域，使其不能够被移动、翻转、旋转、镜像和组合，但是可以进行复制、粘贴等其他操作。经锁定的对象其选择框颜色将变为红色。需要锁定对象时首先选中对象，然后点击功能菜单按钮或者在选中的对象上单击右键在其弹出的菜单中选择"锁定"即可，快捷键为[Ctrl+L]。

3．对象的回放及其他操作

对象的回放是交互式电子白板的一个比较实用的功能。它可以重现之前对某个对象的编辑过程。与页面回放（页面回放将重放整个页面上多有对象的操作过程）的功能相似。对象的其他操作还有顶点编辑、图层、添加到图库、

（1）对象回放。对象回放指回放以前对该对象的所有操作，如以前的移动、缩放等。回放时需要先选中对象，然后点击功能菜单按钮或者在选中对象上按住电子笔上的按钮，在其弹出的菜单中选择"回放"即可。在回放的过程中可以根据回放控制面板，对回放过程进行控制。

（2）顶点编辑。顶点指的是几何图形的各个顶点，顶点编辑是对几何图像的形状作调整的操作（注意：非几何图像顶点编辑功能无效）。在软件中顶点为▢，只有出现▢，才能进行此项操作。如通过顶点编辑可以将直线拉长、绕另一端任意旋转，可以将梯形调整为长方形等。顶点编辑时首先选中对象，待出现带▢的编辑框后用电子笔按住▢，此时鼠标变形，拖动光标，几何图形的大小或者形状将发生改变。

（3）图层。图层指的是对象的叠放顺序，图层操作就是对对象的摆放顺序进行调整。任何一个对象都可以被看成是一个图。当多个图摆放在一起，需要调整其摆放顺序，以便能看到需要的图。可以将图上调，下调一层，或将图调到最底、最顶层。调整图层需先选中对象，然后点击功能菜单按钮或者在选中的对象上单击右键，在其弹出的菜单中选择"图层"，然后选择需要的调整。

（4）添加到图库。添加到图库是将对象作为资源存到资源库中。其中的图片对象将默认保存到用户资源库的图片类中，其他的对象将默认保存到用户的资源库讲义类里。添加图库首先选中对象，然后点击功能菜单按钮或者在选中的对象上单击右键，在其弹出的菜单中选择"添加到图库"即可。也可以先选中对象，然后在对象上按住电子笔将其拖到资源库中，这种方法的前提是，需要将资源预览打开，同时将自动隐藏功能关闭（也就是把自动隐藏前的对号去掉）。

（三）常用工具

交互式电子白板软件提供了常用工具和一些外部工具。这些工具往往能在教学中实现一些意想不到的效果。正是这些工具让交互式电子白板更加实用和方便。

1. 教学工具

教学工具基本涵盖了数学教学上常用的一些教学工具，包括计算器、量角器、直尺、圆规和三角板等。

（1）计算器。计算器可以实现简单的数学计算，也可以实现复杂的科学计算功能。交互式电子白板提供的计算器为计算机操作系统自带的计算器，启动有如下几种方式。

① 窗口模式下，点击菜单上的"工具"→"计算器"。

② 浮动工具状态（控制模式、透明注解模式、注解模式、全屏模式）下，点击"计算器"。

（2）量角器。量角器是数学、物理课堂上常用的工具，量角器可以设置其大小、形状、选择单位和刻度，同时也可以调节其透明度。量角器启动有如下几种方法。

① 窗口模式下，点击主菜单上的"工具"→"量角器"。

② 浮动工具条（控制模式、透明注解模式、注解模式、全屏模式）状态下，点击"量角器"按钮。启动后如图 7-32 所示。

使用量角器时首先启动量角器，然后将鼠标移动到量角器上，当鼠标变成 形状时，按住鼠标左键可以拖动量角器，改变其位置。当鼠标移到上出现旋转箭头时，可以拖动鼠标移动红色滑竿从而测量角度。

（3）直尺。交互式电子白板软件还提供直尺工具，由于电脑显示的尺度与现实中的物体有所区别，所以直尺提供了 5 种度量单位方便用户使用。5 种度量单位分别为像素、英寸、磅、毫米和厘米，选中某种刻度后在直尺上将会显示出来。直尺启动有如下几种方法。

① 窗口模式下，点击主菜单上的"工具"→"直尺"。

② 浮动工具条（控制模式、透明注解模式、注解模式、全屏模式）状态下，点击"直尺"按钮。

（4）圆规。在交互电子白板软件中，圆规可以用来绘制圆、扇形和圆弧。圆规的启动有如下几种方式。

① 窗口模式下，点击主菜单上的"工具"→"圆规"。

② 浮动工具条（控制模式、透明注解模式、注解模式、全屏模式）状态下，点击"圆规"按钮。

启动圆规后，如图 7-33 所示，点击图标弹出的菜单，可以设置绘制图形的类型，包括弧形或者扇形；可以设置显示半径的单位，厘米或者像素，也可以点击不显示，可以设置圆规的透明度。不用的时候可以点击，在如图 7-34 中选择"退出"。圆规笔的颜色和粗细调节同普通笔一样。

（5）三角板。交互式电子白板软件提供的三角板有 45°等腰直角三角板和 30°的直角三角板。三角板的启动有如下方式。

① 窗口模式下，点击主菜单上的"工具"→"三角板"。

② 浮动工具条（控制模式、透明注解模式、注解模式、全屏模式）状态下，点击"三角板"按钮。

启动后，点击三角板上的按钮，弹出的菜单可以设置三角板的形状为 30°或者 45°；可以设置显示单位为像素、英寸、磅、毫米、厘米；可以设置其大小和透明度。选中三角板，当光标变为形状后，可以按住鼠标左键移动三角板的位置，当光标移动到三角板的某个顶点处光标变为形状后，拖动鼠标三角板可以绕一个顶点旋转。

第七章　信息化教学环境的应用　　163

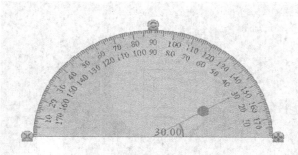

图 7-32　量角器　　　　图 7-33　圆规工具　　　图 7-34　圆规菜单

2．外部工具

用交互式电子白板上课往往需要调用外部工具，交互式电子白板的外部工具可以将常用的软件调入到电子白板软件中，使教师快速地打开这些软件而不用切换到控制模式再去打开这些应用程序。

（1）启动外部工具。启动外部工具管理（图 7-35），有如下两种方式。

① 窗口模式下，点击主菜单上的"工具"→"外部工具…"。

② 浮动工具条（控制模式、注解模式、全屏模式）状态下，点击 。

（2）增加外部工具。按照第一步的操作启动外部工具管理，在窗体左上方单击，弹出"工具编辑窗体"。

点击"…"按键，弹出工具选择窗口，双击要打开的程序执行文件或快捷方式（或选中后点击"打开"）。

选定工具的执行文件或快捷方式后，程序回到"工具编辑窗体"。填好后若选中该工具名前面的复选框，则在窗口模式下的"工具"菜单中和浮动工具条的"工具"菜单中都可以看见新增加的工具。

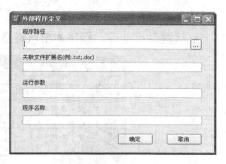

图 7-35　外部工具管理

（3）编辑外部工具。按照第一步的操作启动外部工具管理，选中要编辑的外部工具。单击窗体左上方图标，弹出"工具编辑窗体"。修改工具名和路径，点击"确定"即修改成功。

（4）删除外部工具。按照第一步的操作启动外部工具管理，选中要删除的外部工具。单击窗体左上方图标，弹出确认对话框。点击"确定"即可以删除外部工具。

3．特色工具

交互式电子白板提供了许多有特色的工具，比如探照灯等。这些工具虽然看起来功能简单，但在实际的教学中用处很大，巧妙的用法能取得不一般的效果。我们主要学习探照灯、软键盘、数字时钟、图章、刮奖刷以及屏幕录制工具的使用。

（1）探照灯（聚光灯）。探照灯可以高亮显示页面上的部分区域，可将学生的注意力集中在白板上的某一区域。启动探照灯，有如下两种方式。

① 窗口模式下，点击主菜单上的"工具→探照灯（聚光灯）"。

② 在浮动工具条（控制模式、透明注解模式、注解模式、全屏模式）状态下，点击"探照灯（聚光灯）"按钮。

探照灯启动后，页面将蒙上一层阴影，并在页面中间显示被探照灯（聚光灯）照亮的范围，如图 7-36 所示。按住照亮区域旁边的蓝色边界可以随意扩大或缩小探照灯（聚光灯）的照亮范围。点击下拉菜单按钮，可以设置照亮区域的形状，提供的形状有椭圆、三角形、矩形和五角星形等，还可以设置背景透明度、颜色等，如图 7-37 所示。

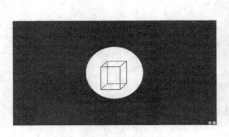
图 7-36 聚光灯示例
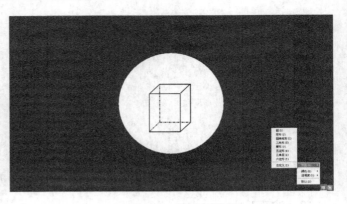
图 7-37 聚光灯设置

（2）软键盘。软键盘虚拟硬件键盘，使用户可以在白板上进行字符的输入。有了软键盘教师便可完全脱离计算机进入键盘的操作。启动软键盘有如下两种方法。

① 窗口模式下，点击主菜单上的"工具→软键盘"。

② 在浮动工具条（控制模式、透明注解模式、注解模式、全屏模式）状态下，点击"软键盘"按钮。

软键盘启动后，程序弹出软键盘窗体，如图 7-38 所示。

图 7-38 软键盘

直接点击软键盘上的按钮，其功能与硬件键盘完全相同。

（3）数字时钟。数字时钟可以显示系统时间，也可以作为计时器和倒计时钟使用。数字时钟启动有如下几种方式。

① 窗口模式下，点击主菜单上的"工具→数字时钟"。

② 浮动工具条（控制模式、透明注解模式、注解模式、全屏模式）状态下，点击"数字时钟"。

数字时钟启动后可以对时钟属性进行设置，具体有如下属性设置。

① 设置计时方式：系统时钟倒计时钟，计时时钟，点击功能菜单按钮，在弹出菜单中选择计时方式。

② 改变时钟面板大小：小面板、中面板、大面板和超大面板，点击功能菜单按钮，在弹出菜单中选择面板大小。

③ 设置时钟透明度：点击设置中的普通设置选项卡。

④ 倒计时操作：点击设置中的倒计时置选项卡。

倒计时设置包括设置倒计时的时间，设置倒计时完成后的动作，包括不执行任何操作、播放声音和运行文件。若在倒计时完成后需播放一个 ppt 文件，可先选择运行文件，再添加该 ppt 的路径。

（4）图章。图章可以方便地在页面上印出自定义的图片，印出的图片可作为课堂标记、评价标记等等。选择图章有如下两种方式。

① 在窗口模式下，点击主菜单上的"画图→图章"。

② 在浮动工具条状态（控制模式、透明注解模式、注解模式、全屏模式）下，点击"图章"按钮。

使用图章时，通过按住电子笔在软件绘图区域内点击即可。图章支持用户自定义，在窗口模式下，点击主菜单上的"画图→图章→用户自定义"。

（5）刮奖刷。刮奖刷可以实现刮奖效果，类似生活中的刮奖刷。首先需要选择刮奖区域，有如下两种方式。

① 点击主菜单上的"画图→刮奖刷→刮奖区"。

② 在浮动工具条状态（控制模式、透明注解模式、注解模式、全屏模式）下，点击"刮奖区"按钮。

使用电子笔在白板上绘制出一个矩形区域即可建立一个刮奖区域。最后选择刮奖刷有如下两种方式。

① 点击主菜单上的"画图→刮奖刷→刮奖刷"。

② 在浮动工具条状态（控制模式、透明注解模式、注解模式、全屏模式）下，点击"刮奖刷"按钮。

用电子笔在刮奖区域内刮刷即可。

（6）屏幕录制。屏幕录制工具可将电子笔在交互式电子白板上所作的所有操作以录像的形式保存下来。点击屏幕录制按钮，启动屏幕录制程序，弹出屏幕录制程序窗口。

屏幕录制程序包括文件、设置和帮助菜单，具体菜单功能描述如下。

- 文件：开始录制、暂停录制、停止录制、回放和退出。
- 视频设置：可设置视频格式、视频质量和每秒帧数。
- 音频设置：可设置录制格式和压缩格式。
- 录制音频：只有在选中的状态下才能录下音频。
- 录制光标：只有在选中的状态下才能录制光标在屏幕中的移动过程。
- 录制时隐藏：选中状态下录制的时候当前录制工具会隐藏起来，不会出现在录制画面中。

四、交互式电子白板的教学应用案例

以人教版小学语文教材五年级上册第七单元的第一篇课文《圆明园的毁灭》为例，介绍交互式白板在教学中的应用。

（一）教学目标

1. 知识与技能目标

（1）利用查阅字典、合作交流的方式学会本课字词。

（2）学习作者的写作手法（教学难点）。

2. 过程与方法目标

（1）通过有感情的朗读，体会圆明园被毁灭的悲痛心情（教学重点）。

（2）通过品词析句，关注文本的言语形式。

3. 情感态度与价值观目标

感受到国家财富被摧毁的悲痛。

（二）教学准备

① 确保交互式电子白板与计算机正常连接；

② 确保定位精确，启动白板应用软件；

③ 资源的准备。

（1）建立资源分类。首先新建一个自己的资源分类，命名为"圆明园"，一些模块所需的资源可以放到一起，在圆明园资源分类里新建几个资源分类，命名为"圆明园美景"和"珍贵文物"。资源列表如图7-39所示。

（2）制作需要的资源

① 制作需要的图片资源。"圆明园布局图"可直接使用书上的图片，用扫描仪扫描下来。之后截取所需图片部分，或者找到电子书籍直接进行截图。截图可以使用交互式电子白板软件自带的照相机功能完成。

"众星拱月"图片可以使用PPT或者是画图工具去画，比如在PPT中就很简单，使用

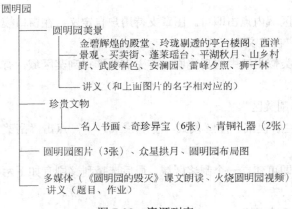

图 7-39 资源列表

艺术字、自选图形和一些文本框就可以实现这样的效果。图片制作完后将图片分别导入资源库中。

② 制作需要的文本的资源。"万园之园"圆明园，拥有金碧辉煌的殿堂、玲珑剔透的亭台阁楼、买卖街、山乡村野、安澜园、狮子林、平湖秋月、雷峰夕照、蓬莱瑶台、武陵春色、西阳景观，这些需要的文字可以事先在页面内写好后添加到相应的资源分类中去。

（3）查找需要的资源

① 查找需要的图片资源。"圆明园图片1"、"圆明园图片2"、"圆明园图片3"、"金碧辉煌的殿堂"、"玲珑剔透的亭台阁楼"和"买卖街"等图片可以直接在百度图片中搜索 http://image.baidu.com/中输入关键字就能搜索到相关的图片，找到合适的一张保存下来并导入相应的资源分类中。

② 查找需要的视频文件。"火烧圆明园"和"《圆明园的毁灭》课文朗读"的视频文件也需要课前找好。在百度 http://www.baidu.com/中输入相应的关键字就能搜索到相关的视频，找到合适的视频文件下载并导入资源库中。

（4）导入（导出）资源库。最后，将整个资源库导入（导出），命名为"圆明园"。

（三）教学过程

1.课程导入

（1）教师从资源库中把三张图片拖入页面（圆明园图片1、圆明园图片2、圆明园图片3），让学生猜猜这些图片拍的是什么地方。从资源库中拖入"'万园之园'圆明园"这几个大字，引出圆明园。

操作：找到圆明园资源库，单击打开里面的资源，里面按图片、声音、多媒体、讲义等进行了分类。

根据上面所提供的资源库列表，在左侧圆明园资源库中图片目录下找到"圆明园"三张图片资源并分别选中拖动到页面中。

（2）教师提问，"那么我们的'万园之园'圆明园到底是什么样的呢？它又怎么变成现在这样的呢？"引出所学课程《圆明园的毁灭》。

操作：新建一个页面，选择画笔工具，在白板上写下本课的题目"圆明园的毁灭"。

2．新课教学

（1）熟悉课文

① 学生默读课文，标好自然段，概括每个自然段的大意，画出带有生字的词语和读不懂的句子。教师简单总结，在白板上插入新的页面并书写板书：圆明园曾经的辉煌景观和圆明园的毁灭。

操作：新建一个页面，选择画笔工具，在白板上边讲边写总结的内容。

② 教师新建一个页面，把圆明园课文朗读拖入页面中并播放。学生听课文朗读，注意自己还不确定的词，同时思考当年的圆明园是什么样的，圆明园是怎样被毁灭的。

操作：新建一个页面，根据上面提供的资源列表，在左侧圆明园资源库中多媒体目录下找到"《圆明园的毁灭》课文朗读"资源，选中拖动到页面并播放，在页面内可直接进行播放、暂停和停止的操作。

（2）从圆明园的布局来体会它的辉煌

① 学生小组讨论圆明园是怎样的，之后教师从资源库中拖入图片"圆明园布局图"，简单解说圆明园、万春园、长春园的构成。

操作：新建一个页面，根据上面提供的资源列表，在左侧圆明园资源库中图片目录下找到"圆明园布局图"资源选中拖动到页面中。

② 教师提问"众星拱月"的意思：它说明什么？学生小组讨论，之后回答。教师新建一个页面板书：a.小园多；b.景色美。教师在白板上新建页面拖入众星拱月图片，来体现"众星拱月"的感觉。

操作：新建一个页面，选择画笔工具，在白板上边讲边写板书。再新建一个页面，根据上面提供的资源列表，在左侧圆明园资源库中图片目录下找到"众星拱月"资源选中拖动到页面中，如图 7-40 所示。

（3）通过感受圆明园的美景体现它的辉煌

① 教师有感情地朗读第三自然段，要求学生找出描写感受的句子，展开想象，之后谈谈自己想象中的圆明园是什么样的。学生交流自己想象到的圆明园的美景，各抒己见。

② 教师从资源库中拖入一些美丽的图片，金碧辉煌的殿堂、玲珑剔透的亭台阁楼、买卖街、山乡村野、安澜园、狮子林、平湖秋月、雷峰夕照、蓬莱瑶台、武陵春色、夕阳景观可分别放于不同页面中。每出示一张图片都指导学生用优美的语言描述出来。学生说完之后由教师在下面标明；之后教师再给学生从头开始呈现图片，同时念出下面的文字注解。

图 7-40　众星拱月

操作：新建一个页面，根据上面提供的资源列表，在左侧圆明园资源库中圆明园美景的图片目录下找到"金碧辉煌的殿堂"、"玲珑剔透的亭台楼阁"等资源选中分别拖动到页面中。学生描述完之后分别从资源库中圆明园美景中的讲义下找到对应的描述选中分别拖动到页面中。点击工具栏中的 ◀（上一页）和 ▶（下一页）图标切换页面，根据页面中图片引导学生记忆。

③ 学生迅速默读第二、第三自然段，谈谈为什么最后一个自然段说圆明园是"圆林艺术的瑰宝，建筑艺术的精华"。

（4）通过了解圆明园的文化体会它的辉煌

① 教师找一位学生朗读第四自然段，同学们考虑为什么文中本段最后一句说圆明园是世界上最大的博物馆、艺术馆？学生讨论回答。教师简单小结：a.东西多；b.物品珍贵；c.年代久远。

操作：新建一个页面，选择画笔工具，在白板上边讲边写板书。

② 教师把青铜礼器、名人书画、奇珍异宝等图片分别拖入页面。

操作：新建一个页面，根据上面提供的资源列表，在左侧圆明园资源库中珍贵文物中的图片下找到"名人书画"、"奇珍异宝"、"青铜礼器"等资源选中分别拖动到页面中。

③ 教师小结，引导学生再次体会圆明园曾经的辉煌。教师从资源库拖入两张现实圆明园的照片（圆明园图片1、圆明园图片2），教师提问，是谁毁了我们的圆明园？

操作：新建一个页面，根据上面提供的资源列表，在左侧圆明园资源库的图片中找到"圆明园1"、"圆明园2"资源选中分别拖动到页面中。

（5）通过交流体会圆明园是怎样被毁灭的

① 教师新建一个页面，将视频"火烧圆明园"拖入并播放。

操作：新建一个页面，根据上面提供的资源列表，在左侧圆明园资源库的图片下找到"火烧圆明园视频"资源选中拖动到页面中。

② 学生看完之后，结合第五自然段，谈谈自己的看法。

③ 教师有感情地朗读这一段，尤其是"闯进、凡是、统统、实在、任意"等词语，并作总结，补充一些历史背景资料。

④ 学生联系全文，讨论为什么课文第一段说圆明园的毁灭是祖国文化史上不可估量的损失，也是世界文化史上不可估量的损失。

3．总结

从资源库中拖入《圆明园的毁灭》课文朗读，全班一起观看视频并有感情地朗读课文。之后小组讨论，分析课文的中心思想，学生回答，教师总结。

操作：新建一个页面，根据上面提供的资源列表，在左侧圆明园资源库中多媒体目录下找到"《圆明园的毁灭》课文朗读"资源，选中并拖动到页面并播放。

作业：如果你是当时的一国之君，面对英法联军火烧圆明园的行径，你会怎么做？把你的具体想法写下来。

操作：新建一个页面，根据上面提供的资源列表，在左侧圆明园资源库中讲义下找到"作业"资源选中拖动到页面。

（案例资料来源：张际平、金踴山.交互式电子白板的原理与应用.上海：华东师范大学出版社，2010．）

思考与实训

思考练习

1．简述视频展台的操作步骤。
2．多媒体教室主要有哪些功能？中央控制系统的主要作用是什么？
3．什么是微格教学？它有哪些特点？
4．举例阐明视听演示型教学系统的教学应用。
5．微格教学应如何具体开展？
6．阐述微格教学思想在小学教学中的应用。
7．交互式电子白板由哪几部分组成？

实训项目

1．结合自身的教学经验，概括归纳在特定信息化教学环境下具体的教学组织形式，它们都适用于哪些具体教学内容，究竟该怎样使用等。在讨论的基础上请填写表7-2。

表 7-2　信息化教学环境融合实施方法记录

常见信息化教学环境	采用教学组织形式	具体使用情况（内容）	使用过程和策略

2．利用各种书写工具进行《春晓》的教学，根据具体的要求设定笔形、颜色和宽度等。具体要求如下。
（1）用不同粗细的笔写出诗歌的标题和作者；
（2）用手写识别功能黑色字写出整片诗歌内容；
（3）用红色排笔写出诗歌的生词；
（4）用蓝色手写识别功能给生词标上拼音；
（5）擦除生词，请两位同学上台根据拼音用蓝色普通笔写出生字；
（6）用荧光笔在诗歌中的重点词语做标记；
（7）用红色普通笔写出该词中所包含的问题；
（8）用蓝色普通笔解释提出的问题。

第八章 信息化教学设计与评价

【学习目标】
1. 能说明教学设计、教学设计的前期分析等基本概念的含义。
2. 了解教学设计的发展历程。
3. 掌握教学设计的基本过程。
4. 知道如何进行教学设计的前期分析。
5. 能根据教学目标等因素，正确地选择教学策略和教学媒体。
6. 掌握教学评价的概念，列举教学评价的功能及类型。
7. 了解信息化教学评价的特点。
8. 能运用信息化教学评价工具，对学习过程和学习资源进行评价。

第一节 教学设计概述

一、教学设计的概念

教学设计本是教学开发的重要组成部分，随着教学开发运动深入发展，推动了教学设计的研究。华东师范大学的章伟民、曹揆申教授在2000年编著的《教育技术学》一书中，曾这样谈到教学设计：教学设计亦称教学系统设计，是20世纪70年代初形成的一项现代教学技术，它与教育媒体、计算机教育应用一起，构成了当代教育技术学的三大研究领域，并逐渐发展成为教育技术学领域的一门独门学科，是教育技术学的最核心内容。

概括而言，教学设计是研究教学目标、制定决策计划的教学技术学科。这一定义下的教学设计具有以下一些特征。

第一，教学设计是把教学原理转换成教学材料和教学活动的计划。

第二，教学设计是实现教学目标的计划性和决策性活动。

第三，教学设计是以系统方法为指导。教学设计把教学过程各要素看成一个系统，分析教学问题和需求，确立解决的程序纲要，使教学效果最优化。

第四，教学设计是提高学习者获得知识、技能的效率和兴趣的技术过程。教学设计是教育技术的组成部分，它的功能在于运用系统方法设计教学过程，使之成为一种具有操作性的实践活动。

二、教学设计的形成与发展

教学设计是20世纪60年代首先在西方发展起来的一门新兴的实践性很强的科学，也是日益受到重视、应用范围广阔的多学科研究领域。教学设计被认为是"教育技术对整个教育科学领域具有最大理论贡献的"一个范畴，它作为知识形态要素的核心成分在教育技术学科体系中占据着核心地位。

特别是20世纪90年代以来，教学设计进入了充满挑战和发展机遇的转型发展时期。究其原因有：一是教育领域的教学设计发展现状低迷，人们在反思传统教学设计局限的同时，谋求新的发展路径；二是计算机、数学技术的产生，尤其是20世纪90年代以来网络通信技术的迅猛发展为教学设计的发展带来了崭新的前景；三是传统教学设计基本假设的客观主义受到建构主义的挑战，基于建构主义的学习理论、教学理念和教学模式逐渐兴起；四是教学设计受到了绩效技术、原型开发技术、知识管理、混沌理论、阐释学、模糊逻辑等的影响。

随着教学设计理论与实践的视野越来越广阔，教学设计成为世界各国教育技术领域的专业研究方向和各级各类师资培训的重要课程。

三、教学设计的理论基础

（一）系统理论（详见第二章第四节）

教学是一个系统，它是由一定数量的相互联系的要素有机结合起来的。因而，系统理论也是教学设计的理论基础之一，它是为教学设计提供了科学研究的方法——系统分析法。系统分析法就是把教学作为一个整体来进行设计、实施和评价的方法，使之成为具有最优功能的系统。系统的最大特点就是整体性，即各个部分有机地构成一个整体，各个环节互相关联，缺一不可，才能保证系统的有效运转。因此在进行教学设计时，应把教学过程看成一个整体，不能顾此失彼，只有各组成部分逻辑地统一、协调于系统的整体之中才能达到整体的最优化。

（二）传播理论

传播就是将信息从一个地方传播到另一个地方，传播理论研究信息的传播过程、信息的结构和形式、信息的效果和功能等。教学是教师的教和学生的学所组成的一种互动活动，是知识信息的传播活动。因此，传播理论对教学有很重要的作用，它是构成教学设计的理论基础之一，揭示了教学过程系统中各要素之间的动态联系及相互关系，描绘了教学过程系统中的信息传播过程。

用拉斯韦尔（H.D.Lasswell）的"5W"公式分析教学过程，可以看到它基本涵盖了教学设计所关心和考虑的所有重要因素。因此，在教学设计时要应用传播理论的基本思想和方法。例如：对学习者的分析，其宗旨就是要了解学习者原有的经验、兴趣和动机，以便信息发送者清楚信息接受者具备哪些经验。传播模式中的反馈是为了了解信息接受者是如何解释发出的信息，接受的效果如何。教学设计中也必须通过反馈不断了解学习者需要，以便修改教学信息，使传送的教学信息更有效。此外，传播理论也十分重视媒体的分析和选择，不同的媒体将产生不同的传播效果。教学设计也十分重视教学信息，那些通道有利于提高教学效率和效果，这是进行教学设计时必须加以考虑的。

（三）教学理论（详见第二章第二节）

我们知道教学理论的研究范围包括教学目标、教学规律、教学原则、教学内容（课程与教材）和教学方法（包括教学方法、手段、组织形式和教学评价）等诸多方面。教学理论的研究成果极为丰富，如布鲁纳的"发现教学"，斯金纳的"程序教学"，布卢姆的"掌握学习"、"教学目标分类研究"等。这些研究成果曾对学校教学工作产生极大的影响，但是实施的结果却总是不尽如人意。原因在哪里？人们发现，这些理论只对教学过程中的某一方面进行了研究和创新，如斯金纳的"程序教学"关注的是教学中的即时反馈，布卢姆的"掌握学习"理论从时间满足的角度提出了学生学业成功的条件，而布鲁纳的"发现教学"则强调人的思维能力培养的重要性。现在更多人从学生学习需要满足的角度（如"合作学习"理论）、班级学生数量的多寡、师生关系的性质（"合作教育学"理论）等诸多方面提出了改进教学的主张。但是，实践中单纯地运用其中的任何一个理论都很难对学习过程进行整体和有效的影响。

教学设计以综合利用教学理论为基础，从教学目标的确定、教学内容的选择、学习者的分析到教学反复法、教学活动程序、教学组织形式、教学评价等一系列策略的选择、运用，都充分吸收了教学理论中的精华部分。由此可以认为，教学理论的发展导致了教学设计的产生，而教学设计的诞生又使教学理论更为丰富。

（四）学习理论（详见第二章第一节）

学习理论是研究人类学习本质及其形成机制的心理学理论，它揭示的是学习的基本规律，教学设计正是为了促进学习者有效地进行学习而创造的一门科学。因而，只有了解学生学习的心理规律，探明学习的不同类型以及不同类型学习的过程和条件，才可能进行有效的教学设计。教学设计过程，无论是目标确定、学习分析，还是教学设计模式的选择，以及教学设计过程中的每一步骤的完成，都是建立在特定的学习理论基础上的。通过教学设计，学习理论的新进展能及时地转化为教学实践。人们将遵循学习理论揭示的基本规律，有效地创设教学情境，为学习者的学习提供支持。

第二节 教学设计的基本过程

一、教学设计的前期分析

教学设计工作是从三种不同的"分析"（即学习需要分析、学习内容分析、学习者分析）开始的，因为这三种分析都处在教学设计的开始阶段，所以可以把它们统称为"教学设计的前期分析"。

前期分析可以使我们了解教学设计的背景情况，搞清楚影响教学效果的各种因素之间的关系。只有这样才能有的放矢地进行教学设计，真正提高教学效率，使教学效果达到最优化。

（一）学习需要分析

1．学习需要分析的含义

学习需要是指学生目前的学习状况与期望他们达到的学习状况之间的差距，或者说，是学习者目前水平与期望学习者达到的水平之间的差距。差距指出了学习者在能力素质方面的不足，指出了教学中实际存在和要解决的问题，这正是经过教育或培训可以解决的学习需要。分析学习需要是指通过系统化的调查研究过程，发现教学中存在的问题，通过分析问题产生的原因确定问题的性质，论证解决该问题的必要性和可行性。其核心是发现问题，而不是寻求解决问题的方法。具体包括三方面的工作：一是通过调查研究，分析教学中是否存在要解决的问题；二是分析存在问题的性质，以判断教学系统设计是否是解决这个问题的合适途径；三是分析现有的资源及约束条件，以论证解决该问题的可能性。

2．怎样进行学习需要分析

学习需要分析可以分为以下四个基本步骤，在实践中可根据实际情况灵活掌握。

第一步是规划。它包括确定分析对象、选择分析方法（如内部参照法或外部参照法）、确定收集数据的技术（包括问卷、评估量表、面谈、小组会议及案卷查询）、选择参与学习需要分析的人员。

第二步是收集数据。收集数据不可避免地要考虑样本的大小和结构。样本必须是每一类对象中具有代表性的个体。此外，收集数据还应包括日程的安排以及分发、收集问卷等工作。

第三步分析数据。对收集到的数据，教学系统设计者必须进行分析，并根据经济价值、影响、某种顺序量表、呈现的频数、时间顺序等对分析的结果予以优化选择和排列。

第四步是写出分析报告。这份报告应该包括四个部分：概括分析研究的目的；概括地描述分析的过程和分析的参与者；用表格或简单的描述说明分析的结果；以数据为基础，提出建议。

3．学习需要分析中应注意的问题

（1）学习需要是指学习者的需要（即学习者的现状与期望之间存在的差距），而不是教师的需要，更不是对教学过程、手段的具体需要。

（2）获得的数据必须真实、可靠地反映学习者和有关人员的情况，它包括现在和将来应该达到的状况，切忌仅凭主观想象或感觉来处理学习需要问题。

（3）注意对参加学习需要分析的所有合作者（包括学习者、教育者、社会人士三方面）的价值观念进行协调，以取得对期望值和差距尽可能接近的看法。否则我们得到的数据将会无效。

（4）要以学习行为结果来描述差距，而不是用过程（手段），要避免在确定问题之前就急于去寻找解决的方案。

（5）需要分析是一个永无止境的过程，所以在实践中要经常对学习需要的有效性提出疑问和进行检验。

（二）学习内容分析

通过对学习需要的分析，揭示出教学（或培训）中存在的问题及其主要原因，据此确定了教学设计的课题，并提出总的学习目标。为了保证学习目标的实现，要求教学必须有正确的、合乎目的的内容。

1．学习内容分析的含义

学习内容，就是指为了实现学习目标，要求学习者系统学习的知识、技能和行为规范的总和。

学习内容分析要解决的核心问题是安排什么样的学习内容，才能够实现学习需要分析所确定的总的学习目标。分析学习内容的工作以总的学习目标为基础，旨在规定学习内容的范围、深度和揭示学习内容各组成部分的联系，以保证达到教学效果最优化。学习内容的范围指学习者必须达到的知识和能力的广度、深度，规定了学习者必须达到的知识深浅程度和能力的质量水平。明确学习内容各组成部分的联系，可以为教学顺序的安排奠定基础。所以，学习内容的安排既与"学什么"有关，又与"如何学"有关。

学习内容分析的结果表明了，学生为了达到学习目标，需要哪些学习知识、技能和态度，以及学科内容的结构及最佳教学顺序。经过学习内容分析，教师就会明白应该如何教了。

2．怎样进行学习内容分析

学习内容总是具有一定的层次结构。在学校教育中，一般可以按照课程、单元及知识点等层次来划分。因此，教师在进行学习内容分析时，也是针对这几个层次的学习内容来做的。

不论是哪一个层次的学习内容，一般都可以采用以下步骤进行分析。

（1）确定单元目标。单元目标是一个单元的教学过程结束时所要得到的结果，说明学习者学完本单元的内容以后应能做什么。确定了单元目标，课程目标就具体化了。

（2）确定学习任务的类别。根据单元目标的表述，我们可以区别学习任务的性质，学习任务一般可分为认知、动作技能和态度（情感）三大类。

（3）选择与组织单元。为实现一门课程总的学习目标，学习者必须学习哪些内容（即必须完成哪些学习任务）？在这些单元学习任务中，哪些应先学？哪些应后学？这涉及到对各单元的顺序安排。通过选择与组织单元，可确定课程内容的基本框架。

（4）评价内容。这是指要对各单元的学习任务逐项进行更深入细致的分析：为实现单元目标，学习者必须学习哪些具体的知识与技能？这些知识与技能之间存在哪些联系？这一步骤，是要对选定的知识与技能及其相互的联系进行评价，删除与实现单元目标无关的部分，补充所需要的内容等。

对学习内容的分析，如有必要，可进一步深入下去。分析学习内容是为了规定学习内容的范围、深度及学习内容各部分的联系，回答"学什么"的问题。

（三）学习者分析

学习者分析的目的是了解学习者的学习准备情况及其学习风格，为创造适合于学习者的教学条件提供依据。

1．学习准备的分析

学习准备是学生在从事新的学习时，其原有的知识水平和原有心理发展水平对新的学习的适应性。任何教学的成功与否在很大程度上取决于学生的准备状态，而且任何教学都是以学生的准备状态作为出发点。

学习准备包括两个方面：一是学习者从事该学习的心理、生理和社会的特点，包括年龄、性别、学习动机、个人对学习的期望、工作经历、生活经验、经济、文化、社会背景等一般特征；二是学习者对从事特定学科内容的学习已经具备的知识技能基础，以及对该项学习的态度。任何一个学习者都是把其原来所学的知识、技能、态度带入新的学习过程中，因此教学系统设计者必须了解学习者原来具有的知识、技能、态度，我们称之为起点水平或起点能力。

评定学习者在教学开始之前的知识技能,其目的有两个:其一,明确学习者对于面临的学习是否有必备的行为能力,应该提供给学习者哪些"补救"活动,我们称之为"预备能力分析";其二,了解学习者对所要学习的东西已经知道了多少,我们称之为"目标能力的分析"。

对预备能力的预估通常需要编制一套预测题。教学系统设计者可以根据经验先在学习内容分析图上设定一个教学起点,将该起点以下的知识技能作为预备能力,并以此为依据编写预测题。通过测验可以表明,对特定课题内容,哪些方面学习者已经准备就绪,哪些方面学习者需要补习。

对目标技能的预测,有助于我们在确定教学内容方面做到详略得当。教学系统设计强调教学效果的评价以预先确定的目标为依据。在学习结束时,以原定学习目标为基础编写考试题目,来检查学习者达到目标的程度,这样,学习目标与测试题之间就存在一种内在的联系。据此,有的学者提出,可以直接使用期终考试题在学程开始之前对整个学程的学习目标所要求的能力一并进行预测,从理论上说,同样的考试题如分别用于预测和后测,前后两次成绩的差距即反映了教学效果。也有人建议,对目标能力的预测可以一个单元一个单元分别实施,即从考试题库中选择和组合一部分试题,对学习者进行预试。

另外,对教学系统设计者来说,学习者对待所学内容的态度同样影响教学效果。判断学习者态度最常用的方法是态度量表。此外,观察、会谈等评价技术也可用于态度分析。

在实际的教学系统设计工作中,对于学习者起点水平分析的上述三个方面(预备技能分析、目标技能分析、对待所学内容态度的分析)往往是结合在一起的。

2. 学习者学习风格的分析

在各种学习情境中,每一个学习者都必须由自己来感知信息,对信息作出处理、储存和提取等反应。而学习者之间存在着生理和心理上的个体差异,不同学习者获取信息的速度不同,对刺激的感知及反应也不同。要实现真正意义上的个别化教学,必须为每一个学习者提供适合其特点的学习计划、学习资源和学习环境,这是教育研究人员长期以来梦寐以求的目标之一。媒体技术的发展和教学资源的丰富与共享,使大规模地开展个别化教学成为可能。为了使教学符合学习者的特点,我们需要进行学习者学习风格的分析。

(1)学习风格的含义。学习风格是指对学习者感知不同刺激、并对不同刺激做出反应这两个方面产生影响的所有心理特性。学习风格包括:学习者在信息接受加工方面的不同方式;对学习环境和条件的不同需求;在认知方式方面的差异,如形象思维和理性思维的主导偏向、沉思型和冲动型等;某些个性意识倾向型因素,如控制点、焦虑水平等;生理类型的差异,如左右脑的功能优势等。

(2)教学系统设计中如何把握学习风格。这方面研究的范围很大,难度很高。美国教学技术专家克内克等人于 1986 年提出的有关学习风格的内容及其分类框架比较简明,有较强的可操作性。

克内克等人指出,教学系统设计者为了向学习者提供适合其特点的个别化教学,最好能掌握下列有关学习者的情况:

① 信息加工的风格。信息加工的风格包括下面的类型:

a. 是否适应于呈示教材内容的某种方法;
b. 是否喜欢高冗余度;
c. 是否喜欢在训练材料中有大量正面强化手段;
d. 是否喜欢使用训练材料主动学习;
e. 是否喜欢通过触觉和"动手"活动进行学习;
f. 是否喜欢自定学习步调等。

② 感知或接受刺激所用的感。在这方面,不同学习者也有不同的风格。例如:

a. 是否通过动态视觉刺激(如电视、电影)学习效果最佳;
b. 是否喜欢通过听觉刺激(如听讲、录音)学习;
c. 是否喜欢通过印刷材料学习;

d. 是否喜欢多种刺激同时作用的学习等。
③ 感情的需求。例如：
a. 是否需要经常受到鼓励和安慰；
b. 是否能自动激发动机；
c. 是否能坚持不懈；
d. 是否具有负责精神。
④ 社会性的需求。例如：
a. 是否喜欢与同龄学生一起学习；
b. 是否需要得到同龄同学经常性的赞许；
c. 是否喜欢向同龄同学学习。
⑤ 环境和情绪的需求。例如：
a. 是否喜欢安静；
b. 是否希望有背景声或音乐；
c. 是否喜欢弱光和低反差；
d. 是否喜欢一定的室温；
e. 是否喜欢学习时吃零食；
f. 是否喜欢四处走动；
g. 是否喜欢视觉上的隔离状态（如喜欢在空间相对封闭的语言实验室的座位中学习）；
h. 是否喜欢在白天或晚上的某一特定时间学习；
i. 是否喜欢某类座椅等。

通过把握学习风格，可以帮助我们了解学生在学习风格方面的某些特征，这对教学设计来说是很重要的。

如果我们能够在教学内容的安排、教学方法的运用及教学媒体的选择与不同的学习风格之间建立起联系，那么教学就能够较好地实现个性化。

二、学习目标的阐明

（一）教学目标分类

布卢姆等人把教育目标分为认知、动作技能和情感三个领域，而每一个领域的目标又由低级到高级分成若干层次。下面分别介绍这三个领域的教育目标分类。

1. 认知学习领域目标分类

认知领域的教育目标分为以下六级。

（1）知道。指对先前学习过的知识材料的回忆，包括具体事实、方法、过程、理论等的回忆。知道是这个领域中最低水平的认知学习结果，它所要求的心理过程主要是记忆。

（2）领会。指把握知识材料意义的能力。可以借助三种形式来表明对知识材料的领会：一是转换，即用自己的话或用与原先的表达方式不同的方式来表达所学的内容；二是解释，即对一项信息（如图表、数据等）加以说明或概述；三是推断，即预测发展的趋势。领会超越了单纯的记忆，代表最低水平的理解。

（3）运用。指把学到的知识应用于新的情境。它包括概念、原理、方法和理论的应用。运用的能力以知道和领会为基础，是较高水平的理解。

（4）分析。指把复杂的知识整体材料分解为组成部分，并理解各部分之间的联系的能力。它包括部分的鉴别，分析部分之间的关系和认识其中的组织原理。例如，能区分因果关系，识别史料中作者的观点或倾向等。分析代表了比运用更高的智力水平，因为它既要理解知识材料的内容，又要理解其结构。

（5）综合。指将所学知识的各部分重新组合，形成一个新的知识整体。它包括发表一篇内容独特的演说或文章，拟订一项操作计划或概括出一套抽象关系。它所强调的是创造能力，形成新的模式或结构的能力。

（6）评价。指对材料（如论文、小说、诗歌、研究报告等）进行价值判断的能力。它包括对材料的内在标准（如组织）或外在的标准（如与目的的联系）进行价值判断。例如，判断实验结论是否有充分的数据支持。这是最高水平的认知学习结果。

2．动作技能学习目标分类

动作技能涉及骨骼和肌肉的使用、发展和协调。在实验课、体育课、职业培训、军事训练科目中，动作技能的学习是主要的教学目标。

（1）知觉。指运用感官获得信息以指导动作，主要了解某动作技能的有关知识、性质、功用等。

（2）准备。指对固定的动作的准备，包括心理定向、生理定向和情绪准备（愿意活动）。

（3）在相应指导下的学习反应。指复杂动作技能学习的早期阶段；包括模仿和尝试错误。通过教师或一套适当的标准可判断操作的适当性。

（4）机械动作。指学习者的反应已成习惯，能以某种熟练和自信水平完成动作。这一阶段的学习结果涉及各种形式的操作技能，但动作模式并不复杂。

（5）复杂的外显反应。指包含复杂动作模式的熟练动作操作。操作的熟练性以精确、迅速、连贯协调和轻松稳定为指标。

（6）适应。指技能的高度发展水平，学习者能修正自己的动作模式以适应特殊的装置或满足具体情境的需要。

（7）创新。指创造新的动作模式以适合具体情境。强调以高度发展的技能为基础进行创造。

体育运动、艺术表演、工具操作技能等，一般都可以用上述中的一个或综合使用几个上述分类系统来加以分类，从而确定相应的学习目标。

3．情感学习领域目标分类

情感学习与形成或改变态度、提高鉴赏能力、更新价值观念、培养感情等有关。这是教育的一个重要方面。

该领域的目标共分五级。

（1）接受或注意。指学习者愿意注意某特定的现象或活动。例如静听讲解、参加班级活动、意识到某问题的重要性等。学习结果包括从意识到其事物存在的简单注意到有目的的选择性注意，是低级的价值内化水平。

（2）反应。指学习者主动参与，积极反应，表示较高的兴趣。例如，完成教师布置的作业，提出意见和建议，参加小组讨论，遵守校纪校规等。学习的结果包括默认、愿意反应和满意的反应。这类目标与教师通常所说的"兴趣"类似，强调对特定活动的选择与满足。

（3）评价。指学习者用一定的价值标准对特定的现象、行为或事物进行判断。它包括接受、偏爱和坚持某种价值标准。例如，欣赏文学作品，在讨论问题中提出自己的观点，刻苦学习外语等。这一阶段的学习结果所涉及的行为表现出一致性和稳定性，与通常所说的"态度"和"欣赏"类似。

（4）组织。指学习者在遇到多种价值观念呈现的复杂情境时，对几种价值观加以比较，接受自己认为重要的价值观，形成个人的价值观体系。例如，先处理集体的事，然后考虑个人的事；形成一种与自身能力、兴趣、信仰等协调的生活方式等。

（5）价值与价值体系的性格化。指学习者通过对价值观体系的组织，逐渐形成个人的品性，各种价值被置于一个内在和谐的构架之中，它们的层级关系已确定。个人言行受其所确定的价值观体系的支配，观念、信仰和态度等融为一体，最终的表现是个人世界观的形成。这一阶段的行为是一致的和可以预测的。例如，保持良好的健康习惯；在团体中表现合作精神等。

情感或态度的教学是一个价值标准不断内化的过程。教师或教科书上所介绍的价值标准，对一个学生来说是外来的。学生必须经历接受、反应和评价等连续内化的过程，才能将它们转化为自己信奉的内在价值。其次，价值或态度的教学不只是政治课或思想品德课的任务，各门学科也都包含这一方面的任务，因为任何知识、技能或行为、习惯都不能离开一定的价值标准。例如，学生"重文轻理"或"重理轻文"就反映了学生在知识、技能的学习中对某种价值观的接受或偏爱。

4．三类学习之间的相互联系

以上我们分门别类地介绍了三个领域的教育目标分类，这是为了讨论的方便。人类的学习往往同时涉及多种不同的方面，因此，在现实学习情境中，不同类型的学习是同时发生的。各类学习之间的密切联系可以从以下两个方面加以论述。

首先，教学内容并不仅仅具有单一的内涵，例如，知识信息不应该也不可能仅仅是认知学习的结果，其中渗透着情感、态度、意向、师生关系等成分，某一方面的学习还会涉及其他领域的学习。例如，学生学习混合化学剂技能时，既要了解各种试剂的化学性能的知识及它们之间的反应关系，又必须掌握混合化学剂的实验操作规程与技巧；同时还须培养重视安全的态度。这方面的学习就涉及认知、动作技能和情感三个方面。

其次，提高认识、树立学习动机、端正学习态度等情感领域的学习往往是其他学习能否成功的先决条件。学习者如果缺乏学习动机，对所教的科目内容缺乏兴趣，教学活动就不易取得成功。各类学习之间存在这种相互联系，是学习的一个基本规律。这要求我们在确定学习目标时，综合考虑某一方面学习内容的多方面的教育内涵，把教学视作促进学习者全部个性发展的整体和谐的过程。

（二）学习目标的编写方法

1．学习目标的基本要素

一个学习目标应包括以下三个基本要素。

（1）行为。说明学习者通过教学以后将能做什么，以便教师能观察学习者的行为，了解目标是否达到。例如，"学生能将文章中陈述事实与发表议论的句子分类"。

（2）条件。说明上述行为在什么条件下产生。例如，"提供报刊上的一篇文章"。

（3）标准。指出合格行为的最低标准。例如，"至少有80%法为句子分类正确"。

以研究行为目标著名的美国学者马杰（R.Mager）的"行为"、"条件"和"标准"的三要素模式至今仍为教学界所接受。用传统的方法表述的教学目标，如"培养学生分析文字的能力"比较笼统含糊，对其中的含义，不同的人可能有不同的理解。这种提法不能为教学及其评价提供具体指导。而使用马杰的三要素模式编写的学习目标就很明确具体，该模式清楚地告诉人们，学生将获得的能力具体是什么，如何观察和测量这种能力。

在教学设计的实践中，有的教育研究者认为有必要在马杰的三要素的基础上，加上对教学对象的描述，这样，一个规范的学习目标就包括四个要素。为了便于记忆，他们把编写学习目标的基本要求简称为"ABCD模式"。

A——对象，即应写明教学对象。

B——行为，即应说明通过学习以后，学习者应能做什么。

C——条件，即应说明上述行为在什么条件下产生。

D——标准，即应规定评定上述行为是否合格的标准。

需要指出，在实际运用中，往往不需要也不可能完全机械地按上述要求编写学习目标。

2．具体编写方法

（1）对象的表述。学习目标的表述中应注明教学对象，例如，"小学三年级上学期的学生"、"参加在职培训的技术人员"等。有的学者还主张在学习目标中说明对象的基本特点。

（2）行为的表述。学习目标中，行为的表述是最基本的成分，说明学习者在教学结束后，应该获得怎样的能力。用传统的方法表述教学目标时，较多使用"知道"、"理解"、"掌握"、

"欣赏"等动词来描述学习者将会的能力，如果需要，再加上表示程度的状语以反映教学要求的提高。如"深刻理解"、"充分掌握"等。

描述行为的基本方法是使用一个动宾结构的短语，其中行为动词说明学习的类型，宾语则说明学习的内容。例如，"操作"、"说"、"列举"、"比较"等都是行为动词，在它们后面加上动作的对象，就构成了学习目标中关于行为的表述：

（能）操作摄像机；

（能）说出人腿骨骼的名称。

在这样的动宾结构中，宾语部分与学科内容有关，学科教师都能很好掌握。由于学习目标中的行为应具有可观察的特点，所以，行为动词的选用需要适宜而准确。

(3) 条件的表述。条件包括下列因素：

① 环境因素（空间、光线、气温、室内外、噪声等）。
② 人的因素（个人单独完成或集体进行、个人在集体的环境中完成、在教师指导下进行等）。
③ 设备因素（工具、设备、图纸、说明书、计算器等）。
④ 信息因素（资料、教科书、笔记、图表、词典等）。
⑤ 时间因素（速度、时间限制等）。
⑥ 问题明确性的因素（为引起行为的产生，提供什么刺激、刺激的数量如何）。

(4) 标准的表述。标准是行为完成质量的可接受的最低衡量依据。对行为标准作出具体描述，使得学习目标具有可测性的特点。标准一般从行为的速度、准确性和质量三方面来确定，例如：

在 40 分钟内完成一篇字数不少于 300 字的记叙文（速度）；

能在语言环境中正确使用"的"、"地"、"得"（准确性）；

能理解课文所描述的情景，并且能用自己的语言表达出阅读后的感受（质量）。

如果学生经过学习后能力的改变能反映到学生的行为中来，我们就可以观察到，用"ABCD 法"描述是非常适合的；但有些变化却不能反映到行为中来，对于这一部分变化可以采用内外结合的表述方法来描述。用这种方法陈述的学习目标由两部分构成：第一部分为一般学习目标，用一个动词描述学生通过教学所产生的内部变化，如记忆、知觉、理解、创造、欣赏等；第二部分为具体学习目标，列出具体行为样例，即学生通过教学所产生的能反映内在心理变化的外显行为。

例如，学习目标是"培养学生关心班集体的态度"。态度本身是无法观察的，但是通过列举一些学生的具体行为变化——如，"能积极阻止不利于班集体荣誉的行为"，就可以反映出他们的态度是否已经改变，学习结果也就能够观察出来了。

三、教学策略的制定与教学媒体的选择

（一）教学策略的制定

1. 教学策略的概念

教学策略是对完成特定的教学目标而采用的教学活动的程序、方法、形式和媒体等因素的总体考虑，它包括对知识技能教学内容的序列安排；对认识活动过程中的系统问题和期望的学生反应的安排；对教学的组织形式和媒体呈现信息方式的安排。

教学策略具有灵活性，没有任何单一的策略能够适用于所有的教学。由于教学策略具有多样性的特点，因此，在教学实践中存在多种多样的教学策略。运用不同的标准，以不同的角度，可划分出许多不同的类型。

从学习是一系列的信息加工过程而言，根据信息控制者不同，我们可以把教学策略按其性质分为替代型教学策略和生成型教学策略。

把教学策略的出发点定在教材上，还是建立在学生身上，这个问题对教学设计来说比较关键。因为它涉及教学的方向性，即"谁是信息处理的控制点，是教师还是学生？"对这个问题的不同回答就相应地形成了两种不同的教学策略。

（1）替代型教学策略。这种策略在传统教学中比较常用。它主要强调教师在学生学习过程中的指导作用，倾向于替学生处理信息，为学生提供学习目标、选择教学内容、安排教学顺序以及设计教学活动等。这种教学策略的主要优缺点分别讨论如下。

优点：信息加工强度大，短期内使学生学习较多材料，可带来更集中、有效、可预测的学习结果，适用先前知识、技能或学习策略有限的学习者。

缺点：学习者投入智力活动少，信息加工不够深入，缺乏挑战性、刺激性，缺乏个性、独立性和动力。

（2）生成性教学策略。生成性教学策略是指让学生作为学习的主要控制者，学生自己形成教学目标，自己对学习内容进行组织和加工、安排学习活动的顺序，并鼓励学生自己从教学中建构具有个人特有风格的学习。教师在此作为学习的指导者和帮助者，为学生提供一些必要的条件支持，将管理和控制学习的责任转移给学生，学生成为教学活动的主要责任承担者。学生主要依靠自己的力量，使原来的知识能力与新信息产生联系，发生相互作用，通过探究活动进行学习。它的主要优、缺点如下。

优点：信息加工深入，学习效果好，激发兴趣、动机，学习策略得到使用、练习与修正，学习结果因人而异、高度个性化。

缺点：对学生学习能力有较高的要求，成功依赖于学习者拥有策略的宽广度，易导致认知超荷、情绪受挫折。

2．教学策略的制定依据

要制定合理的教学策略，其制定依据也占据着极其重要的地位。

（1）从学习目标出发。教学策略是对完成特定教学目标的总体考虑，因此有什么样的目标，就应当选择有利于实现该教学目标的策略。

（2）根据学习理论和教学理论。教学策略是实现教学目标的手段，是促使教学成功、促进学生学习的方式方法。是否符合学习理论和教学理论，体现着教学策略的科学性。

（3）符合学习内容。相对于教学内容，教学策略是实现内容的方式。内容决定方式。因此，应针对不同的学习内容，选择不同的教学方式，教学策略是为学习内容服务的。

（4）适合教学对象特点。教学对象不同，所制定的教学策略也应该不同。处在不同身心发展阶段的学生，其学习特征各异，例如，思维水平、知识水平、理解能力存在差异。另外，学生的学习风格和方式也会有所不同。因此要充分考虑学生特征设计教学策略，以学生特征分析的结果作为设计依据。

（5）考虑教师本身的素养条件。教师在制定和设计教学策略时，应考虑自身的素养条件。对自身的教学特点、知识结构、个性特征等方面的情况要有较深刻地把握，并根据自身的具体情况，选个适合自己的教学策略。教学策略能为教师所实现，才能发挥作用，有的策略和方法虽然很理想，但教师缺乏必要的自身条件，自己驾驭不了，结果只能适得其反，不能在教学产生良好效果。因此看来，提高教师各个方面的水平和能力是一项十分重要的工作。

（6）考虑当地教学条件的可能性。教学策略的实施要受到当时条件的制约。因此，在制定教学策略时要考虑当地提供的教学条件的可能性，要根据可能的教学条件，选择制定教学策略。

3．教学策略的策略要素分析

（1）教学活动程序。在我国历史上较有影响的教学程序有传递-接受程序、引导-发现程序、示范-模仿程序、情境-陶冶程序等。

① 传递-接受程序。这是我国学校教育实践中普遍采用、广为人知的一种教学程序，主要适用于认知领域的教育目标。它源于赫尔巴特学派的五段教学法，经过前苏联凯洛夫等人根据他们对辩证唯物主义原理的理解，重新加以改造后传入我国。它的基本过程是：激发学习动机 ⟶ 复习旧课 ⟶ 讲授新课 ⟶ 巩固运用 ⟶ 检查。

这种程序由老师直接控制教学过程，按照学生认知活动规律加以规划。通过教师的传授使学生对所学习的内容由感知到理解，达到领会，然后再检查组织学生练习，巩固运用所学的内容，最后检查或组织学生自我检查学习的效果。

这种程序的特点是能使学生比较迅速、有效地在单位时间内掌握较多的知识，比较突出地体现了教学作为一种简约的认识过程的特性，所以它能在实践中长盛不衰。但由于采用这种程序时，学生客观上处于接受教师提供信息的地位，因此不利于学生的学习主动性的发挥，多年来为此一直受到各方面的批评。

然而，正如认知心理学家奥苏贝尔指出的，接受学习不一定都是机械被动的，关键是教师传授的内容是否具有潜在意义的教学材料，能否与学生原有的认知结构建立实质性的联系；教师能否激发学生积极主动地从自己原有的知识体系中提取最有关联的旧知识来巩固或吸纳新知识。如果能做到这两点，接受学习在掌握知识和技能中所具有的独特功能就无法否定了。

② 引导-发现程序。这是一种以问题为中心，重视学生独立活动，着眼于创造性思维能力培养的教学程序，也比较适用于认知领域的教学目标。它主要是根据杜威、布鲁纳等人的先后倡导的"问题→假设→推理→验证→结论"的过程而提出的。

在"问题"阶段，教师提出的问题一定要难易适度，并能使学生明确这个问题的指向性。在"假设"阶段，教师应尽量在诱发性的问题情境中引导学生通过分析、综合、比较、类推等不断产生假设，并围绕假设进行推理，引导他们将原有的各种片面知识从各个不同的角度加以改组，从中发现必然的联系，逐步形成比较确切的概念。在"验证"阶段，教师通过进一步提供具体事例，要求学生去辨认，或由学生自己提出事实来说明所获得的概念。在"结论"阶段，教师引导学生回顾学习活动，分析自己思维的过程和方法，使之对学习结果感到满意。

这一程序要求教师能为学生创设一个认识上的困难情境，使学生产生解决这一困难的欲望，从而去认真思考面临的问题，独立地运用各种思维操作。随着问题情境的产生，学生在教师引导下要能提出各种解决问题的可能方案，即进行假设，并能验证其正误，得出认识上的结论。为此，就要使学生能检索出先前获得的与新课题有关的经验和知识，并在此基础上构成一个新的组合来解决新的问题。这种将问题情景转化为问题解决的突然顿悟，所采用的基本方法就是所谓的发现法。

这种程序的一大功能在于使学生学会如何学习，如怎样发现问题和加工信息，怎样推理和验证所提出的假设，因而有利于培养学生的探究能力。它的局限性在于比较适用于数理学科，需要学生具有一定的先行经验储备。

③ 示范-模仿程序。这种教学程序历史久远，也是教学中最基本的程序之一，特别适用于动作技能领域的教学目标。通过这种程序进行教学的一些基本技能，如读、写、算，以及各种行为技能对人的一生都是十分有用的。它的基本过程是："定向→参与性练习→自主练习→迁移"。

在"定向"阶段，教师既要向学生阐明所需要掌握的行为技能并解释完成技能的操作原理，又要向学生演示具体动作。学生则明确要学会的行为技能的要求；在"参与性练习"阶段，教师指导学生从分解动作的模仿开始练习，并对每次联系提供反馈信息，给予及时的强化，使学生对所学的部分动作由不够精确、不太定时而逐渐走向精确、定时，并使一些不正确动作得到消除；在"自主练习"阶段，学生已经基本掌握了动作要领，并由单个的下属技能逐步结合成总体技能时，就可以脱离教师的临场指导，通过加大活动量，使技能更加熟练；在"迁移"阶段，学生不需要通过思考便能完成行为技能的操作步骤，并模仿教师的示范，把习得技能运用于其他的情境，或与其他习得技能组合，构成更为综合性的能力。

④ 情境-陶冶程序。这种教学程序最具代表性，是由保加利亚心理学家洛扎诺夫（G. Lozanov）首创的暗示教学。它主要适用与情感领域的教学目标，基本过程是：创设情景→参与各类活动→总结转化。

在"创设情景"阶段，教师通过语言描绘、实物演示、音乐渲染等手段，为学生创设一个生动形象的场景，以激起学生的情绪，有时也可以利用环境的有利因素进行；在"参与各类活动"阶段，教师安排学生加入各种游戏、唱歌、听音乐、表演、谈话、操作等，使他们在特定的气氛中主动、积极地从事各种智力操作,在潜移默化中进行学习;在"总结转化"阶段,通过教师启发总结,使学生领悟所学内容主题的情感基调,达到情感与理智的统一,并使这些知识和经验转化成为指导其思想、行为的准则。

这一程序从人的认识是"有意识心理活动和无意识心理活动的统一,是理智活动和情感活动的统一"的观念出发,强调个性发展不仅要重视理智活动,而且要通过情感的陶冶,充分调动学生无意识的心理活动的潜能,使他们在思想高度集中、精神完全放松的情况下进行学习。它通过设计某种与现实生活相近的意境,让学生在这种意境中无拘无束地与旁人相互作用,从中领悟到怎样对待生活、对待自己,以提高学生的自主能力和合作精神,达到陶冶个性和培养人格的目的。

(2)教学方法。在教学论中,教学方法问题是一个十分重要的问题,教学研究对其给予了相当的重视。但是,可以肯定地说,我们对教学方法的认识还是不够深入的。随着对教学方法的深入,人们在这方面的认识逐渐细化,一些研究者在教师教学技能的研究中把教学方法归纳为以下几类,这对于深入认识教学方法是有意义的。

一般来说,与获得认知类学习结果有关的方法包括讲授法、演示法、谈话法、讨论法、练习法、实验法、实习作业法等;与获得动作技能有关的方法包括示范-模仿法、练习-反馈法。这些教学方法已经普遍应用于各门学科的教学,这里不再赘述。

而适合于态度学习的条件和产生态度转变的教学方法是相当复杂的,为树立所期望的态度而采用的教学方法完全不同于认知类和动作技能类。通常可采取直接和间接强化两种方法。

① 直接强化法。正确态度的建立表现在学习者对一系列期望行为的选择上。直接强化法正是在学习者经过内部思考后选择某一期望的行为时,给予及时的肯定和鼓励;或者是在某些期望行为产生后,帮助学习者去达到目标,使他们获得成功的喜悦。这样,对期望行为的不断强化便能促进学习者逐渐树立起正确的态度。

② 间接强化法。这种方法是让学习者从许多模范人物身上观察和学习"态度"。为了使态度的学习有效,就要让学习者亲眼看到或通过电影、电视、书报等媒体观察到模范人物在产生期望行为后得到的表扬和奖励,使他们间接感受到了对正确态度的强化。要注意的是,被强化的模范人物必须是被学习者尊重的人。

除这两种方法以外,教师也常创设一些类似真实的情境,如社会情境、自然情境等,让学生"身临其境"或是扮演一定的角色,使他们在与"情境"及他人的相互作用中去感受体会,这对于某些社会情感、鉴赏力的培养也是有益的。

总体来说,面对多种多样的教学方法,哪些是教学设计中应优先考虑的方法?这些方法又该如何有机地结合在一起?这是制订教学策略的基本问题之一。很多教学论著作中对选择教学方法的原则均有过论述,一般认为应该根据教学目标、学生特点、学科特点、教师特点、教学环境、教学时间、教学技术条件等诸多因素来选择教学方法。教学方法的整体效应与多种教学方法在教学过程中的相互联系、相互作用有关。这种联系和作用可以是并列的,即同时采用几种教学方法,如教师演示实物,同时用语词描述它,并画出结构图和写出每一部分的名称,学生也进行相应的活动;也可以是连贯式的,即一种活动方式结束之后再开始另一种,如采用演示→讨论→讲授的组合法、讲授→实验→讨论的组合法、谈话→讲授→练习的组合法等。教师可以在谙熟各种教学方法特点的基础上,根据不同的教学目标、教材、学生和环境,组合出不同的教学方案。正是在教学方法的组合与灵活运用方面,教师的创造性能够得到最充分的发挥。

(二)教学媒体的选择

1.教学媒体选择的依据

(1)依据学习目标。学习目标是贯穿教学活动全过程的指导思想,它不仅规定教师进行教学活动的内容和方式,指导学生对知识内容的选择和吸收,而且还控制媒体类型和媒体内容的选择。以外语教学为例,让学生掌握语法规则和要求学生能就某个情境进行会话,是两种不同的学习目标。前者往往通过文字讲解并辅以各种实例来帮助学生形成语法概念；后者则往往通过反映实际情境的动画和语声使学生在具体的语言环境中去掌握正确的言语技能。不同的学习目标决定不同的媒体类型和媒体内容的选择。

（2）依据教学内容。学科内容不同，适用的教学媒体也不同；即使同一学科，各章节的内容不一样，对教学媒体的要求也不一样。以语文学科为例，散文和小说体裁的文章最好通过能提供活动影像的媒体来讲解，使学生有身临其境的感觉以加深对人物情节和主题思想的理解。对于数理学科中的某些定理和法则，由于概念比较抽象，最好通过动画过程把事物的运动变化规律展现出来(或把微观的、不易观察的过程加以放大)以帮助学生对定理和规律的掌握。而对于化学学科，在讲解化学反应时最好用动画一步步模拟反应的过程；而在讲解分子式、分子结构以及元素周期表等内容时则以图形或图表的配合为宜。总之，对教学媒体的选用和设计应依据教学内容来进行。

（3）依据教学对象。不同年龄阶段的学生其认知结构有很大差别，教学媒体的设计必须与教学对象的年龄特征相适应，否则不会有理想的教学效果。按照皮亚杰的儿童认知发展理论，小学生（6~11岁、6~12岁）正好处于认知发展的第三阶段即"具体运算阶段"，其认知结构属"直觉思维图式"；而初中学生（12~15岁）则处于认知发展的第四阶段即"形式运算阶段"，其认知结构属"运算思维图式"，处于这一阶段的学生，思维能力有了较大发展，且抽象思维占优势地位。但是对初中学生来说，这种抽象思维仍属经验型，还需要感性经验的直接支持；而对高中学生（16~18岁）来说，其抽象思维能力已得到进一步发展，逐渐由经验型过渡到理论型，即能在有关理论的指导下分析处理某些实际问题，并能通过对外部现象的观察归纳出关于客观世界的某些知识。

在进行教学媒体的设计时必须充分考虑上述不同年龄段的认知特点，绝不能用某种固定的模式。在小学低年级阶段各学科媒体设计的重点应放在如何实施形象化教学，以适应学生的直观、形象思维图式，因而应多采用图形、动画和音乐之类的媒体使图、文、声并茂；在小学高年级阶段则要把重点放在如何帮助学生完成由直观、形象思维向抽象思维的过渡，因而这一阶段的形象化教学可适当减少；在中学阶段则应着重引导学生学习抽象概念，学会运用语言符号去揭示事物的内在规律，逐步发展学生的逻辑思维能力。在初中阶段尽管形象化教学仍不可缺少，但是只能作为一种帮助理解抽象概念的辅助手段，而不能像小学那样以形象化教学为主。否则将会喧宾夺主，达不到学习目标的要求——从形式上看很生动、很美观，而内容却无助于学生认知能力的提高。

（4）依据教学条件。教学中能否选用某种媒体，还要看当时当地的具体条件，其中包括资源状况、经济能力、师生技能、使用环境、管理水平等因素。录像教学具有视听结合、文理皆适的优点，但符合特定课题需要的录像片是不是随手可得呢？语言实验室是一种极其有效的外语教学媒体，但并非每个学校都有能力置备，因陋就简采用录音机代替也是可以的。计算机辅助教学前景看好，但除了需要资金购买计算机，还得培训使用人员。若教室不具备遮光设备，连"价廉物美"的投影仪、幻灯机都用不上。

2. 教学媒体选择的原则

（1）基本原则。根据教学媒体对于促进完成学习目标或学习目标所具有的特性和教学功能，来选择和利用媒体，是选择教学媒体的基本原则。

（2）合适性的原则。每一种媒体都具有一定的特性，因此它们的功能也不尽相同。每一种媒体都有自己的长处和短处，它们之间可以互补。当利用一种媒体的长处去实现一个与之相适应的学习目标时，效果自然会比其他媒体好；但是如果用这种媒体去实现另外一个学习目标，也许效果就会比其他媒体差一些。所以，没有一种媒体可以适应于所有学习目标，也就是说，世界上没有"万能媒体"。因此，使用媒体时，要注意扬长避短，做到物尽其用，充分发挥它们各自的优势。

（3）考虑教学设计过程中其他要素的影响。选择教学媒体一定要满足学习目标、教学内容、教学对象以及教学策略的要求。教学媒体是教学策略中的一个因素，所以选择媒体时不但要服从制定教学策略的依据，而且还要注意到教学媒体与其他因素之间相互联系、相互制约的关系。

例如，如果已经决定采用集体授课方式，那么就应该选择能够向全班学生展示的媒体，如挂图、幻灯机、投影仪或大屏幕电视机等。借助不同的教学媒体，可以完成不同的学习目标。例如，在外语教学中，如果要纠正学生发音中的错误，就可以使用录音媒体。如果能在已经联网的计算机教室里讲授计算机语言的课程，全班学生就能在自己的计算机屏幕上看到教师的计算机屏幕上所显示的内容，比起教师在黑板上费力地书写，效果要好得多。又如，在讲解一篇介绍风景名胜的课文时，如果配上相应的照片、电影或录像带等，就会使学生获得身临其境的感受，容易深刻理解课文的意义。

此外，对教学内容的重点或难点，教师往往希望借助教学媒体激发学生的学习兴趣，调动他们的积极性，帮助他们理解、记忆和掌握这些重点或难点，起到事半功倍的效果。学生特征也是影响媒体选择的一个因素。例如，中学生的抽象概括能力要比小学生强，感知的经验也比较丰富，持续集中注意力的时间相对延长，所以在为他们选择媒体时要注意，媒体传递的内容中所包含的分析、综合、抽象、概括和理性认识的分量可相应增加，重点应放在揭示事物的内在规律上。

（4）考虑媒体使用的环境与实际效果。教学媒体只有在具体的教学环境中使用才能发挥出它的作用，而其中的环境因素对于媒体的选择和使用往往有限制作用；这就是说，不论我们所选择的媒体多么符合原则，如果环境不允许也只得放弃。下面举的几个例子就反映了这种情况。

① 在刚刚开始使用一种新的教学媒体时，如果教师和学生都不熟悉它的使用方法，就可能发挥不出它的功能。这时只有两种选择：要么在教学过程中安排学习使用媒体的时间；要么换成另一种媒体。

② 对于比较昂贵的教学媒体的设备，如果学校的教育经费不足，就不能购买，当然也谈不上使用。

③ 有了媒体设备，没有合适、可用的教学软件。

④ 有些媒体对使用环境有一些特殊要求，例如幻灯和电影要求放映地点的光线比较暗，这就需要遮挡光线。

⑤ 选择媒体时，还会受到学校管理媒体的水平的限制，因为只有当媒体处于良好的工作状态时，教师才能选择和使用。

可见，师生对媒体的熟悉程度、教育经费、教学软件的质量及数量、对环境的特殊要求以及管理水平等，都会对媒体的选择和使用产生影响。能够使用教学媒体并不是我们的目的，我们所关心的是媒体使用之后到底能得到什么样的教学效果。因为无论是购买、制作还是使用教学媒体都需要花费资金、时间和人员劳动，都要为使用媒体付出代价。我们当然希望以较低的代价来换取较高的效益，所以就必须注重媒体的实际效果，而不能盲目地求新求全，把媒体当成"现代化教学"的标志。

教学媒体必须在一定的条件下，才能发挥出它应有的作用，而且这种作用也是有限度的，所以我们只能利用媒体，而不能过分依赖媒体，更不能用媒体来取代教师的作用。

四、方案编写与成果评价

（一）方案的编写

教学设计方案是课程实施的计划蓝图，是教学设计思想的具体体现。通过以上一系列教学设计工作的实施，即学习需要的分析确定学习目标，指导选择合适的学习内容，学习对象的分析为前面的目标实施和下面的媒体方法策略的选择，进而进行方案的设计和优化，确定教学方法、教学策略。这一系列工作使我们在进行课堂教学以前，对教学的各个环节及影响因素有了一个全面、深刻、系统的认识，为我们编制高质量的方案创造了有利条件。

实际上，编写的过程就是对前面各项设计工作的总结过程，也是将各项分析工作具体落实的过程。因此，我们在编写方案时，要充分考虑前面各项分析和研究的项目，汇集各种研究内容，将其综合化、系统化、具体化。教师要有极强的预见性，在头脑中想象和预测将要出现的教学情境、编织教学蓝图，要尽可能地想到将要出现的问题和解决的方法。教师还应具有决策能力，根据教学设计的各项研究决定自己的教学行为，选择实现既定教学目标的途径。

1．方案的构成要素

方案的编写工作是教师上课之前必做之事，而不同的老师会写出不同的方案，可谓种类繁多。但就一般而言，一个科学的、标准的方案应该包含以下几个必不可少的要素。

（1）教学目标或学习目标。

（2）教学内容。根据前述学习内容分析的结果，选定适当的教学内容，需考虑是否能够有利于完成教学目标，是否能够提高学生的积极性及符合学生的实际情况等问题。

（3）教师的教学活动。教师在授课中的行为，如板书、讲解、演示、提问、强化等活动，要在方案上写明。

（4）学生学的行为。在编制方案时，要预想学生的学习活动，要正确把握学生的实际情况，包括初始能力和一般特征等因素，要把教师行为与学生行为结合起来考虑，因为教学活动是在二者的相互作用中发展的，教师的行为会引起学生行为的变化。学生的行为也反馈给教师，用以调整教师行为，而且教师要对学生的行为给予及时反馈。

（5）教学媒体。在方案中应写明将要使用的教学媒体，认真考虑媒体使用的恰当性。

（6）时间分配。要注明每个教学活动的时间长度，将教学形式结构化。这样有利于控制教学过程的每一个环节，并使方案更具有实效性和针对性。

2．方案的基本形式

方案有多种形式，一般性的方案形式大体有两种，一种是表格式，另一种是记叙式。下面分别简要介绍这两种形式。

（1）表格式。表格式方案简要明了，重点突出，使用方便。具体制作如下所示。

课题		总课时__ 第__课时
教材分析		
学情分析		
三维教学目标		
重点、难点		

续表

教学方法及 设计意图	教学过程 （教学环节、教师活动、学生活动）	设计意图及目标 达成预测

（2）条目式。条目式方案在教学中被普遍使用，它采用逐级条目的方式来显示方案的内容，方便而结构相对自由。其基本格式如下。

课题：
教学目标：
教材分析：
学生的情况分析：
教学准备：
课时安排：
教学过程：
教学板书：
教学反思：

（二）成果评价

1. 教学设计成果的形成性评价

教学设计成果的评价是指教学设计的形成性评价。在我国，教学设计的形成性评价主要是指对教学设计的过程和产品进行价值判断的过程。评价的目的是获得教学设计成功与否的反馈信息，以便及时修改产品，提高教学设计产品的质量。

结合我国基础教育改革的新理念，对于教学设计产品，即教学设计方案的形成性评价的实施过程概括如下。

（1）制订评价计划。制订设计成果的评价计划是一项重要的基础工作，它将对以下四项工作作出详细说明，即：在教学活动的每个环节中应收集何种资料才能确定成果的哪些地方是成功的、有效的，哪些地方是失败的、待改进的；应建立怎样的标准来解释收集的资料；应选择什么人来做成果的试用者；评价需要什么条件。

① 确定收集资料的类型。形成性评价所需要的资料主要是两类：学生的学习成绩和教学过程情况。学生的学习成绩这类资料通常用数据表示，数据来源可以是学生对一系列测试项目的反应；教学过程反映的是设计成果在特定情境中的运行和作用情况，这类资料通常用陈述表示，陈述对象可以是影响学习成绩的各种相关因素的状况分析。为了保证足够的信息量和资料的可靠性，一般应有两种以上的评价工具来收集上述每类资料。

② 确定评价标准。确定了收集资料的类型后，还需要进一步确定衡量这些资料的标准。在确定评价标准的时候，应当尽可能采用定性与定量相结合的方法。我们可以用定性的方法为教学过程资料制定下述的评价标准：如果插播的录像教材引起了学生的极大兴趣，并不同程度地增进了他们对教学内容的理解，就说明所设计的录像教材具有期望的教学效果。又如，我们可以用定量的方法为学习成绩资料确立下述的评价标准：如果加播这段录像教材后，学生对教学单元后的练习题的正确回答率达到 95%，或比原来提高 10%，就说明所设计的录像教材具有推广使用的价值。

③ 选择被试人员。教学设计成果的形成性评价不可能也不应该拿许多学生和教师来做试验，只需挑选极少一部分学生和个别教师作为被试样本，这就要求这个样本具有代表性。以学生为例，被试者取样的基本要求是这些学生的认识水平和能力应属常态分布，即同年级学生中各种水平和能力的人都应挑选。一般可用随机抽样的方法挑选被试人员，然后略作调整，以保证这些样本学生都能配合测试并善于表达，样本学生人数要适当，人数太多会耗费过多的精力和时间，太少又不能说明问题。由于以样本代表全体，误差总是难免的，因此，对于那些比较重要的教学设计项目，在条件许可的情况下应该扩大样本人数。

④ 阐明试用成果的背景条件。最后，设计者应说明教学设计成果的试用在什么背景下进行，其过程如何展开，其间应具备或提供什么条件，并将受到什么限制。成果试用应尽量在没有外部干扰的自然状况下进行，若需使用录音、录像机来帮助收集资料，应避免影响教学环境，从而干扰教学。

（2）选择评价方法。不论收集哪种类型的资料都要借助某些方法，在教学设计成果的形成性评价中，主要使用测验、调查和观察三种评价方法。这三种方法在收集资料方面各有特长，如测验适宜于收集认知目标的学习成绩资料，调查适宜于收集情感目标的学习成绩资料；观察适宜于收集动作技能目标的学习成绩资料。此外，调查和观察还经常被用来收集教学过程的各种资料；前者适宜于收集学生、教师和管理人员对教学的反应资料；后者适宜于收集设计成果的使用是否按预先计划进行的资料。

（3）试用设计成果和收集资料。这是两项不同性质的工作，但几乎是同时进行的。其基本步骤如下：

① 向被试者说明须知。在开始教学前，应让被试师生知道试用设计成果的有关情况，如：试用目的是了解成果的质量而非被试者的能力，不必焦虑和紧张，试用活动的程序和试用所需的时间；被试者将参与的活动类型及其注意事项，将收集哪些资料以供分析用，应该以什么态度和方式作出反应等。

② 试行教学。这种试验性质的教学应具有可复制性的特点，即用相同的方式对另一些同年级学生再进行教学，如果他们的水平也属常态分布，可望获得大致接近的教学效果。由于这种教学具有典型性，通过评价就可获得推广价值。要保证某一教学过程能重复展开，必须确保这一过程是有一定的方案可遵循的，同时不让教师为难，仍保持一贯教态。教学活动的背景也应尽量避免过分的人为设置。以免造成为试用而试用的气氛。

③ 观察教学。在试行教学的同时，需组织部分评价人员在适当的地方观察教学过程，并围绕类似以下的情况做好记录：各项教学活动所花去的时间，每个知识点是如何加以指导的，尤其

注意教学有没有背离设计规定的内容；由学生提出的所有问题，以及这些问题的性质和问题间的相关性；教师如何处理学生所提出的问题；学生在课内完成的练习、作业，在教学各阶段中学生的注意力、情绪反应、主动参与性、思维活跃程度等。观察教学的工作也可以借助录像媒体事后进行。

④ 后置测验和问卷调查。教学设计成果试用后一般应及时进行某种形式的测验和问卷调查。前者主要收集学生的学习成绩资料；后者主要收集有关人员对教学过程的意见。测验题和问卷表可分开印发，对学生也可以印于一卷，此项活动通常是紧接着教学试行后着手，但如果为了了解该设计成果对知识的保持是否有意义，收集成绩资料的测验应适当推迟一段时间进行。

（4）归纳和分析资料。通过上述的观察、测验和问卷，评价者获得了一系列所需的资料，为了便于分析，可以根据需要将这些资料归纳成表。

制成图表后，评价者应对资料作一次初步分析：拿各类数据与评价标准作比较，考察各种现象的相互关系。经过分析，可能会发现一些重要问题，随即应对它们加以解释，并通过恰当的途径证实自己的解释。最后可将访谈结果与初步分析结果综合起来，对评价资料作进一步的深入分析，并在此基础上酝酿修改设计成果的方案。

（5）报告评价结果。由于修改设计成果的工作不一定马上就进行，也不一定由原设计者来做，因此需要把试用和评价的有关情况和结论形成书面报告。评价报告的内容包括：设计成果的名称和宗旨、使用的范围和对象、试用的要求和过程、评价的项目和结果、修改的建议和措施、参评者的名单和职务，以及评价的时间等。评价报告以简明扼要为宜，具体资料如各种数据、访谈记录、分析说明等可以作为附件。

2．评价方法

（1）测验。作为最重要的教学评价手段的测验，是于 20 世纪 20 年代，在心理智力测验的基础上推广应用开来的，遂又先后产生了常模参照测验、标准参照测验、客观性测验、主观性测验、标准化测验等提法和做法。就它的工具性质而言，测验形式通常分为供答题和选答题两大类及若干亚类。

所谓供答题，指的是要求学生用语词、算式或阐述对规定的题目提供正确答案的测验题，具体包括作文题、演算和填充题等。

所谓选答题，指的是要求学生在题目所附带的两个以上答案中挑选正确答案的测验题。具体包括是非选择、多项选择、配对、组合等类型。

（2）调查。调查是通过预先设计的问题请有关人员进行口述或笔答，从中了解情况，获得所需要的资料。作为教学评价的重要手段，以它可以了解学生的学习兴趣和态度、学习习惯和意向，了解各方面对教学过程和教学效果的意见，从而判断教学的有效程度，为改进教学提供依据。调查的主要形式有问卷和面谈两种。

（3）观察。观察法是一种收集反馈信息的方法，评价人员亲临教学设计成果试用现场，了解教师和学生使用该成果的情况和问题，收集的资料自始至终比较真实、可靠。

第三节　信息化环境下的教学设计

一、什么是信息化教育

以教育信息化促进教育现代化，用信息技术来改变传统教育模式，已经是教育发展的必然趋势。自 20 世纪 90 年代以来，国际教育界出现了以信息技术（IT）的广泛应用为特征的发展趋向，国内学者称之为教育信息化。即在教育领域全面深入地运用现代化信息技术来促进教育改革的过程。因此，教育信息化应被看作这样一个过程，其结果是达到一种新颖的教育形态——信息化教育。所谓信息化教育，是指以现代信息化技术为基础的教育形态，其主要特点就是在教学过程中广泛应用以多媒体电脑和网络通信为基础的现代化信息技术。

二、信息化教学设计的基本原则

信息化教学设计是充分利用现代信息技术和信息资源，科学地安排教学过程的各个环节和要素，为学习者提供良好的信息化学习条件，实现教学过程全优化的系统方法。

信息化教学设计的目标是帮助全体教师在自己的日常课堂教学中充分利用信息技术和信息资源，培养学生的信息素养、创新精神和问题解决能力，提高他们的学业成绩。信息化教学设计主要是以建构主义理论为指导，充分利用信息技术手段进行基于资源、基于合作、基于研究、基于问题等方面的学习，使学习者在意义丰富的情境中主动建构知识。为此，我们可以将信息化教学设计的基本原则归纳为以下几点。

① 以学生为中心，注重学习者学习能力的培养。教师是作为学习的促进者，引导、监控和评价学生的学习进程。

② 充分利用各种信息资源来支持学习。

③ 以"任务驱动"和"问题解决"作为学习和研究活动的主线，在相关的有具体意义的情境中确定和教授学习策略与技能。

④ 强调"协作学习"。这种协作学习不仅指学生之间、师生之间的协作，也包括教师之间的协作，如实施跨年级和跨学科的基于资源的学习等。

⑤ 强调针对学习过程和学习资源的评价。

三、信息化教学设计的典型模式

信息化教学设计理念和实践的出现是现代教学技术发展的必然趋势。在目前的课堂教学中，各门教学都普遍采用了信息化教学课件，以弥补传统教学媒体的缺陷。这种采用电子计算机辅助教学的方式被称为CAI教学。

（一）CAI教学模式

本教材主要介绍的信息化教学设计典型模式是从Intel未来教育计划中归纳总结出来的，是对E-learning的设计。所谓E-learning，简单地说，就是在线学习或网络化学习，即在教育领域建立互联网平台，学生通过PC上网，通过网络进行学习的一种全新的学习方式。当然，这种学习方式离不开由多媒体网络学习资源、网上学习社区及网络技术平台构成的全新的网络学习环境。在网络学习环境中，汇集了大量数据、档案资料、程序、教学软件、兴趣讨论组、新闻组等学习资源，形成了一个高度综合集成的资源库。

这种典型信息化教学设计模式产生的结果不是传统意义上的方案或课件，而是一个单元教学计划"包件"，其中包括如下内容。

（1）单元教学计划。具体地描述教学单元的主题、学习目标、学习活动（教学过程）、学习资源等，其中的学习活动和学习资源在很大程度上是由信息技术支持的，因此这种教学计划可称为信息化方案。

（2）学生电子作品范例。给学生提供参考的电子作品，可以从各种电子信息源中选取或由教师自行制作。

（3）学生作品评价量规。提供结构化的定量评价标准，从内容、技术、创意等方面详细规定了评价级指标，利用这种量规来评价学生电子作品，可操作性强，准确性高，既可以让教师评，也可以让学生自评和互评。

（4）教学支持材料。为支持学生有效地进行学习活动准备的各类辅助性材料，如软件工具、资源光盘、在线参考资料、参考书目、教师用电子讲稿等。

（5）单元实施方案。包括教学活动的时间安排、学生分组办法、上机时间分配以及征求社会支持的措施等。

比较 CAI 教学设计和典型信息化教学设计，有很多的不同，详见表 8-1。

表 8-1　CAI 教学设计与典型信息化教学设计区别

项目	经典 CAI 设计	典型信息化教学设计模式
设计核心	教学内容设计，以课件开发为中心	教学过程设计，重视学习资源的利用
学习内容	单学科知识	交叉学科专题
主要教学模式	讲授/辅导	探究/研究型学习
	模拟演示	资源型学习
	操作练习	合作型学习
教学周期	以课时为单位	以单元为单位（短至一星期，长至一学期或一年）
教学评价	依据行为反应	依据电子作品集

考虑到教材的前瞻性原则，本教材在本章主要介绍信息化教学设计的典型模式，即针对 E-learning 的教学设计。

（二）设计步骤

在典型信息化教学设计模式中，教学设计过程可以分为单元教学目标分析、教学任务与问题设计、信息资源查找与设计、教学过程设计、学生作品范例设计、评价量规设计、单元实施方案设计、评价修改等八个步骤（图 8-1）。

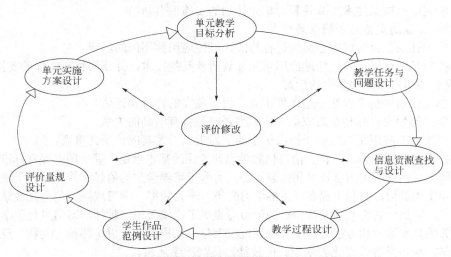

图 8-1　典型信息化教学设计模式的设计步骤

在这个教学设计模式中，对各步骤的分析和操作通常是按顺时针方向进行的，必要时也可以跳过某些步骤或重新排序。

（1）教师对单元的教学目标进行分析，确定学生通过此教学应该达到的水平或获得的能力。

（2）根据单元教学目标，设计真实的任务和有针对性的问题。

（3）根据任务和问题以及学生的学习水平，确定提供资源的方式。可以要求学生自己按照学习目标查找资源，也可以提供现成的资源给学生。如果是前者，教师要设计好要求，避免学生无目的查找;如果是后者,教师要寻找相关的资源,并对资源进行认真的评价,确保学生可以得到真实、可靠的信息。如果需要,教师还要制作相关的资源列表,以方便学生查阅,提高学习效率。

(4)对整个教学过程进行梳理,使之合理、有序,一般情况下应落实成以文字形式呈现的信息化方案。

(5)在教学过程中,如果要求学生以完成电子作品的方式进行学习,教师应事先作出电子作品的范例,当然这个范例是从学生角度出发,以学生应该达到的制作水平进行设计的。有了教师展示的范例,学生浏览后就会对自己将要完成的任务有一个感性认识。

(6)在评价信息化学习,特别是其产生的电子作品时,结构化的评价工具——量规提供了较为科学的方法,对量规进行认真设计将提高评价的可操作性和准确性。

(7)对教学的具体实施方案进行设计的过程包括实施时间表、分组方法、上机时间分配、实施过程中可能用到的软硬件(如不具备,应采取什么方法解决)以及其他必要文档的准备等。

(8)在教学设计过程中,评价修改是随时进行的,伴随设计过程的始终。

(三)评价标准

在评价这种信息化教学设计模式时,主要考虑以下几个方面。

1. 技术的应用是否有利于提高学生的学习效果

(1)技术的应用和学生的学习之间是否有明显的关联。

(2)学习目标是否明确,表达是否清楚。

(3)是否所有的学习目标都符合该主题的教学大纲的要求。

(4)单元计划是否已经明确地说明如何变化以适合不同的学习者。

(5)应用的技术是否能激发学生的兴趣,符合学生的年龄特征,并有利于学生其高级思维能力的培养。

2. 技术与教学的整合是否合理

(1)技术是否是使单元计划成功的必不可少的一部分。

(2)所应用的信息技术工具是否对单元计划的实施很有帮助。

3. 单元计划的实施是否简单易行

(1)单元计划是否可以很容易地进行修改,以便应用到不同的班级。

(2)教师是否可以比较轻松地应用单元计划所涉及的技术,并获得相应软件的支持。

4. 是否能够有效评价学生的学习

(1)单元计划中是否包括一些评价工具,用于务实的评价和评估。

(2)学生的学习目标和学习成果评估标准之间是否有明确的关系。

其中"技术的应用是否有利于提高学生的学习效果"尤其应该受到重视。

总之,无论教学的方式怎样,信息化教学设计关注的基本点是:基于国家课程标准,基于教学信息化环境,充分利用信息技术和信息资源,有利于培养学生的信息素养,有利于培养学生的创新精神和实践能力,有利于提高学生的学习兴趣、学习效率、学习成绩。信息化教学设计没有固定的模式,因此,它为教师发挥自己的创造力提供了广阔天地。教师学习信息化教学设计除了要了解有关的基本原理和方法外,主要是通过案例学习来模仿、分析、移植、创新,反复实践、反思、总结,逐步掌握信息化教学设计的技能,提高教学质量。

第四节 教学评价

一、教学评价概述

(一)教学评价的概念与功能

教学评价,主要指依据一定的客观标准,运用切实可行的评价方法和手段,对教学活动及其效果进行客观衡量和科学判定的系统过程。教育心理学和教学论的研究指出，教学评价对提高教学效果具有明显的促进作用，教学评价的功能主要表现在以下五个方面。

1．反馈调节功能

通过教学评价可以获得有关教学活动的反馈信息，以便师生调节教和学的活动，使教学能够始终有效地进行。信息反馈包括两类：一是以指导教学为目的的对教师教学工作的评价；二是以自我调控为目的的学生自我评价。

2．诊断指导功能

评价是对教学效果的判断以及对其成因的分析过程，借此可以了解教学的成效和缺陷、矛盾和问题，以便为教学的决策或改进指明方向。

3．强化激励功能

通过评价调动教师教学工作的积极性，激起学生进行学习的内部动机，使教师和学生都把注意力集中在教学任务上。

4．提高教学功能

评价本身也是一种教学活动，它可以帮助学生复习、巩固和综合所学内容，也可以帮助教师发现学生存在的不足，进而形成合理的教学活动设计，让学生自己探索、领悟，获得新的学习经验或达到更高的学习目标。

5．目标导向功能

将评价的依据或条目公布给被评价者（教师或学生），将对被评价者下一步的教学或学习目标起到导向作用。在信息化教学设计中，强调以学生为中心，学生将被赋予较高的主动性和独立性，这样一来，教师将更为关注学生是否能够在学习过程中按照既定的教学目标努力。也有助于学生自己调节努力方向，从而达到教师预想的教学目标。

（二）教学评价的类型

按照不同的划分标准，我们可以把教学评价分为不同的类型，典型的分类方式有以下几种。

1．按价值标准分

（1）相对评价。相对评价是在被评价对象的集合中选取一个或若干个个体为基准，然后把各个评价对象与基准进行比较，确定每个评价对象在集合中所处的相对价值。考试以后，教师将全班成绩进行排名，此时所采用的评价方式就是相对评价。

（2）绝对评价。绝对评价是在被评价对象的集合之外确定一个标准，这个标准被称为客观标准，把评价对象与客观标准进行比较，从而判断其优劣。评价标准一般是课程标准以及由此确定的评判细则。

2．按评价的功能分

（1）诊断性评价。诊断性评价也称教学前评价或前置评价。一般是在教学活动开始之前，为使计划更有效地实施而进行的评价。通过诊断性评价，可以了解学生的学习准备情况，为教学活动中的教学策略提供科学依据。

（2）形成性评价。在教学进行过程中，为引导教学前进或使教学更为完善而进行的评价。形成性评价注重过程，关注学生的未来和发展。通过形成性评价，教师能及时了解学生在学习过程中遇到的问题、做出的努力以及获得的进步，以便对学生的持续发展和提高进行有效的指导。

（3）总结性评价。总结性评价又称事后评价，一般是在教学活动告一段落时，为把握最终的活动结果而进行的评价。例如，学期末或学年末各门学科的考试，可以检验学生的学习是否达到了各科教学目标的要求。总结性评价注重的是教与学的结果，借此对被评价者所取得的成绩做出全面鉴定，区分等级，对整个教学方案的有效性做出评定。

3．按评价表达方式分

（1）定性评价。定性评价是对评价资料进行"质"的分析。主要以评语的形式，客观、全面地描述学生的学习状况,更多地关注学生已经掌握了什么、获得了哪些进步、具备了什么能力、在哪些方面具有潜能等情况,并帮助学生明确自己的不足和努力的方向,如像激励、质疑、总结性的此类评语。

(2)定量评价。定量评价是从"量"的角度,运用统计分析、多元分析等数学方法,从复杂纷乱的评价数据中总结出规律性的结论。由于教学涉及人的因素,各种变量及其相互关系是比较复杂的,因此,为了体现数据的特征和规律性,定量评价的方向、范围必须由定性评价来规定。定量评价主要指百分制或等级制的方式。

定性评价和定量评价是密不可分的,两者互为补充,相得益彰,不可片面强调一方面而忽视了另一方面。

4. 按评价对象分

(1)面向学习过程的评价。面向学习过程的评价是指运用一切有效的技术手段收集学习过程的相关数据或证据,对学生的学习成长和学习效果进行价值判断。面对学习过程的评价着重于测量与评价学生的学习情况,也就是采用测量工具和方法对学生的学习过程或学习结果进行描述,并根据教学目标对所描述的学习过程或结果进行价值判断。

(2)面向学习资源的评价。学习资源是指能够与学生发生有意义联系的人、材料、工具、设施、活动等。这些资源来自两个方面:一方面是现实世界中原有的可利用的资源;另一方面是专门为了学习目的而设计出来的资源。这里我们所讨论的学习资源主要指后一种,如各种教学产品(在信息化教育中,尤其指课件和网上资源)等。面向学习资源的评价主要是根据教学目标,测量和检验学习资源所具有的教育价值。

二、信息化教学评价

(一)信息化教学评价的主要变化

为了达到信息化教育的培养目标,信息化教学评价必须要与各种相关的教学要素相适应,在实践过程中,既与人们常用的评价方式存在诸多联系,又拓展和补充了评价的过程与内涵,形成了以下一系列重要变化。

1. 评价目的

在通常情况下,教学评价侧重于评价学习结果,以便给学生定级或分类。评价通常包含根据外部标准对某种努力的价值、重要性、优点的判断,并依据这种标准对学生所学到的与没有学到的进行判断。在信息化教学中,评价是基于学生表现,用于评价学生应用知识的能力。关注的重点不再是学到了什么,而是如何应用的问题。

2. 评价标准的依据

原有的评价标准一般是根据教学大纲或教师、课程编制者等的意图制定的,因而对团体学生的评价标准是相对固定且统一的;而信息化教学强调学生的个别化学习,学生在如何学、学什么等方面有一定的控制权,教师则起到督促和引导的作用。

3. 对学习资源的关注

人们习惯的教学中,学习资源往往是相对固定的教材和辅导材料,因而常常忽视了对于学习资源的评价。而在信息化教学中,学习资源的来源十分广泛,特别是互联网的介入,更使学习资源呈现了取之不竭之势。然而这些资源的质量参差不齐,这就需要进行甄别和筛选。在这种情况下,如何选择适合学习目标的资源不仅仅是教师的重要任务,也是学生终身学习所要获得的必备能力之一。

4. 学生所获得的能力

信息化教学过程中,学生的角色不再是被动的。他们除了可以通过教师的评价被定级或分类,还可以进行自我评价,从多重评价的反馈中认识自己,并调整自己的学习行为。

5．评价与教学过程的整合性

在信息化教学中，评价不再仅仅是教学之后进行的一种相对独立的、终结性的活动。评价具有指导学习方向、在教学过程中给予激励的作用，评价已经融入了学习过程之中。评价是镶嵌在真实任务之中的，是一个进行之中的、嵌入的过程，是整个学习不可缺少的一部分。

（二）信息化教学评价的实施要求

为了便于更好地实现教学目标，在实施信息化教学评价的过程中，一般可以考虑以下几个方面的要求。

1．预先提供评估标准

预设的评价方案，将有助于学生在学习过程中把握学习目标，为学习提供清晰的导航。教师在设计具体的方案之前，应首先以评估者的身份思考一些问题，包括"我们怎么知道学生已达到了预期的结果和标准"、"我们可以用什么证据说明学生的理解和精通程度"等，在活动开始前使学生对自己要达到的目标有一个明确的认识。

2．实施分层次的评估

在实施评估时，要注意评估的层次。如常用的量规、档案袋、概念地图等工具，不仅能够检验学生在具体情境中使用知识的能力（包括学生在实际任务中所表现出来的提问的能力、寻求答案的能力、理解的能力、合作的能力、创新的能力、交流的能力等），还能够评估学生的高级思维能力。通过多层次的评估，学生可以逐步认识到要进一步思考和研究的领域，达到更高的学习目标。

3．引领学生自评和互评

让学生参与制定和使用评价的标准，不断评价自我、评价学友、评价教师等，帮助学生加深对自我的了解，了解学习过程中"需要解决的问题是什么"、"怎样才能知道自己已经取得了进步"、"如何才能得到提高"、"怎样才能达到优秀"之类的问题。

4．提供适当的社会参与性评估

社会性的评估，如家长评估、社区评估等，可以为学生提供发布学习成果的机会。可以通过网上评价等方式，让家长甚至社区参与到学生成果的评估过程，有助于学生将自己的学习环境与社会情境联系起来，了解社会需求，明确学习任务与社会角色之间的关系，从而成为更加主动的学习者。

5．利用评价优化资源

在信息化教育中，学习内容是开放的、动态的。而要保证其开放与动态，需要相应的评价方案来筛选合适的资源，或剔除不适宜的资源。这些资源包括原有的学习内容、学生通过学习创造的资源（如作品，对原有内容的讨论与质疑，创新的想法等）、学习发现的资源（如新的相关材料、网站链接等）。通过合理的评价方案帮助师生获得适宜的资源，有助于资源的优化。

应该指出的是，信息化教学评价并不是对原有评价方式的否定，而是一种完善与补充，它为评价提供了更多的支持工具与思路，一个成熟的教学设计者应该注意在实际教学中，巧妙地运用新的工具或方法，全面评价学生的学习过程与行为。

（三）信息化教学评价工具

在信息化教学中，除了要根据教学目标的不同对评价方法进行完善与补充外，要学会用评价工具进行全面有效地评价，适时调整教与学，提高学生的主动性和参与性。

1. Word 制作试卷

如果以了解学生认知目标达成情况为评价的目的，测验是比较常用的手段，试卷则是实现这种手段的主要工具。利用专门的工具软件如"试卷王"等编写试卷，可以增强试卷的形式，减小教师的工作难度，为教师创造更大的发挥空间。

通过网络下载安装"试卷王 2.1"。软件安装后会在桌面生成快捷图标，双击运行它，若出现如图 8-2 的对话框，就要先启动 Word 宏。启动 Word 宏的方法：点击 Word 软件左上角的 Office 按钮，打开"Word 选项"对话框，如图 8-3 所示，在"Word 选项"对话框中单击"信任中心"，然后单击"信任中心设置"按钮，打开"信任中心"对话框，选择"启用所有宏"选项，如图 8-4 所示，点击"确定"按钮。

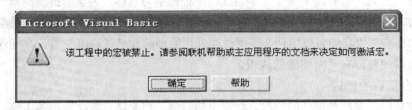

图 8-2　激活宏对话框

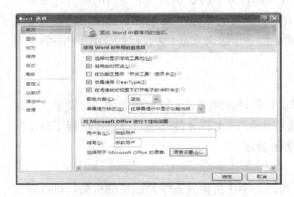

图 8-3　"Word 选项"对话框

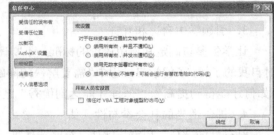

图 8-4　"信任中心"对话框

启动宏后再启动"试卷王"，就可以看到在工具栏中增加了"画板编辑栏"和"试卷王 2.1"工具条，如图 8-5 所示，其中包含了插入各类图形符号和设置各类版面格式的实用功能。

图 8-5　试卷王 2.1 与画板编辑栏

为便于教师制作各类试卷，"Word 试卷王"中提供了许多可直接调用的图形。在"画板编辑栏"中可以选择图形符号所属的学科，在窗口右侧打开相应的图形工具条。为适合试卷的特殊要求，在"试卷王 2.1"工具条上还有工具按钮如"新题"、"选择"、"标注"等能迅速生成试题专用格式，特别是"制卷"按钮的下拉菜单有更多的试卷排版工具可供方便使用，使常规方法需数十步才能完成的内容一步可以搞定。

2. Excel 统计、管理成绩

Excel 是一个功能强大的电子表格软件，其自身提供的公式、函数功能能够满足教学管理的大多数需要。由于 Excel 与 Word 同为 Office 套件，在使用上有相似之处，两者间的数据共享尤为方便，这里介绍几个教学中常用的成绩统计操作。

（1）成绩统计。成绩统计主要是求学生的总分和各科的平均分，成绩统计表见图 8-6 所示。选择 C15 单元格，在编辑区填入"=AVERAGE(C3:C14)"，意思是求单元格 C3～C14 的平均值。在 I2 中填入"=SUM(C3:H3)"，意思是求 C3～H3 的总和。再次利用自动填充功能填充公式，就求出了各科的平均分和每名学生的总分，如图 8-7 所示。

当数据有变化时，利用公式和函数计算的结果也会自动更新。

平均分的小数位数可能有多位，需要设置单元格格式来规范显示。首先选中需要设定小数位数的单元格，右击选择弹出的快捷菜单（图 8-8）中的"设置单元格格式"；如图 8-9 所示，打开"设置单元格格式"对话框，在"数字"选项卡中选定"分类"列表框中的"数值"，设置"小数位数"为"1"，即将 C15:H15 的单元格格式设置为小数点后保留一位数字的形式，如图 8-10 所示。

图 8-6　学生成绩统计工作簿

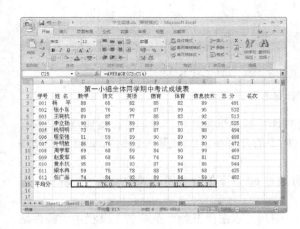

图 8-7　计算总分

图 8-8　快捷菜单

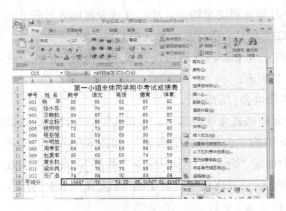
图8-9 "设置单元格格式"对话框

图8-10 小数点后取1位

（2）对成绩进行名次计算。如果需要对学生的单科成绩进行排名，可以利用RANK函数。该函数的作用就是把某数在一组数中的排位计算出来。用法是在要填名次的地方输入：

=RANK(起始单元格地址，相关列号)

例如，要对成绩统计表中学生的总分进行排名。选定要填名次的单元格J3，在编辑栏中输入"=RANK(I3,I:I)"，如图8-11所示。

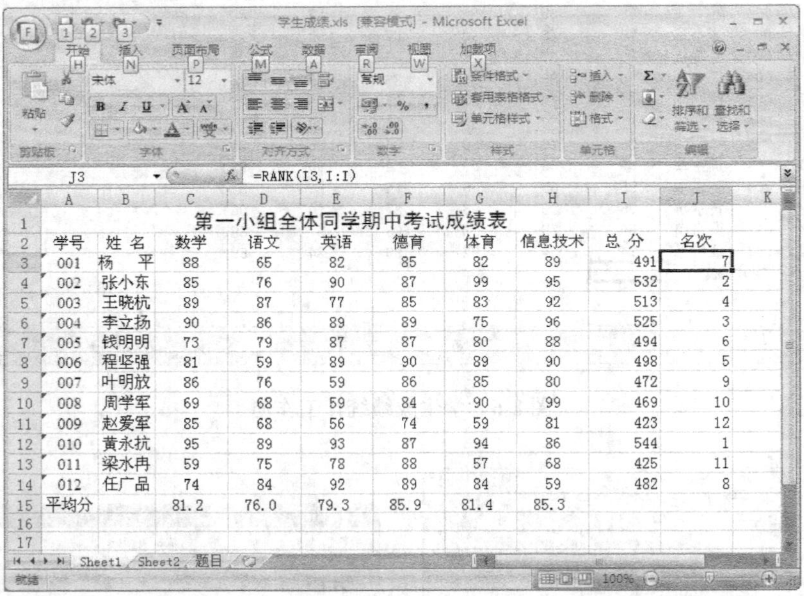

图8-11 计算名次

（3）按照总分排序。为了方便观察按照总分顺序排列的学生名单，我们可以按照总分排序。选中"总分"字段的任一单元格，然后点击工具栏中的升序按钮或降序按钮即可完成排序操作。

（4）选择并标记一些分数。将90及以上的分数与60以下的分数用不同的颜色进行标记，以方便使用者从中掌握关键信息。

选中要标记的区域，即图8-11中单元格C3~H14。点击"开始"菜单的工具栏中"条件格式"，在弹出的列表菜单中，选择"大于"和"等于"，分别设定数值为"90"，颜色设为"绿色"。用同样的方法，选择"小于"及"60"，颜色设定为"红色"。

3. 电子学习档案袋（E-learning portfolio）

电子学习档案袋（简称"电子档案袋"或"电子学档"）是指在信息技术环境下，学习者运用信息手段表现和展示其在学习过程中关于学习目的、学习活动、学习成果、学习业绩、学习付出、学业进步以及关于学习过程和学习结果进行反思的有关学习的一种集合体。

在信息化教学中，电子学习档案袋常常成为记录学生的学习进程、保留学生的学习轨迹、汇集学生的电子作品的学习过程评价方法。电子学习档案袋的使用在客观上有助于促进个人的发展，学生也能在自我评价中逐渐变得更加积极。

电子学习档案袋的内容并非固定不变，它根据使用目的、对象的不同而不同。一般的，电子学习档案袋包含以下几方面的内容。

（1）学习者基本信息，如姓名、学号、年级等。
（2）主题任务描述和学习计划安排，如学习计划表、研究活动的相关描述文档等。
（3）搜集的作品及选择的理由，如作业、调查报告、演示文档等。
（4）评价和反思，如教师评价文档、学生互评、自评、反思文档等。

4. 学习契约

学习契约（learning contract）也称为学习合同，是学习者与帮促者（专家、教师或学友）之间的书面协议或者保证书。这种评价方法来源于真正意义上的契约或合同。学习契约一般由以下5个要素组成：

① 学习目标；
② 学习资源与策略；
③ 完成学习目标的证据；
④ 评价证据的标准及工具；
⑤ 完成学习目标的时间表。

制订学习契约的目的主要是为了培养学习者规划自己学习的能力，加强学习者的责任心。学习契约的基本原则是以"学"为核心，以"任务驱动"和"问题解决"作为学习研究活动的主线。

由于学习契约允许学习者控制自己的学习进程，从而在最大限度上满足了学习者的个别化需要，又由于学生者自己参与了保证书的签订，了解预期的工作任务，因而有助于学生在较长的时间内根据契约的内容来评价自己的学习，保持积极的自律，反过来也能激发学生的学习动机与学习热情。当然，学习契约也不一定总是给学生很大的自由度，教师完全可以根据需要制订相对客观的学习指标。

5. 概念图

概念图（concept map）也称思维图、心智工具，它是用来组织和表征知识结构的工具。概念图将某一主题的有关概念置于圆圈或方框之中，然后用连线将相关的概念和命题连接，连线上标明两个概念之间的意义关系。如图 8-12 所示就是概念图的一个实例，是本书第八章知识结构的一幅概念图。

概念图可以采用徒手方式绘制（例如采用粉笔、黑板、纸和笔等），也可使用通常的办公软件绘制（如 Office、WPS 等）。常用的概念图制作工具软件有：Inspiration，Mind Manager，Mind Man 等。在信息化教学过程中，概念图可以用作教学工具、学习工具和评价工具。

概念图能有效记录学习者的思维历程、概念形成过程，是学习者开展自我反思、自我评价的工具。学生对概念的理解常常会出现不完全或者有缺陷的情况，结果就会导致对概念的误解，通过概念图则可以了解学习者被误解的概念。学生画的概念图表达了他们对概念正确或错误的理解，有助于教师诊断被学生误解的概念。概念图还可以记录人的思维过程，这对于学生的反思十分有价值。

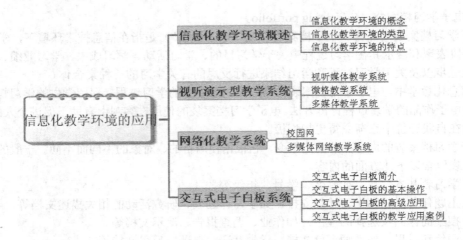

图 8-12 概念图实例

6. 评估表

评估表（assessment form）是以问题或评价条目组织的表单，适当的设计可以帮助学习者通过回答预先设计好的问题来产生某种感悟，有效地启发学生的反思，从而增强他们的自主学习能力，达到提高绩效的目的。

7. 评价量规

评价量规（rubric）是一个真实性评价工具，它是对学生的作品、成果、成长记录袋或者表现进行评价或者等级评定的一套标准；同时也是一个有效的教学工具，是连接教学与评价之间的一个重要桥梁。

为了便于评价标准的统一，人们还常常运用量规作为评价工具。量规是一种结构化的定量评价标准，常表现为一个二维表格，它往往是从与评价目标相关的多个方面详细规定评级指标，具有操作性好、准确性高的特点。在运用作业分析和学习契约等评价方法的同时，应用量规可以有效降低评价的主观随意性。量规的使用，可以由教师评价学生，也可以让学生自评或同伴互评。如果事先公布量规，还可以对学生学习起到导向作用。

量规虽然从字面上看是一个全新的名词，但从内涵上讲并不是全新的。在以往的教学评价中，特别是在评价非客观性的试题或任务时，人们已经或自觉或不自觉地应用了这种工具。例如，教师对学生作文的评价，往往会分别就内容、结构、卷面等方面所占的分数给予规定，以便更有效地进行评价；又如教师在期末评价学生一学期的表现时，也往往会从学生的学业成绩、劳动与纪律、同学关系等多个方面进行综合考虑，给出优、良、中、差的等级评定。但应该认识到，虽然教师可能已经应用了这种结构化的评价方法，但其自觉性、规范性，以及对量规这种工具重要性的认识还是远远不够的。

随着教育信息化的发展，越来越多的试题或学习任务是以非客观性的方式呈现的。传统的客观性评价方法已被证明具有较大的局限性，因而，量规这种评价工具的应用逐渐受到重视。下面将从量规的要素、模版、在评价中的应用来进行分析和阐述，并列举优秀的量规作为案例。

(1) 量规的要素。一般量规至少都具有以下三个要素。

① 一是评价准则，指决定表现性任务、行为或作品质量的各个指标。

② 二是等级标准，说明学生在表现任务中处于什么样的水平。

③ 三是具体说明，描述评价准则在质量上从差到好（或从好到差）的序列，评价准则在每

个等级水平上的表现是怎样的。

（2）量规模版。表 8-2 是一个评价量规模版，左边竖栏是评价准则，具体说明部分是对不同等级行为（认知或技能表现）在质量上从高到低的描述，等级标准则从高到低的对不同的表现进行等级划分。分值一栏是用于定量评价个人或者小组的得分，最后的教师或伙伴评述用于教师、管理者、学生或同伴进行定性的评价。

表 8-2　一种常用的评价量规模板

评价指标（权重）	评价等级标准					自评	互评	师评
	5	4	3	2	1			
评价指标1（分值）	具体说明 a_5	具体说明 a_4	具体说明 a_3	具体说明 a_2	具体说明 a_1			
评价指标2（分值）	具体说明 b_5	具体说明 b_4	具体说明 b_3	具体说明 b_2	具体说明 b_1			
评价指标3（分值）	具体说明 c_5	具体说明 c_4	具体说明 c_3	具体说明 c_2	具体说明 c_1			
评价指标4（分值）	具体说明 d_5	具体说明 d_4	具体说明 d_3	具体说明 d_2	具体说明 d_1			
……	……	……	……	……	……			
总分和评语								

（3）量规在评价中的应用。信息化教学强调以学为中心，注重学习者综合能力的培养。在信息化教学中，要充分利用信息技术手段进行学习，以学生为中心，注重学习者学习能力的培养，充分利用各种信息资源来支持学习。此时学习过程和学习活动是以学生为中心的，学习活动是真实任务驱动，最后的学习结果往往是电子作品、调查报告、观察心得等。这就要求相应的评价工具不但要关注学习过程，还要具有操作性好、准确度高的特点。量规是从与评价目标相关的多个方面详细规定评级指标。量规可以使学生明确学习的要求和目标；可以清楚地显示评价学生学习的方式和教师的期望，同时让学生清楚"如何做"才能达到这些期望；可以使用具体的术语陈述标准，使评价更客观、公正；可以由教师评价学生学习，也可以让学生自评或与同学进行互评。

在信息化教学评价中，量规是一种实用性与操作性都很强的评价工具。不过，要想设计出一个好的量规来并不是那么简单的事情。这里我们提供了一个信息化教学设计的量规（表 8-3）。

表 8-3　信息化教学设计方案评价量规

评价项目	标准1	标准2	标准3
选题（5分）	优（4～5分） 选题适于信息技术与课程的深层次整合，能激发学生的兴趣	良（2～3分） 所选课题比较能体现技术的优势，能激发学生的学习兴趣	一般（1分） 所选课题不能体现技术的优势
课程概述（5分）	优（4～5分） 简洁、内容丰富，激发读者进一步阅读的兴趣	良（2～3分） 对课程进行概述	一般（1分） 陈述不力，繁琐
教学目标（15分）	优（4～5分） 目标陈述明确，学习符合目标学习主题，学习目标针对不同的学习者	良（2～3分） 对学习目标进行了界定，一些目标符合学习主题，针对不同学习者有一些措施	一般（1分） 学习目标不明确或与学习主题相关性不大，不能适应不同学习者的要求
学习者特征分析（5分）	优（4～5分） 详细列出学生的认知特征、起点水平和情感态度准备情况、信息技术技能等	良（2～3分） 列出部分学生的特征信息	一般（～1分） 信息或表不清楚或缺少许多
教学策略选择与活动设计（30分）	优（24～30分）	良（15～23分）	一般（1～14分）

续表

评价项目	标准1	标准2	标准3
	教学策略既能发挥教师主导作用又能体现学生主体地位,能够成功实现教学目标,符合学习者的特征,活动设计和策略一致,教学活动做到形式和内容的统一,活动要求表述清楚	教学策略既能发挥教师主导作用又能体现学生主体地位,能够较好实现教学目标,符合学习者的特征,活动要求表述清楚	不能很好地体现学生的主体,不能有效落实教学目标或多个目标不能落实,策略和活动不太一致,表述不清楚
资源、工具设计（10分）	优（8~10分）资源能促进教学,发挥必需的作用,综合多种媒体的优势	良（5~7分）技术运用效果较好,部分环节技术的优势并不明显	一般（1~4分）滥用技术,资源和工具的运用不恰当,不能发挥必需的作用
评价（10分）	优（8~10分）有明确的评价标准,注重形成性评价,提供了评价工具	良（5~7分）有比较明确的评价标准,比较注重形成性评价,提供了一些评价工具	一般（1~4分）评价标准不明确,只注重知识的考核,没有提供评价工具
创新性（10分）	优（8~10分）教法上有创新,能激发学生的兴趣,既符合学生的年龄特征又有利于学生的学习以及高级思维能力的培养	良（5~7分）教法有一定创新性,能激发学生兴趣,既比较符合学生年龄特征又有利于培养学生的能力	一般（1~4分）教法上一般,重在知识传授,很少关注学生高级思维能力和学习的培养
可实施性（5分）	优（4~5分）方案简单可实施,对教学环境和技术的要求不高,可复制性较强	良（2~3分）方案比较简单,对其他教师有参考性,但其他教师需要作一些修改才能实施	一般（1分）方案对环境和技术的要求较高,其他教师需要作较大的改动才能实施
规范性（5分）	优（4~5分）规范,所有环节一致	良（2~3分）比较规范,缺少一些设计过程,个别环节上有一些不一致的情况	一般（1分）格式比较随意,没有按照教学设计的流程设计,各环节各自独立,不能体现整体性

第五节 综合实例

实例1 《长方体的认识》教学设计

- 课题

《长方体的认识》（设计者：伊思洁）

- 教学内容

义务教育课程标准实验教科书五年级下册第三单元 P28~29 页

- 教材分析

《长方体的认识》是本单元第一课时，是学生系统学习立体图形的开始，是空间图形认识中思维的一次飞跃。本课时在学生已经学习了长方形、正方形等平面图形的基础上进行教学的。在本节课中，学生需要经历从生活模型中抽象出长方体的过程，认识长方体的各部分名称，掌握长方体的组成部分以及特征。学好本课，也是为后面的学习正方体、表面积的计算以及体积和溶剂等学习奠定一定的知识基础。

教材首先呈现一幅贴近学生生活的主体图，引导学生在实际生活中得到长方体的生活模型，体现数学与生活的密切联系。在此基础上抽象出几何模型，以图文并茂的方式呈现出长方体的各部分名称，并且鼓励学生自主观察长方体，初步感知长方体面的特点，抽象出长方体的本质特征，以此发展学生的观察能力和概括能力。紧接着，教材鼓励学生自己动手探索，将静态的课本动态化，进一步巩固长方体的特征并通过小天使的提问引导学生思考，为后面学习长、宽、高的概念打下伏笔，同时发展学生动手操作的能力以及合作交流能力。纵观全课，不仅体现学生是学习的主体，更突出了教材的难度呈螺旋上升的编排特点。

- 学情分析

五年级的学生已经有了较丰富的生活经验，知道在生活中的电冰箱、砖块、纸巾盒等都是长方体，对长方体已经有了初步的感性认识，这对于同化本课新知识起着重要的正迁移作用。但是，本课是学生从平面图形到立体图形的一次飞跃，所以在理解本课具有一定的难度。除此之外，五年级的学生正处于直观形象思维向抽象思维过渡的阶段，而且空间想象能力还较弱，所以探索长方体的特征也具有一定难度的。

- 教学目标

（1）知识与技能目标。经历从生活模型中抽象出长方体的过程，理解长、宽、高的概念，掌握长方体的组成部分以及长方体的本质特征。

（2）过程与方法目标。经历自主探索长方体特征的过程，发展学生的动手操作能力，进一步发展学生的空间观念。

（3）情感态度价值观。感受长方体的生活中的广泛应用，培养学生用数学的角度观察生活。

- 教学重难点

重点：掌握长方体的组成部分以及特征。

难点：探索长方体的特征。

- 教学思路与教学方法

《义务教育数学课程标准》明确指出，学生的学习应该建立在已有的认知发展水平以及已有的知识经验基础之上。并且，学生是学习数学的主体，教师是数学学习的组织者和引导者。所以在本节课中，笔者主要采用自主探索法、辅助比谈话法、实验法等，并设计了以下几个教学环节。

一、生活感知，引出长方体模型。
二、自主探索，掌握长方体特征。
三、合作交流，理解长宽高概念。
四、层层深入，应用巩固长方体。
五、课堂回眸，内化拓展长方体。

- 教学准备

多媒体课件、生活中的长方体、长方体模型、小木棒等。

- 教学流程

一、生活感知，引出长方体模型

生活感知，揭示课题。

[教师描述]生活中，你都在哪里见过长方体？

[预设]

预设 1	预设 2	预设 3	预设 4	……
砖头	电视机	电冰箱	高楼	……

[小结]长方体在我们的生活中随处可见，今天我们就来学习长方体。

[设计意图]从学生身边常见的生活模型入手，感受数学与生活的密切联系，激发学生的好奇心和求知欲。

二、自主探索，掌握长方体特征

1．初步认识长方体，抽象数学模型

[教师描述]（PPT 呈现）

2．自学课本，掌握各部分名称

[引导]这就是长方体，长方体每部分都有自己的名字，请

同学们自学课本第28页上面的部分，找一找。

（1）教师下去巡视指导。

（2）学生汇报、交流。

[设问]说说你发现了什么？

[预设]长方体中有棱、面和顶点。

[追问]什么是面？什么是顶点？什么是棱？请你上来指一指，下面的同学（同桌）两人指一指。

3.自主探索，抽象本质特征

[教师描述]请同学们前后左右四人一小组，拿出生活中的长方体模型，仔细观察，再说说你发现了什么？并将你的发现填入下表。有困难的小组可以请教课本老师。

(1) 长方体有_____个面。	(4) 长方体有_____条棱。
(2) 每个面是什么形状的？_____	(5) 哪些棱长度相等？_____
(3) 哪些面是完全相同的？_____	(6) 长方体有_____个顶点。
	(7) 大家还有什么发现？_____

（1）教师下去巡视指导。

（2）学生汇报、全班交流。

[预设]

预设1	预设2	预设3	预设4	预设5
长方体有6个面	6个面都是长方形	相对的2个面相同	长方体有12条棱	长方体有8个顶点

……

[追问]说说你是怎么发现的？你能上来将你的发现指给同学看吗？

[教师描述]（PPT呈现）动画。

[小结]长方体的特征：长方体有6个面、12条棱以及8个顶点；并且，6个面都是长方形（特殊的情况下有两个面是正方形），相对的2个面一定相同；长方体的12条棱可以分为3组，每组的4条棱都相等。

[设计意图]以动画的形式呈现长方体的特征，形象生动，便于学生理解掌握，加深印象。

4．尝试概括，抽象长方体的概念

[评价]同学们真棒，发现了这么多现象。

[追问]到底什么是长方体？长方体是由什么组成的呢？

[小结]长方体是由6个面的长方形围成的立体图形。由6个面、12条棱以及8个顶点组成。

三、合作交流，理解长宽高概念

[教师描述]既然我们已经学习了长方体，接下来我们一起动手做一个长方体。请同学们前后左右4人一小组，利用木棒和橡皮泥制作一个长方体框架。

（1）教师下去巡视指导。

（2）学生作品展示、全班交流。

[追问]在制作的过程中你遇到了什么困难？你有什么发现？

[思考]（1）长方体的12条棱能分成几组？为什么？

（2）相交于同一顶点的3条棱相等吗？

[引导]这3条棱又有什么名字呢？自学课本第29页，找一找。

[小结]

相交于一个顶点的三条棱的长度分别叫做长方体的长、宽、高。

四、层层深入，应用巩固长方体

1．指认题

下列图中，长方体有_____。

2．判断题

（1）长方体有 12 条棱，由 8 个面和 6 个顶点组成。　　　　　　　（　　）

（2）长方体中不可能存在正方形。　　　　　　　　　　　　　　　（　　）

（3）长方体中只有相对的棱相等。　　　　　　　　　　　　　　　（　　）

（4）长方体中长宽高都有 4 条。　　　　　　　　　　　　　　　　（　　）

3．想一想，下列哪些长方形可以组成长方体？

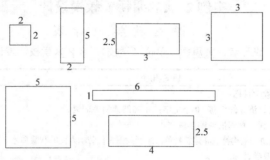

[设计意图]进一步发展学生的空间观念。

4．找一找

一共有 A、B、C、E、H、G 六个字母。

A 的对面是_____，B 的对面是_____，G 的对面是_____。

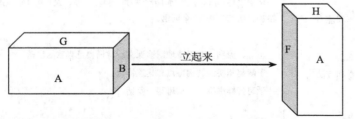

[设计意图]是长方体知识的逆运用，发展学生抽象思维能力。

5．仔细观察下图。

说说图中哪些是长方体？哪些是正方体？

[设计意图]感受立体图形在生活中的广泛应用，培养学生用数学的角度观察生活的好习惯。同时为后面立方体的学习打下铺垫。

五、课堂回眸，内化拓展长方体

说说本节课你收获了什么？
你是怎么学习的？
对以后的学习中有什么帮助？

六、板书设计

长方体的认识 6个面 12条棱 8个顶点

实例2 《赵州桥》教学设计

课 堂 教 学 设 计 表

课程名称：<u>小学语文</u>　设计者：<u>黄思敏</u>　单位（学校）：<u>×××学校</u>　授课班级：<u>三（1）班</u>

章节名称	19.赵州桥		计划学时	2
教学目标	第一课时的教学目标： ① 认识"县、济、匠"等10个生字；正确朗读相关词语。 ② 正确、流利、有感情地朗读课文。 ③ 了解赵州桥的结构特点和建筑特色，感受我国古代劳动人民的智慧和才干。 第二课时的教学目标： ① 会写"县、设"等14个字；能正确读写相关词语。背诵自己喜欢的段落。 ② 了解赵州桥的结构特点和建筑特色，感受我国古代劳动人民的智慧和才干，增强民族自豪感。 ③ 学习怎样围绕一个意思写一段话。			
学习目标描述	学习目标	具体描述语句		
	知识和能力	认识"县、济、匠"等10个生字。会写"县、设"等14个字。能正确读写"设计、参加、雄伟"等23个词语。		
	过程和方法	正确、流利、有感情地朗读课文，背诵自己喜欢的段落。 了解赵州桥的结构特点和建筑特色。 学习怎样围绕一个意思写一段话。		
	情感态度和价值观	感受我国古代劳动人民的智慧和才干，增强民族自豪感		
项目	内　　容	解 决 措 施		
教学重点	通过理解重点词句，了解赵州桥雄伟、坚固、美观的特点，体会语言描写的特色	① 教师指导朗读，通过朗读领悟课文内涵。 ② 课上组织小组合作探究		
教学难点	学会围绕一个意思写一段话的方法。	① 举例说明。 ② 让学生自己讲一讲，指出错误之处，在进行指导。 ③ 多学习范例。		

续表

	学习目标	媒体类型	媒体内容要点	教学作用	使用方式	所得结论	占用时间	媒体来源
教学媒体资源的选择	知识和能力	课件1（文字、声音、动画、）	生字词	K	B, F, H	掌握生字音、形（偏旁、结构、笔顺）、义。	10分钟	自制
	过程和方法	课件2（文字、图画）	赵州桥的平面框架图和完整的图，突出四个小洞	A, C, I	B, F, H	了解赵州桥的结构特点和建筑特色。	30分钟	自制 下载
		课件3	围绕一个意思写一段话的例子	I	H	知道怎样围绕一个意思写一段话	30分钟	自制 下载
	情感、态度和价值观	课件4（图片、音乐）	中国传统建筑图	B	F		10分钟	下载

① 媒体在教学中的作用分为：A.提供事实，建立经验；B.创设情境，引发动机；C.举例验证，建立概念；E.呈现过程，形成表象；F.演绎原理，启发思维；G.设难置疑，引起思辨；H.展示事例，开阔视野；I.欣赏审美，陶冶情操；J.归纳总结，复习巩固；K.其他。

② 媒体的使用方式包括：A.设疑—播放—讲解；B.设疑—播放—讨论；C.讲解—播放—概括；D.讲解—播放—举例；E.播放—提问—讲解；F.播放—讨论—总结；G.边播放、边讲解；H.其他

板书设计	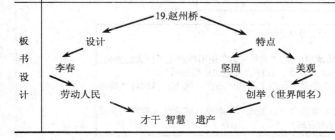

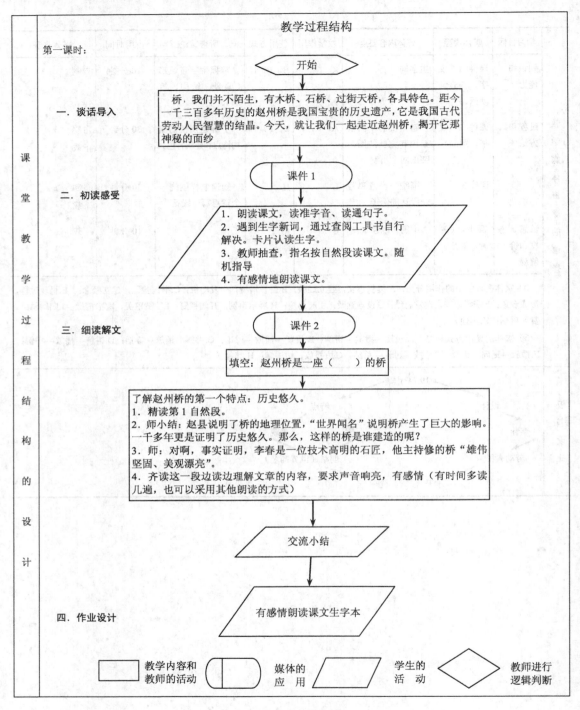

思考与实训

思考练习

1. 什么叫教学设计?
2. 教学设计的发展过程经历了哪几个阶段?
3. 教学设计的前期需要对哪些方面进行分析?如何进行?

4. 表述学习目标的基本要素有哪些?
5. 如何结合特定的学习任务和学习者,制订有效的教学策略。
6. 应当如何选择教学媒体?
7. 论述教学设计的基本过程。
8. 什么是教学评价?实施教学评价的意义何在?
9. 教学评价有哪些主要的类型?
10. 什么是电子档案袋?在教学实践中如何有效地建立和使用电子档案袋?
11. 应用量规进行评价有哪些优点?量规的设计应当遵循什么原则?

实训项目

1. 选择小学语文或数学的某个内容,设计信息化教学设计方案
2. 对某个教学设计方案进行评价,写出评价意见和改善建议。
3. 参照信息化教学设计方案量规设计一则研究性学习量规。

第九章 新生代课程——微课程

【学习目标】
1. 理解微课程及与其相关的概念。
2. 了解微课程的分类和特点。
3. 知道微课程的开发程序、设计模式及其评价。
4. 了解微课程的应用现状及展望。

随着移动通信技术、社交媒体,以及以开放、共享为理念的开放教育资源运动的快速发展,"微"教学模式逐渐在全球范围内兴起。在国外,以可汗学院(Khan Academy, http://www.Khanacademy.org /)与 TED Ed(http://ed.ted.com/)为代表的微型网络教学视频的出现,进一步触发了教育工作者和研究者对微视频等运用于课堂教学的可行性探索,在"翻转课堂"(flipped classroom)等教学模式中使用微视频作为教学资源供学生自主学习使用。自 2011 年起,以"佛山市中小学优秀微课作品展播平台"与"微课网"为代表,以及最近为配合上海地区电子书包项目而启动的上海市闵行区中小学微课程设计评比,和国家层面的全国高校微课程大赛,国内开始了微课程实践层面上的尝试。同时,《教育信息化十年发展规划(2011~2020 年)》指出,教育信息化的发展要以教育理念创新为先导,以优质教育资源和信息化学习环境建设为基础,以学习方式和教育模式创新为核心。在种种合力的推动下,这种以微视频为核心的新型教学模式引起了教育研究者以及一线教师的广泛关注和热捧。

本章梳理了有关微课程的概念、开发、应用等内容,介绍性地展示出来,抛砖引玉,让学生初步了解微课程,以便学生走上工作岗位就能适应信息时代的要求。

第一节 微课程概念及发源

一、微课程概念

全民已经进入微时代,随着新技术发展,中国引来了移动互联网浪潮,2012 年 12 月底,中国手机上网用户的规模为 4.2 亿,在地铁、车站甚至饭桌上,你都可以看到人们拿着手机在看信息、学英语、上微博、玩游戏,于是微博、微信、微电影、微小说、微学习出现了,当下的中国悄然进入了一个微时代。在此背景下,学习也进入微时代,简称微学习,即碎片化学习,一次学习一点,只学最主要的,随时随地借助移动设备(手机或 iPad),学习者能在任何时间、任何地点以任何方式学习任何内容。

(一)微课程的发源

微课程(micro-lecture)的雏形最早见于美国北爱荷华大学(University of Northern Iowa)LeRoy A. McGrew 教授所提出的 60 秒课程(60-second course)以及英国纳皮尔大学(Napier University)T.P.Kee 提出的一分钟演讲(the one minute lecture,简称 OML)。McGrew 教授希望在非化学专业的学生以及民众中普及有机化学常识,然而现有的有机化学概论教材篇幅很长且需要花很多精力去学习。因此,McGrew 教授提出 60 秒课程,以期在一些非正式场合,如舞会、搭乘电梯时,为大众普及化学常识。他将 60 秒课程设计成三部分:概念引入(general introduction);解释(explanation and interpretation);结合生活列举例子(specific example - the chemistry of life)。他还认为其他领域的专家也可用类似的方式普及自己的专业(McGrew,

1993）。Kee 认为学生应当掌握核心概念(key points)以应对快速增长的学科知识与交叉学科的融合，因而提出让学生进行一分钟演讲，并要求演讲须做到精炼，具备良好的逻辑结构且包含一定数量的例子。Kee 认为一分钟演讲在促进学生学习专业知识的同时能掌握学习材料之间的关系，以免所学知识孤立、片面。

在国外，早已有了"微课程"（microlecture）这个概念，它最早是由美国新墨西哥州圣胡安学院的高级教学设计师、学院在线服务经理戴维·彭罗斯（David Penrose）于 2008 年秋首创的。彭罗斯认为微型的知识脉冲(knowledge burst)只要在相应的作业与讨论的支持下，能够与传统的长时间授课取得相同的效果。Penrose 提出建设微课程的五个步骤：

① 罗列课堂教学中试图传递的核心概念，这些核心概念将构成微课程的核心；
② 写出一份 15～30 秒的介绍和总结，为核心概念提供上下文背景；
③ 用麦克风或网络摄像头录制以上内容，最终的节目长度为 1～3 分钟；
④ 设计能够指导学生阅读或探索的课后任务，帮助学生学习课程材料的内容；
⑤ 将教学视频与课程任务上传到课程管理系统。

同时，彭罗斯还认为这将成为一种知识挖掘(knowledge excavation)的框架，微课程将提供一个知识挖掘的平台，并告诉学生如何根据学习所需搜索相应的资源；允许学生对自己的学习有更多的主动权，自主地挖掘所需的知识点、有针对性地开展学习；并且这种主题集中的微课程能够有效地节约学习时间。但是这种教学模式并非适用于所有课程，如在理解复杂概念方面的课程并不能取得较好效果(Open Education，2009)。尽管如此，这种在短时间内提炼出核心概念的微课程形式，促使教师、学习者、研究者与利益相关者重新用一种新的思考方式开展教学。后来，戴维·彭罗斯被人们戏称为"一分钟教授"（the one minute professor）。戴维·彭罗斯把微课程称为"知识脉冲"（knowledge burst）。

（二）微课程概念

微课程（microlecture）这个术语并不是指为微型教学而开发的微内容，而是运用建构主义方法化成的、以在线学习或移动学习为目的的实际教学内容。《高等教育纪事报》介绍说，这些大约只有 60 秒长度的展示带有具体的结构，它们并不仅仅是简单的演示。

在"翻转课堂"的教学流程中，可汗式"微课程"是指记录教师给学生讲授课程内容的一段 10 分钟以内的"微视频"。这段"微视频"需要与学习单、学生的学习活动流程等结合起来，才是一个完整的"微课程"；如果离开了学生的学习活动，仅仅是录制的一段教师上课讲授活动的内容，实质是一段视频记录的课堂教学实录，可以作为一段学习材料，没有形成"微课程"的系统。

黎加厚教授认为，要定义微课程，首先要弄清"课"和"微课"的含义。在经典教学论的学术专著中，对"课"的定义是："课是有时间限制的、有组织的教学过程的单位，其作用在于达到一个完整的、然而又是局部性的教学目的。"观察和分析一节课的组成，包括了教师、学生、教学目的、教材、各类数字化媒体、教学活动组织、教学方法、教学评价与反馈、学习环境等多种要素，形成了一个复杂的系统，系统中的各个要素相互关联与互动，构成了教学系统的生命活动。

与"课"的概念相对应的"微课"（微课程），是最近从"翻转课堂"中涌现出来的新概念。当大家注意到可汗学院的课程是一小段一小段讲授知识点的"小"课程，就开始把供学生自主学习的教师授课的"微视频"称为"微课程"。后来发现，仅仅是一段"微视频"，如果教师组织课堂教学的方式没有改变，这样的"微视频"还在停留在上个世纪的"积件"的思路上，即将课堂录制的课堂实录视频切片，做成一个个教学片断，目的是用作配合教师上课的教学资源，或者用于教师专业发展与教学反思的"微格教学"。

而现在，随着信息技术的快速发展，尤其是无线网络的发展和手机等移动学习终端的普及，给微课程的生存和发展奠定了基础。黎加厚教授认为，"微课程"是指时间在 10 分钟（6

分钟最佳)以内,有明确的教学目标,内容短小,集中说明一个问题的小课程。

在我国,广东省佛山市教育局胡铁生基于现有教育信息资源利用率低的现状,率先提出了以微视频为中心的新型教学资源——"微课"。他认为,"微课"是指按照新课程标准及教学实践要求,以教学视频为主要载体,反映教师在课堂教学过程中针对某个知识点或教学环节而开展教与学活动的各种教学资源的有机组合。"微课"的核心内容是课堂教学视频(课例片段),同时还包含与该教学主题相关的教学设计、素材课件、教学反思、练习测试及学生反馈、教师点评等教学支持资源,它们以一定的结构关系和呈现方式共同营造了一个半结构化、主题突出的资源单元应用"生态环境"。相比彭罗斯提出的微课程,胡铁生从教育信息资源的角度深化了微课程的概念:彭罗斯的微课程概念实质上改变了网络课程教学形式,但并没有考虑资源的"活性",即微课程是否同传统的开放教育资源一样面临着低利用率的问题,而胡铁生认为只有那些满足教师与学生需求,并且具有半结构化、动态生成的教学资源才具有活性,能够提高微课程资源的利用率;将微课程的受众从学生扩大到教师,就像学生可以自主选择有针对性的学习内容,教师也可以选择针对性的微课程作为教学资源并促进其专业发展;将微课程定位为传统课堂学习的一种补充与拓展资源,并且契合移动学习、泛在学习等理念。

为什么"微课程"的视频时间要限制在 10 分钟以内呢?这是根据国外可汗课程的统计和脑科学的研究,一般人的注意力集中的有效时间在 10 分钟左右。我们在各地培训教师设计微课程的实践也发现,其实,微课程的时间一般在 3~5 分钟为佳,超过 6 分钟,人们观看视频时就感觉有些冗长。

(三)与"微"相关的概念

1. 微课程与"微型课程"、"微型学习"的联系与区别

新加坡南洋理工大学国立教育学院在 1998 年开展了微型课程(MicroLESSON™)项目。项目主持人 Philip Wong 教授认为,微型课程是运用计算机通讯技术(ICT) 来达到特定目标的小教学材料(Chee& Wong, 2011)。微型课程一般是一系列半独立性的专题或单元,持续时间比较短,一般只有 1~2 个学时,教学的组织规模也比较小。由此可见,微型课程(microlesson) 针对的是以信息技术为支撑的完整的教学活动,促进信息技术更好地整合于教与学,时间与规模都是微型的,而微课程则以微视频为核心教学资源开展教学,可以整合常规课程教学,也可以供学生自主学习与教师发展所用;微型课程基于现实的学校课堂教学,属于正式学习范畴,而微课程则适用于正式学习、非正式学习或兼而有之。

微型学习基于新的媒介生态环境应运而生,适应了学习者呼唤更丰富的非正式学习体验的需求。奥地利学习研究专家 Lindner 将微型学习表述为一种指向存在于新媒介生态系统中,基于微型内容和微型媒体的新型学习。微型学习产生于微型化、片段化、社会化、大众化与草根化媒介技术与内容的背景,隐含的学习理论基础为社会建构主义与联通主义,即将学习情景视野放在了网络社会结构的变迁之中,认为学习是在知识网络结构中一种关系和节点的重构和建立,学习是一个联结的过程。微型学习大多依靠手持移动设备,传播短小的、松散的、实用的片段化微型学习内容,满足学习者随时随地的学习需求。由此可见,微型学习在形式上主要侧重于基于手持移动终端使用片段化微型学习内容的非正式学习,技术上符合现代媒体的发展趋势,理念上是连接正式学习与非正式学习使得学习成为连续的全景化学习观,是一个总结性的、前瞻性的上位概念。

尽管微课程的提出者并非从移动技术与非正式学习的角度提出微课程,但理念上应属于微型学习中的微型学习资源,是从不同的角度提出并践行微型学习资源的设计理念。微课程的呈现形式主要是短小精悍的微型教学视频(micro video) ,也可以是其他形式的多媒体微内容(micro content) ,如文本、音频等。为保证资源的有效性,微课程还必须具备一套完整的教学设计,包含课程设计、开发、实施、评价等环节,尤其注重对学生学习课程内容的学习

支持服务；微课程是半结构化的，以建构主义为指导，随着教学需求、资源应用、学生反馈的变化而处于不断的动态发展之中；微课程作为一种片段化的学习资源，学习者处于一种边缘性的投入与非联系的注意状态，需要资源开发者、教学者设计有效的支架，设计学习的路径，引导学习者有效利用微课程资源学习。可见，三者存在内在一致性，微课程的提出同时也使得微型学习和微型课程在资源设计、学习理念方面有所深化与拓展。

2. 微学习和微内容的概念

微学习（micro learning）有别于微课程，微学习处理相对较小的学习单元以及短期的学习活动。一般来说，微学习指的是微观背景下的学习，比如教育和培训。在更广泛的意义上，微学习可以被理解为一个隐喻，指的是微观方面的各种学习模式、概念以及过程。

微内容（micro content）主要和学习内容方面相关。微内容一词1998年最初被尼尔森等人使用时，指向的是一种用以描述宏内容的短小扼要的摘要形式的东西，比如 E-mail 的主题句、网页的标题介绍、元数据描述词等这一类的文本。随着 Web2.0 的先驱者们对网络内容构成趋向的深入理解，微内容一词被赋予了新的认识和语义特征。微内容可能来自一封邮件、一则网络新闻、一个即时短信、一篇刚更新的博文、一句 twitter 里的碎语、一段土豆网上对一本新书的评论、一个 Wikipedia 中新增的词条、7Flicker 上的图片、一段 Youtube 上的视频、甚至只是一个 Facebook 中好友留下的电话号码等。

二、微课程的分类

1. 按表现形式分类

按照表现形式分类，微课程的制作形式主要分为三种类型。

（1）PPT 式微课程。此课程比较简单，PPT 由文字、音乐、图片构成，设计 PPT 自动播放功能，然后转换成视频，时间在 5 分钟左右。

（2）讲课式微课程。由讲师按照微课程要求，按照模块化进行授课拍摄，经过后期剪辑转换，形成微课程，时间为 5~10 分钟。

（3）情景剧式微课程。此课程借鉴好莱坞大片拍摄模式，企业组成微课研发团队，对课程内容进行情景剧设计策划，撰写脚本，选择导演、演员、场地进行拍摄，经过制片人后期视频剪辑制作，最终形成微课程。时间为 5~10 分钟。

2. 按教学形式分类

按照教学形式分类，根据李秉德教授对我国中小学教学活动中常用的教学方法的分类总结，同时也为便于一线教师对微课分类的理解和实践开发的可操作性，这里初步将微课程划分为 11 类，分别为讲授类、问答类、启发类、讨论类、演示类、练习类、实验类、表演类、自主学习类、合作学习类、探究学习类。

（1）讲授类。适用于教师运用口头语言向学生传授知识（如描绘情境、叙述事实、解释概念、论证原理和阐明规律）。这是中小学最常见、最主要的一种微课类型。

（2）问答类。适用于教师按一定的教学要求向学生提出问题，要求学生回答，并通过问答的形式来引导学生获取或巩固检查知识。

（3）启发类。适用于教师在教学过程中根据教学任务和学习的客观规律，从学生的实际出发，采用多种方式，以启发学生的思维为核心，调动学生的学习主动性和积极性，促使他们生动、活泼地学习。

（4）讨论类。适用于在教师指导下，由全班或小组围绕某一种中心问题通过发表各自意见和看法，共同研讨，相互启发，集思广益地进行学习。

（5）演示类。适用于教师在课堂教学时，把实物或直观教具展示给学生看，或者作示范性的实验，或借助现代教学手段，通过实际观察获得感性知识以说明和印证所传授知识。

（6）练习类。适用于学生在教师的指导下，依靠自觉的控制和校正，反复地完成一定动作或活动方式，借以形成技能、技巧或行为习惯，尤其适合工具性学科（如语文、外语、数学等）和技能性学科（如体育、音乐、美术等）。

（7）实验类。适用于学生在教师的指导下，使用一定的设备和材料，通过控制条件的操作过程，引起实验对象的某些变化，从观察这些现象的变化中获取新知识或验证知识。在物理、化学、生物、地理和自然常识等学科的教学中，实验类微课程较为常见。

（8）表演类。适用于在教师的引导下，组织学生对教学内容进行戏剧化的模仿表演和再现，以达到学习交流和娱乐的目的，促进审美感受和提高学习兴趣。一般分为教师的示范表演和学生的自我表演两种。

（9）自主学习类。适用于以学生作为学习的主体，通过学生独立的分析、探索、实践、质疑、创造等方法来实现学习目标。

（10）合作学习类。合作学习(collaborative learning)是一种通过小组或团队的形式组织学生进行学习的一种策略。

（11）探究学习类。适用于学生在主动参与的前提下，根据自己的猜想或假设，运用科学的方法对问题进行研究，在研究过程中获得创新实践能力、获得思维发展，自主构建知识体系的一种学习方式。

三、微课程的特点

（1）小巧方便。一般一节微型课程教学视频用时约为一节课的 1/4～1/2 不等，具体授课时间为 5～10 分钟。如录制一个知识重点或难点讲解的微课程教学视频，让学生每一次只接触少量的新教学内容，使他们更容易吸收、理解。

（2）简单高效。化繁为简，只学核心，不学陪衬，没有繁琐的理论，只有简单的方法；只学最需要的，只学最有用的，让学习更高效，一次只进行一小部分，积少成多。

（3）随时随地。想什么时候学习，就什么时候学习，只有 5 分钟，若干个"微时间"组合成"1+1＞2"的效应，机场候机、车站候车、酒店候餐，拿出手机即时学习，不受时间、空间限制。

（4）生动有趣。视频中大量使用了图片，音乐，故事，等生动化素材，有效刺激学生右脑，让学习视觉化；课程中去除了简单的说教，借鉴了好莱坞大片中悬疑、意外、问题等刺激元素，让课程趣味十足，富有视觉黏性。

第二节 微课程的设计与开发

微课程还是一件新生事物，许多一线教师在刚刚开始学习微课程制作的时候，往往把微课设计成为了小课件，没有掌握学生究竟需要什么样的微课程。这种现象反映了大部分教师已经形成了长期以讲授为主的"计算机辅助教学"的思维定势。因此，学习运用微课程的过程，其实也是教师转变教学理念、掌握信息时代新的教学方式和教学策略的过程。在这个转变过程中，教师首先自己要学会微课程设计方法。

一、微课程的开发

（一）开发微课程的要素和程序

教师们准备的课程少则个把小时，长则几个小时，甚至更长。要将这些课程压缩为几分钟的东西，这实在是一项艰巨的任务。但任何东西总有其最基本的元素，制作微课程最基本的元素包括：微课程传递的核心概念（知识点）、明确的教学目标、简明扼要的总结（提示单）及相关的教学资源与活动等。

微课程概念的创立者戴维·彭罗斯的五步法对建设自己的微课程很有启发意义，在教学中可以加以尝试。

（1）罗列在60分钟的课堂教学中你试图传递的核心概念，这一系列的核心概念将构成微课程的核心。

（2）写出一个15~30分钟的介绍和总结，它们将为你的核心概念提供上下文背景。

（3）用一个麦克风和网络摄像头录制以上几个元素。如果你不能完成这个任务，你所在单位的信息技术部门可以为你提供建议和微课程设备。制作完成的节目长度必须在1~5分钟之间，最多不可超过6分钟。

（4）在这个课程之后，设计一个任务，使这个任务能指导学生去阅读，或者开展探索这些核心概念的活动。如能与写作任务结合起来，那么，它可以帮助学生学习课程材料的内容。

（5）将视频和任务上传到你的课程管理系统中，以供课堂教学使用。

（二）微课程设计模式

目前，南京大学的张宝辉教授团队提出了一种微课程设计模式，如图9-1所示。

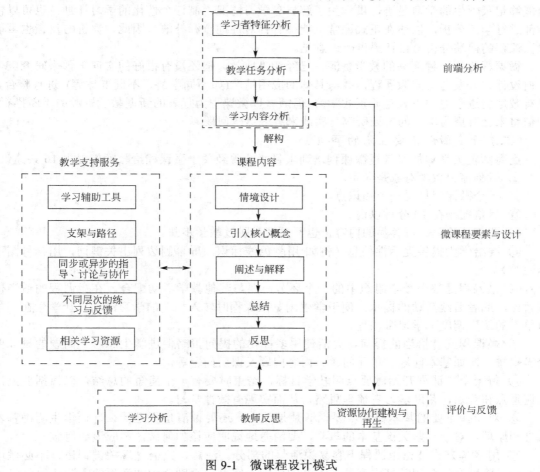

图9-1　微课程设计模式

首先，应注重与现实课堂的整合。微课程应当扎根于现实课堂。作为核心教学资源的微视频在课堂中可以承担不同的角色，包括课程引入、核心概念讲述、探究过程的演示、课后的练习等；在与课堂整合层面，需要注重教学设计，即对学生进行需求分析，结合教学任务需求，确定学习内容，并解构成微课程资源。

其次，微课程不仅仅是微视频的呈现，而且还是一门完整的课程，有一套完整的教学设计，因此教学支持服务应当是其中不可或缺的部分。教学支持服务包括学习辅助工具、支架与路径、同步与异步、讨论与协作、不同层次的练习与反馈及相关的学习资源。教学支持服务承担着线上辅导的职能，提供足够的学习支架与学习路径，可避免学习内容过于零散造成学生迷失。同时，教学支持服务要增强师生之间的在线同步、异步交流工具的使用，让学生的学习可以无处不在，使得课上的正式学习与课外的非正式学习统一、连续。

最后，学习资源动态生成，师生相互建构学习内容。片段化的微课程需要系统性，需要多种类型的资源以一定的结构进行组合并形成有意义的关联；这种关联不是线性的，而是发散性的网状结构；不是静止不变，而是在动态前进的。一门微课程的设计雏形出来之后，需要经过教师同行、学生进行评判、实践，并在交流中不断对微课程这个"产品"进行完善，并且与其他点状的微课程资源建立网络，并随着教学需求与环境发展不断发展与充实这个网络结构，这样的学习资源以及课堂教学才会充满生机。而学习资源动态生成的实现需通过师生教学的评价与反馈体现。教学反馈包括学生的学习分析与教师的教学反思。微课程学习平台能够记录学生的学习足迹，供学生了解自身学习情况，制订个性化的学习计划；也可以供教师进行学习分析，以便在正式课堂上能够有针对性地查漏补缺。因此，评价与反馈也可以对微课程的前端分析与设计提供改进意见。

微课程作为一种新兴的教学资源，已经初见成效，但还没有很好的实证干预来研究应该如何设计、开发与实施微课程，并与具体的应用情境(如不同学科、不同群体等)进行整合，以有效地促进学生的正式与非正式学习。但随着以微课程为代表的新型教学资源的不断推行，相信将来会有更为深入的实证研究与实践来解答这些问题。

（三）开发微课程要注意的事项

上海师范大学黎加厚教授微课程培训项目团队曾经关于微课程给教师们提出 16 条建议。

① 时刻谨记教学对象是学生。
② 一个微课程只说一个知识点。
③ 尽量控制在 10 分钟以内。
④ 即使再简单、再容易的内容，也不要轻易跳过教学步骤。
⑤ 要给学生提供提示性信息（例如:用颜色线标识，屏幕侧边列出关键词，用符号图形标注等）。
⑥ 微课程是整个教学组织中的一个环节，要与其他教学活动配合。在微课程的适当位置暂停，或者后续活动的提示，便于学生浏览微课程时转入相关的学习活动，让学生在"学习单"的统一调度下学习微课程。
⑦ 微课程应有恰当的提问，灵活使用多样化的提问策略促进学生思考。问题的设计要恰当安排，比如基本问题、单元问题、内容问题及课后问题等。
⑧ 每一个微课程开始时要点明教学目标，结束时要有一个简短的总结，以概括要点，强调重点和难点，帮助学习者梳理思路，从而实现有效性学习。
⑨ 对一些重要的基本概念，要说清楚是什么，还要说清楚不是什么，让学生明确基本概念和原理。对于一些关键基本的教学，要清楚地说明应该如何做，不应该如何做。
⑩ 用字幕方式补充微课程不容易说清楚的部分。注意，只需呈现关键词语，不必像电视剧一样将所有的台词都打出字幕，不必句句配上字幕，否则会增加学生的阅读认知负荷。
⑪ 教师要培养学生养成良好的自主学习的习惯，例如要根据学习单的指导来看视频，看完视频以后要回到学习单来讨论、练习；要告诉学生使用微课程的技巧，例如遇到没有听懂的地方可以暂停重听。
⑫ 在学习单上将微课程和相关资源与活动超链接起来，方便学生在学习单的统一调度下跳转学习。
⑬ 一门课程开始的时候，要清楚地介绍这个课程的评价方法和考试方式，引导学生根

据教学目标学习。

⑭ 开始时，要介绍主讲老师本人的情况，让学生了解教师。

⑮ 注意研究借鉴可汗课程在讲与你类似的课程时所采用的教学方法。

⑯ 留心学习其他领域的设计经验，注意借鉴、模仿与创造。例如从电影、电视、广告等大众媒体中找到可以借鉴的创意；充分利用原有资源进行二次开发。

二、微课程的评价

目前，国内教育界还没有统一的关于微课的评价标准，一般由微课推广组织方或者比赛的教育主管部门设计评价标准，微课程的评价标准通常分为5项指标，量规表如表9-1所示。

表9-1 微课程评价量规表

评审指标	评价标准	权重	评价等级			
			优	良	中	差
			4	3	2	1
简要 20分	微课程的时间控制在10分钟以内，抓住学生注意力的最佳黄金时段	2.5				
	能简明、扼要地概述知识点，点拨难点，突出注意点	1.25				
	循序渐进帮助学生完成对知识点的学习	1.25				
清晰 20分	使用规范的学术用语，语言文字表述清晰、有条理，易于学生理解	2.5				
	画面合理布局，成像清晰，无质量缺陷	2.5				
技术 20分	针对不同的主题，选取合适的一种或者多种方法，恰当运用信息技术，帮助学生自主学习。	5				
创新 20分	教育理念、教学模式、运用技术创新、	2.5				
	教学策略丰富，能激发学生的学习兴趣，易于学生理解学习内容	2.5				
聚焦 20分	只讲述一个教学知识点，这个知识点是供学生自主学习时，必须要教师讲述才能理解的内容，是学习的重点、难点、易错点。学生能够自己通过阅读教材理解的内容，不需要教师制作微课程	5				
总分						

微课程除了微视频以外，还需要进行相应的教学设计。下面以"《小雪花》歌曲演唱与声势律动"微课程为例（例子来源于金华职业技术学院吴春瑛老师）。"《小雪花》歌曲演唱与声势律动"的微视频，如图9-2所示。

实例 "《小雪花》歌曲演唱与声势律动"教学设计

一、教学背景

学前教育学生通过前三个学期的歌唱、弹奏、舞蹈等基本技能学习后，在弹、唱、跳的单项技能方面有了一定的基础。但作为未来的幼儿教师，他们最重要的是要有边唱边跳、边唱边弹等综合能力。通过这个学期的"边唱边声势律动、边唱边弹"等课程的学习,能帮助学生形成所要求的核心能力。

图 9-2 "《小雪花》歌曲演唱与声势律动"的微视频

在本课学习前,学生已经学习了"歌唱与声势律动"这一模块的相关内容,学生对本模块的"根据任务书课前预习——课内学习——课外巩固"学习方法有了一定的了解。初步掌握了"声势律动、歌唱、边唱边动"等技能。在分析原有的基础上,本课时的教学重点为:一是声势律动与舞蹈元素结合;二是边唱边跳时做到"跳"帮助"唱"。

二、教学目标

1. 了解《小雪花》歌曲曲式结构、乐句旋律发展手法,理解《小雪花》声势律动编配手法。

2. 掌握"送气声母"与"混合韵母"发声技巧,能用连贯、柔和、轻巧的声音演唱《小雪花》。

3. 学习《小雪花》声势中"动"与"唱"的"结合点",提高边跳边唱的能力。

三、教学流程

(一)新课引入

1. 播放动画,感受小雪花飘飘洒洒的美景、聆听甜美的歌声,引出课题。
2. 通过提问,引出本课学习目标。
学习"幼儿歌曲歌唱与声势律动"对提高幼儿教师音乐技能有哪些帮助?
学习声势律动——增强歌曲韵律感,提高音乐表现力
学习幼儿歌曲——科学方法演唱,清亮歌声表现儿童歌曲
学习边唱边声势——提高身体协调性,为边弹边唱做好技能支撑

(二)声势律动与歌唱学习

1. 声势律动学习
(1)唱谱子,分析了解作品结构
① 基本信息
3/4 拍;速度:中速;整首歌曲基调:连贯柔美
② 这首歌曲的乐句结构是怎样的?
一段体;三个乐句组成:a<2+2>;b<1+1+3>;b1<3>
③ 旋律发展手法有什么特点?
变尾重复、移位重复

（2）声势动作练习

语汇一：三拍子韵律（脚动作……；手动作……声势要注重：姿态、音色）

语汇二：有特色的节奏……调皮的小雪花、可爱的小朋友形象

老师点评：三拍子动作要更轻盈、连贯、优美，同时拍臀、拍腿侧的音色区分开；"××× ×0"跳动时落地要轻，声势架子要有方向感……

2．歌唱学习

（1）歌唱朗读

① 真声：注重声与气息的结合；逻辑重音的设计

② 真假结合：注重低支点与高位置的结合

（2）演唱歌曲第一段

（3）演唱歌曲第二、三段重点句

（4）完整演唱全曲

3．歌唱与声势律动结合学习

（1）边唱第二段歌词边声势

教师点评、示范：边唱边动时要去寻找"动与发声"的结合点，在"动"中更好地"唱"。

（2）完整边唱边声势律动（要求：一、三段变化不同的队形）

（三）实训基地成果展示

欣赏上一届学姐学了《小雪花》后给幼儿园排的节目。

（四）总结

通过这堂课的学习及观看学姐幼儿园实践成果展示。大家对声势的编配、歌唱与声势的关系有什么新的认识？

（1）声势与歌唱不矛盾，声势能更好表达音乐情感，更好助于歌声的表现；

（2）声势可以根据节拍韵律、节奏韵律等元素进行创作；

（3）声势除了用身体不同部位创造音色外，还可以融合舞蹈的身姿、体态、队形的变化来表达音乐……

四、教学方法

1．讲解示范法

2．练习实践法

3．讨论发现法

五、教学环境

具备多媒体教学设备、钢琴、可移动轻便的凳子等条件的实训教室

六、教学资源

1．教学 PPT；

2．自编教材讲义：自创声势律动歌谱《小雪花》；

3．教学任务书《"小雪花"幼儿歌曲歌唱与声势任务书》；

4．《小雪花》音像资料：Flash 动画幼儿版示范音乐，伴奏音乐，基地实践成果录像。

七、教学总结

1．"以说带唱"的歌唱技能学习方式，高效形成歌唱技能

在以集体课为主的教学组织形式下，本课教学利用学生从小接触并随时能运用的交流工具"语言"，并遵循我国民族声乐传统讲究"以字行腔"的教学规律，采用了"用语言促声音，以朗诵带歌唱"的教学方式，充分利用学生知识结构中的共性知识技能来高效率地解决

歌唱演唱的共性技巧。

2. "边唱边声势律动"提高学生身体协调能力,同时提高幼儿歌曲综合表现能力

(1) 提高身体协调性,为"边弹边唱"做好准备。"边弹边唱"涉及到各种感官的积极配合。每首幼儿歌曲的声势编配是根据弹奏伴奏音型而创作的,在学习声势时就在训练左手、右手、脚等各器官的配合;在边唱边声势教学中,在注重歌唱技巧的前提下,还训练歌唱与声势各器官的有机配合,包括速度、节奏、音色音量等的均衡调配。有效地提高了身体协调性,为"边弹边唱"做好了充分准备。

(2) 提高幼儿歌曲表现能力。声势通过不同的节奏韵律、不同的音色搭配、不同的身体姿势来表现音乐情绪,所以,声势本身就是表现音乐的有效手段。

3. "教学方式设计、教学内容选择"以丰富本专业学生"前实践性知识"为目标

"教师"在教学内容确定、教学方式选择时通常受到"前实践性知识"的无意识干扰,学前教育专业学生歌唱学习的方式"以说带唱"也适合幼儿歌唱教学;"声势"内容也是幼儿阶段学习的好内容。三年的歌唱学习方式、大量的声势内容积累,为走上幼儿教育岗位积累了大量的"前实践性知识",为今后的工作打下了坚实的基础。

第三节 微课程的应用展望

一、微课程的应用现状

随着智能手机的大面积普及应用,微学习已经开始飞速蔓延,微课程以其短小精悍、随时随地的特点也势必会成为炙手可热的课程教学方法。目前微课程应用较多的领域是中小学教育、职业教育以及考试培训。最有代表性的微课程是:美国可汗学院微课程、TED Ed 微课程、佛山微课程和李玉平微课程。

(一) 可汗学院微课程

可汗学院(Khan Academy)是由印度裔美国年轻人萨尔曼·可汗(Salman Khan)创立的一家非营利的教育性组织,旨在向世界各地的网络学习者提供免费的高品质学习服务。目前,可汗在线图书馆的微型教学视频包括数学、历史、金融、物理、化学、生物、天文等科目的内容。可汗学院最大的特色和成功之处在于应用微视频和相应的一整套新型组织管理模式,改变传统课程教学体系,使之更适合于网络课程学习者的特殊性,从而提高学习兴趣和效率。可汗学院由易到难的进阶方式将相应的"微视频课程"衔接起来,并设计和配置了相应的练习。

可汗学院其实就是一个网站(网址:http://www.khanacademy.org),将可汗所教的数理化课程视频免费得供给大家学习,可汗的视频在美国非常受欢迎,他能把复杂的公式以图形化的方法展示出来,比尔·盖茨都经常到他的网站上去复习一些基本的理论,而且有些学校的老师上课的时候直接播放可汗的视频,然后回答学生们的提问时利用视频来予以解答,可见其影响力之大。到目前为止,可汗的网站已制作了1600个视频,主旨在于利用网络影片进行免费授课,现有关于数学、历史、金融、物理、化学、生物、天文学等科目的内容,教学影片超过2000段,机构的使命是加快各年龄学生的学习速度。今天的可汗学院得到许多公司和慈善机构的财务支持,更有比尔·盖茨这样的粉丝。今天的美国,在中小学教数学的老师,很少有人不知道可汗学院。

可汗学院作为一个非营利教育组织,通过在线图书馆收藏了3500多部可汗老师的教学视频,向世界各地的人们提供免费的高品质教育。该项目由萨尔曼·可汗给亲戚的孩子讲授的在线视频课程开始,迅速向周围蔓延,并从家庭走进了学校,甚至正在"翻转课堂",被认为正在点亮的"未来教育"的曙光。

可汗学院的教学特点有如下几项。

① 可汗学院利用了网络传送的便捷与录影重复利用成本低的特性,每段课程影片长度约 10 分钟,从最基础的内容开始,以由易到难的进阶方式互相衔接。

② 教学者本人不出现在影片中,用的是一种电子黑板系统。其网站目前也开发了一种练习系统,记录了学习者对每一个问题的完整练习记录,教学者参考该记录,可以很容易得知学习者有哪些不懂的知识点。

③ 传统的学校课程中,为了配合全班的进度,教师只要求学生跨过一定的门槛(例如及格)就继续往下教;但若利用类似于可汗学院的系统,则可以试图让学生搞懂每一个未来还要用到的基础观念之后,再继续往下教学,进度类似的学生可以重编在一班。

④ 在美国某些学校,已经采用了类似这样的教学模式:回家不做功课,看可汗学院影片代替上课,上学时则是做练习,再由老师或已经懂得的同学去教导其他同学不懂的地方。

⑤ 可汗老师教学的方式,就是在一块触控面板上面,点选不一样颜色的彩笔,一边画,一边录音,电脑软体会帮他将他所画的东西全部录下来,最后再将这一则录下的影片上传到网上,一切就大功告成了。

⑥ 可汗老师的教学视频,没有精良的画面,也看不到主讲人,只是在带领观众一点点思考。

(二)TED Ed 微课程

TED Ed 是 TED 最近在 YouTube 上推出的新频道,此举是 TED 在教育领域的一次新尝试。TED Ed 频道中的短于 18 分钟的微视频已经吸引了五亿多人次的播放次数。TED Ed 将课程与视频、字幕、交互式问答系统等融合为一体,这个平台不是要创建一个有完整课程的在线大学,而是通过允许世界各地的优秀教师自由编辑视频,真正激发人们自主学习的热情。

TED Ed 是按学科进行分类;设计的内容,一方面由教育者与动画设计者合作开发新的微视频,另一方面将原有的、数量庞大的 TED 演讲资源进行重新剪辑;TED Ed 的主题和讲述线索清晰,有明显的话题引入和关键概念的总结,辅助教学资源丰富,而且更新时间快,但内容适合于课堂外的非正式学习,与现实课堂教学的关联较弱,教师需要事先筛选 TED Ed 的相关内容并进行相应的教学设计,才能将 TED Ed 较好地整合于课堂之中。TED Ed 的练习题与教学主题关联在一起,并且提供了封闭式与开放式两种不同层次的练习题,使得学习者既可掌握基础知识,又能锻炼高阶思维。但 TED Ed 的劣势在于仅提供习题,但是缺乏应有的答案反馈,学习者仅能确认封闭性练习题的答案,无法得到开放性试题的答案反馈;同时又缺乏应有的社会交往来弥补这一缺陷,导致整个学习过程中的跟踪评价和教学支持功能缺位。

TED Ed 在视频叙事上占有优势,但是在与现实的关联方面弱于佛山微课和可汗学院。

(三)佛山微课

佛山微课源于 2010 年 11 月佛山市教育局启动的首届中小学新课程优秀"微课"征集评审活动,全市共征集到 1700 多节优质规范的教师"微课"参赛作品,内容覆盖小学、初中和高中各学科的教学重点、难点和特色内容,教学形式丰富,"微课"类型多样,主要来自原有的教学资源库的重新加工改造,使其符合"微课"的特点(胡铁生,2011)。

佛山微课是按学生年级进行分类;设计的内容,是对以前佛山地区的优秀公开课录像按照核心主题进行重新编辑;与现实课堂有较强的关联性,再加上教师上传的教学案例、教学反思与专家点评等丰富的教学辅助资源,能够在较少改动或者设计的情况下直接运用于课堂教学;但由于佛山微课属于原有教学资源的重新设计与利用,因此在内容叙事上并不连贯,显得有些跳跃,往往不能完整地引出或者总结这门微课程的核心思想。

（四）李玉平微课程

李玉平的微课程，是来自一线教师的丰富的教学实践：有的是讲述一个感人的故事；有的是针对日常课堂教学中的问题展开深入的教学研究；有的是改编精彩的教育电影故事，启迪学生的思考；有的是教师教育和培训的课程内容。目前，微课程的设计与开发在国内教师培训中越来越受到一线教师的欢迎，许多学校正在或者准备开展微课程的培训活动，让微课程在信息时代的教学改革中发挥更大的作用。

二、微课程的发展前景

随着时代的发展，教学系统中的每一个要素都在发生着变化。微课程的出现，就是时代变化引起的教学系统的新变化。

在面向社会的广播电视台的节目中，开始出现了一种短小的电视教育节目，被称为"micro course"（微课程）、"mini course"（迷你课程），用几分钟甚至几十秒钟讲述一个主题，如"Who to"（如何做……）节目，用微课方式几分钟介绍一种小技巧，诸如"如何打领带"、"如何做比萨"等。但是这种方式并没有大规模进入正规教育的课堂中。

微课程对学校和老师的影响是重大而深远的。它可以转换老师看问题的视角，可以影响师生的思维方式，可以改进学校的管理行为，可以指导家教，最重要的是能够助推课堂教学变革。作为在线课程以及未来教学资源发展的新形式与新趋势，微课程正受到教育研究者与实践者的关注。根据微型学习理念等连接正式与非正式学习的全景化学习观，微课程将在与现实教学情境的整合上发挥更大的优势。

思考与实训

思考练习

1. 谈谈你对微课程的理解。
2. 简述微课程与微型课程、"微型学习"的联系和区别。
3. 简述微课程的开发程序及注意事项。

实训项目

1. 浏览微课程网站，下载相关学科的微视频进行学习。
2. 尝试一下用手机拍一段微课程。

学习模块四　技能实训指导

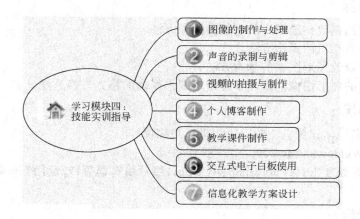

实训一　图像的制作与处理

一、实训目标

1. 学会利用扫描仪扫描图片的设置和操作方法。
2. 学会数码照相机的操作方法。
3. 掌握编辑修改图形图像的基本方法。
4. 了解常用的图形图像格式,掌握常用图形图像的格式转换方法。

二、实训环境

硬件环境:多媒体计算机、数码照相机、扫描仪等。

软件环境:Window98/Me/2000/XP/7 操作系统。

图形图像编辑处理工具:Photoshop、ACDSee、照片编辑器等,或运用 Fireworks、CorelDraw 等软件工具。

三、实训步骤

(一)扫描仪的使用

(1)将扫描仪与多媒体计算机正确连接,安装扫描仪的驱动程序。一般扫描仪与多媒体计算机的连接方式有 EPP 并行口、USB 接口和 SCSI 接口连接等方式。根据所用的扫描仪接口将扫描仪与计算机正确连接,打开扫描仪电源,启动计算机,系统会提示找到新设备,按提示安装驱动程序,另外还需要安装扫描工作软件。安装驱动程序一次完成,而扫描工作软件却是每次扫描图片都必须运行的。不同的扫描仪需要不同的驱动程序,扫描工作软件有 Photoshop、照片编辑器等。

(2)打开扫描仪电源,启动多媒体计算机,打开扫描工作软件。

(3)在扫描工作软件里设置扫描源,也就是设置使用的扫描仪。

(4)待将扫描的图片放入扫描仪。

(5)在扫描工作软件里执行扫描图像的命令,打开扫描工作窗口,进行预扫描,将待扫描的图像显示在预览框内。

(6)用鼠标选择待扫描图像的区域,设置扫描分辨率、扫描图像类型等参数,执行扫描命令进行扫描。

(7)编辑修改出现在扫描工作软件编辑区域的图像,执行保存命令,选择一种刚扫描的图像。

(二)从数码相机中取得相片

数码相机是将成熟的数字技术与传统的光学照相机相结合的产物,它把拍摄到的景物转换成数字格式图像予以保存。传统相机使用胶卷感光并存储图像,而数码相机使用电荷耦合器(CCD)感光,用数字存储卡来保存图像。实训图 1 为数码相机的工作流程及图像处理过程:景物通过光学镜头将影像聚到电荷耦合器(CCD)上,并将光信号转换成电信号(模拟信号);然后经模/数转换器(A/D)转换成数字信号;再由微处理器(MPU)对信号进行压缩并转换成特定格式的图像文件储存。存储的图像信号,可立即在相机的液晶显示器(LCD)上进行查看,以便不满意时可以重拍或删除,也可以通过输出接口传输到计算机中,进行打印或图像编辑。

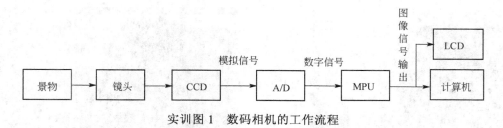

实训图 1　数码相机的工作流程

数码相机的种类很多，在外观、功能以及性能等方面差异很大，标识也不相同，所以在第一次使用的时要详细阅读说明书。下面介绍几种基本的操作方法。

1．安装电池

所有数码相机都需有电源方能工作。拍摄时一般使用电池供电。不同机型使用的电池种类不同，大多数是专用电池，且不同品牌之间不能通用。电池的安装也因机而异，所以在准备阶段，要熟悉电池的更换、安装方法。

2．安装存储卡

要在照相机处于关机状态下进行，并要装载到位，特别要注意卡的正反面、前后方向是否正确。

3．应用模式的选择

数码相机一般分为拍摄、查看、连接或下载等几档的转换开关和转盘，操作时须选择对应档，如要拍摄必须将开关或转盘处于所需拍摄档。

4．参数设置

数码相机的参数设置一般分两个区域：一部分常数设置是在 LCD 液晶显示屏上，通过旁边的操作按钮以选择菜单的方式来调整，比如分辨率、感光度、时间等；另一部分曝光参数通常在机身上有相应操作键，如光圈、快门、闪光灯、调焦等。

5．取景、构图、拍摄

按下快门后，CCD 拾取图像，接着相机会有短时的读取数据、处理、保存的过程。这时，我们会从 LCD 显示屏上看到刚刚拍摄的画面效果。图像显示后消失，可继续拍摄。因此，在拍摄两张照片之间要有几秒钟的间隔。也正因为数码相机的这一特点，很多机型有自动连续拍摄功能。

6．影像文件下载

读取数码相机图片数据有两种方式：一种是从相机中直接读取；另一种是将存储卡取出，通过读卡器读取。有些数码相机，在读取之前要在计算机上安装该相机的驱动程序。

（三）使用 photoshop 处理图片

1．修复数码照片上的"红眼睛"效果

在使用数码相机拍照的时候，特别是那些刚使用数码相机的朋友们，往往会出现所拍摄出来的人物眼睛是红色的，好像得了"红眼病"，这时我们可以通过 Photoshop 软件将红眼病去除。

（1）打开 Photoshop（此方法适用于任何 Photoshop 版本），打开需要修改的数码照片。如实训图 2 的这张就是我们案例中所需要修复的照片。

（2）仔细观察实训图 2 中的这张照片，我们可以发觉整张照片的效果都很好，唯一遗憾的地方就是在拍摄的时候把照片中的女孩眼睛拍红了，现在我们就针对红眼部分进行调整。用放大工具将照片上女孩的眼睛部分放大。

（3）使用椭圆工具将女孩的左眼选取，再按【Shift】键将女孩的右眼也选取出来。执行"图像—调整—去色"。（快捷键为【Shift+Ctrl+U】）。

实训图 2　有红眼的图片

实训图 3　去色

（4）现在我们可以看到女孩的眼睛变成黑色了，如实训图 3 所示。但是由于这是个欧洲女孩，所以我们还需要再给她的眼睛上点颜色，这样才会显得更真实。执行"图像—调整—色相/饱和度"。选中下面着色的选框，并将色相调整为 236、饱和度为 18、明度为+10，如实训图 4 所示（快捷键为【Ctrl+U】）。

（5）按【CTRL+D】取消选区，这样我们就得到了一个蓝眼金发的小女孩了。最后的效果，如实训图 5 所示。

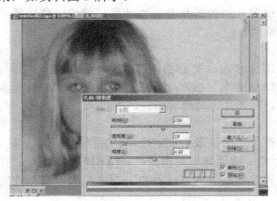
实训图 4　调整色相饱和度

实训图 5　最终效果

2．修复色彩被严重损坏的照片

不管是用数码相机还是普通相机拍照，都会遇见色彩严重偏色的情况，这时我们也可以用 Photoshop 来解决。下面我们就开始修复色彩被严重损坏的照片。

（1）打开 Photoshop，再打开被严重损坏的图片。我们先对这张图片（实训图 6）的通道进行分析。大家仔细看一下会发觉被损坏的是蓝色通道。

（2）现在我们需要从其他两个通道内复制图像进入蓝色通道内，这样才能修复照片。可是将哪个通道的图像复制进蓝通道呢？我们先单独分别去点红色通道与绿色通道，我们会发觉绿色通道内的图像层次比红色通道的要清晰，而从画面的颜色来看，目前图片的颜色明显红色偏多，如果再复制红色通道的图像到蓝色通道内，那图像的颜色会更红。所以我们就复制绿色通道的图像到蓝色通道内。点中绿色通道，按【CTRL+A】全选图像。再按【CTRL+C】复制图像。再点中蓝色通道，按【CTRL+V】复制进去，如实训图 7 所示。

（3）现在三个通道里都有图像了。点上面 RGB 通道显示图像色彩，打开菜单"图像→调整→通道混合器"。在输出通道里选择绿色通道，因为我们前面是将绿色通道的图像复制到蓝色通道内的，所以现在就必须调整绿色通道，将颜色调到更自然。具体参数为 4，102，

-2，如实训图 8 所示。

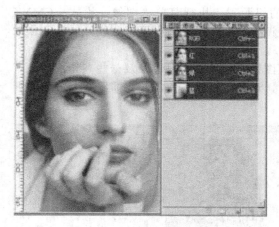

实训图 6　色彩损坏的图片

实训图 7　复制通道

（4）打开菜单"图像—调整—色相/饱和度"。调整饱和度与色相，千万要注意人物脸部颜色的过渡。具体参数为 6，11，如实训图 9 所示。

实训图 8　调整绿色通道

实训图 9　调整色相饱和度

（5）打开菜单"图像—调整—色阶"。这个步骤主要是使图像的明暗度更清晰，因为经过前几步的调整后，暗部会有损失。具体参数为 28，0.78，255，如实训图 10 所示。

（6）这时我们发现整个图像有点偏红，我们再打开菜单"图像—调整—曲线"。选择红色通道，调整曲线位置，如实训图 11 所示。

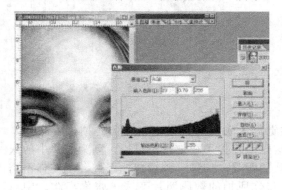

实训图 10　调整色阶

实训图 11　调整曲线（一）

（7）现在我们发现整个图像有点发黄。别急，先将图像转成 CMYK 模式里，因为这样我们就可以直接在黄色通道里调整整个图像偏黄的问题了。执行菜单"图像—模式—CMYK 颜色"。选择黄色通道，再次打开菜单"图像—调整—曲线"，适当调整曲线，如实训图 12 所示。

（8）现在点 CMYK 通道显示颜色，仔细观察图像，发现在头发边缘及一些高光部分还有些青色。现在再打开菜单"图像—调整—曲线"，通道里选择青色，调整曲线位置，如实训图 13 所示。

实训图 12　调整曲线（二）　　　　　　　　实训图 13　调整曲线（三）

（9）执行菜单"图像"—"模式"—"RGB 颜色"，现在仔细看图像，觉得整体还是有点偏红。还是打开菜单"图像—调整—曲线"，通道里选红色，调整曲线位置，如实训图 14 所示。

（10）最后我们看看整体效果，如实训图 15 所示。

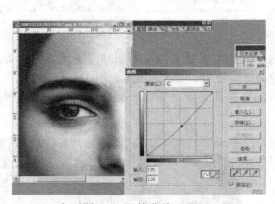   

实训图 14　调整曲线（四）　　　　　　　　实训图 15　最终效果图

3．数码照片上人物的抠图

我们经常会遇到这种情况，在拍摄的时候觉得人物的背景很不错，但是拍摄下来后，回家再仔细看的时候就觉得并不是很耐看，把这张照片扔了却觉得很可惜，因为照片中的人物拍得还很不错；但是不扔吧，看着那并不喜欢的背景，却是一种遗憾。不过，现在你不需要担心这个问题了，因为我们有电脑可以马上将你所拍的数码照片变成一张你喜欢、中意的，并能贴在网络上展示你个人风采的照片。

我们打开 Photoshop 这个强大的图像处理软件来对图片进行处理。下面首先让我们来看一下实训图 16 中的这张照片，并对这张照片分析一下，看看你需要的是照片的哪几部分。

我们现在需要修复的地方很明显，那就是照片的背景很不满意，但是照片中的人物却是依然需要的。所以这个时候我们就必须在 Photoshop 中将人像抠出来，并给人像加一个完美的背景。

Photoshop 里有很多工具可以用来进行抠像，但是每个工具却有各自的特点与特长，如果用错了工具，那么不但不能达到一个完美的抠像结果，更浪费了许多时间，所以在进行抠像之前，先简单地介绍一下 Photoshop 里那些可以用来抠像的工具。

（1）套索工具。套索工具位于 Photoshop 工具条内，套索工具一共分为三种，即套索工具、多边形套索工具、磁性套索工具，如实训图 17 所示。

实训图 16　实物图片

实训图 17　套索工具

套索工具：从实际的功能来说应该称之为手工套索工具，该工具用在图像或某一个单独的层中，以自由手绘的方式进行选择，它可以选择出极其不规则的形状，一般用于选取一些无规则、外形极其复杂的图形。

多边形套索工具：用于在图像中、或某一个单独的层中，以自由的手控方式进行多边形不规则选择。它可以选择出极其不规则的多边形，因此一般用于选取一些复杂的、但棱角分明、边缘呈直线的图形。

磁性套索工具：应用在图像或某一个单独的层中选择外形极其不规则的图形，所选图形与背景的反差越大，选取的精确度越高，该工具既有套索工具的使用方便的特点，又具备了路径选择的精确度。

（2）魔术棒工具。这是另一种可以进行抠像的工具。它的选择范围及其广泛，是属于灵活性的选择工具。当在图像或某个单独的层上单击图像的某个点时，附近与它颜色相同或相近的点，都将自动融入到选择区域中。

具体制作步骤如下。

① 运行 Photoshop，打开需要处理的图像文件。

② 选择"窗口"→"图层"命令，打开"图层"面板，双击"背景"图层，打开"新图层"对话框，单击"确定"按钮确认。

③ 单击选择"工具箱"中的"魔棒"工具，在"属性"面板中设置"容差"为 3，其他设置保持默认。容差指是确定选定像素的相似点差异。数值越小，颜色范围越小。以像素为单位输入一个值，范围介于 0～255 之间。如果值较低，则会选择与所单击像素非常相似的少数几种颜色。如果值较高，则会选择范围更广的颜色。

④ 使用选中的"魔棒"工具在图像中要删除的背景区域单击,被选择区域呈虚线状显示。按下键盘上的【Delete】键,选中的区域会被删除。

对于相对复杂的图像,如果不能够一次性删除干净不需要的背景部分,可以使用工具箱中的套索工具和橡皮擦工具,逐步地删除干净。

⑤ 选择"文件→存储为 Web 所用格式"命令,弹出"存储为 Web 所用格式"对话框,选择"优化的文件格式"为 GIF,单击"存储"按钮即可。

四、实训小结

_____
_____
_____

五、评价标准

指标项		标准描述	量化等级				得分
			0.85~1.0	0.75~0.84	0.6~0.74	0.6以下	
设置连接（10分）	5分	正确将扫描仪与计算机连接					
	5分	能正确将数码照相机与计算机或电视机连接					
设备操作（50分）	25分	正确操作扫描仪和使用扫描工作软件,能完成把图片扫描到计算机内的操作过程					
	25分	正确操作数码照相机,能完成从数码影像拍摄到照片下载至计算机的全过程操作					
图像基本编辑处理（40分）	25分	能修复数码照片上的"红眼睛"效果、色彩被严重损坏的照片					
	15分	能对数码照片上的人物进行抠图					
总分							

实训二 声音的录制与剪辑

一、实训目标

1. 学会利用声卡采集声音信号的方法。
2. 知道常用的声音的格式,学会声音格式的转换方法。
3. 通过实验掌握编辑合成声音的基本方法。

二、实训环境

硬件环境:多媒体计算机、音箱、麦克风。

软件环境:Window98/Me/2000/XP/7 操作系统,音频录制、编辑工具:Cooledit,格式工厂。

三、实训步骤

(一)使用 Cooledit 录制声音

1. 使用 Cooledit 录制教学音频

打开 Cooledit,出现界面,如实训图 18 所示。

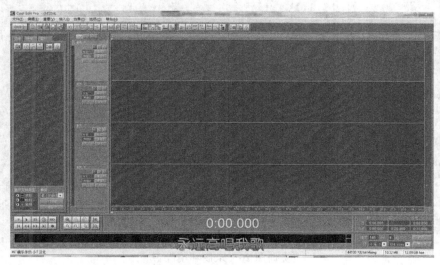

实训图 18 Cooledit 界面

首先把麦克风插好,单击音轨上的 R 按钮,此时软件处于录制状态,按下左下方的红色录音键 ● 开始录制,如实训图 19 所示。

再单击左下方的停止录制 ● 按钮停止录制。

2. 使用 Cooledit 去除噪声

耳机插入电脑麦克风插孔,在另一个轨道里录制一小段环境声音,如实训图 20 所示。

双击该音频轨道,进入单音轨界面,单击"效果"—"噪音消除"—"降噪器",如实训图 21 所示。

点击"噪音采样",然后"保存采样",将噪音采样保存到桌面上。

选择要去噪音的音轨,双击进入单音轨界面,单击"效果"—"噪音消除"—"降噪器",点击"加载采样",加载刚保存的采样的即可。

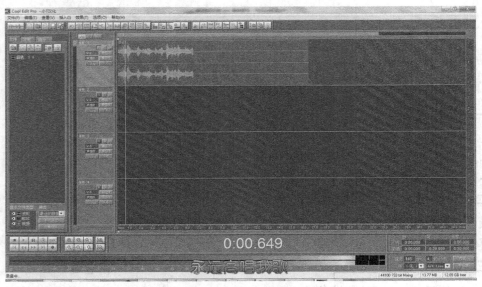

实训图 19　Cooledit 录制界面

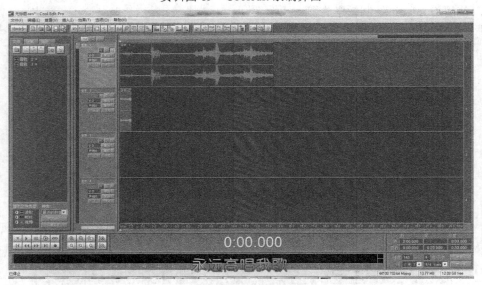

实训图 20　录制环境噪音

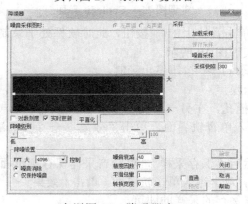

实训图 21　降噪器窗口

实训二 声音的录制与剪辑

（二）使用格式工厂对声音进行编辑

步骤如下(以 wma 格式转换为 MP3 格式为例)。

（1）运行格式工厂软件，如实训图 22 所示。

实训图 22 格式工厂工作界面

（2）选择需要转换为 MP3 的音乐文件，例如 wma 格式的文件*.wma，选一个文件。

（3）转换操作步骤。点击左边"音频"按钮，出现如实训图 23 所示要转换的音频格式；点击 ，将弹出框，选择要转换的 wma 音频，如实训图 24 所示；单击确定按钮，再单击界面上的 ，即可将 wma 文件转换为 MP3 格式的音频文件。

实训图 23 音频格式

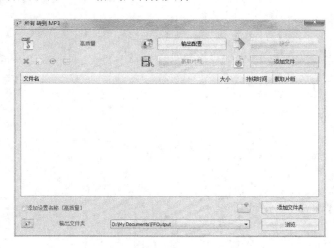

实训图 24 添加文件

四、实训小结

五、评价标准

指标项		标准描述	量化等级				得分
			0.85~1.0	0.75~0.84	0.6~0.74	0.6以下	
设备连接（20分）	20分	能把话筒、放音机、CD唱机等音源与计算机声卡正确连接					
设备与采集软件操作（20分）	20分	正确使用音源设备和录音工作软件，能完成把声音信号采集到计算机内的全过程操作					
音频编辑（60分）	30分	能用Cooledit对声音素材进行裁剪、合成、格式转换等简单编辑处理；编辑合成的音频素材符合科学规律，转换的音频格式符合要求					
	30分	能用格式工厂软件对声音素材进行编辑、转换等简单编辑处理；编辑合成的音频素材符合科学规律，转换的音频格式符合要求					
总分							

实训三 视频的拍摄与制作

一、实训目标
1. 学会利用数码摄像机采集视频。
2. 学会利用会声会影编辑合成视频素材的基本方法。

二、实训环境
硬件环境：多媒体计算机、音箱、麦克风。
软件环境：Window98/Me/2000/XP/7 操作系统。
视频处理工具：会声会影。

三、实训步骤
（一）使用数码摄像机采集视频

（1）熟悉数码摄像机（DV）。浏览数码摄像机的说明书，连接数码摄像机的开关、按钮、插孔等的位置和功能，特别是电源开关、快门、变焦器、取景器、电池盒等主要的功能部件，必须掌握并能熟练操作。

（2）将存储卡插入数码摄像机，打开电池盒，装入数码摄像机需用的锂电池或其他电池。

（3）拨动"REC/PLAY"模式开关至"REC"（拍摄记录）位置。

（4）打开电源开关。

（5）打开数码摄像机的设置菜单，调整数码摄像机的拍摄参数，比如摄像分辨率、闪光灯模式、拍摄模式等。

（6）利用取景器或彩色液晶显示器，通过移动变焦按钮进行取景构图。通过移动变焦按钮景物的变化情况：移向标注"T"端增长镜头焦距，可实现望远功能；移向标注"W"端缩短镜头焦距，可实现广角功能进行近拍。

（7）对焦距，按下快门按钮进行拍摄。许多数码摄像机能自动聚焦，也有些摄像机要半按快门进行自动测光完成聚焦。聚焦完成后，信号指示灯闪烁表明就可以拍摄了，将快门完全按下即可。

拍摄完成后，拨动"REC/PLAY"模式开关至"PLAY"（播放浏览）位置，通过显示屏观看拍摄效果，照片拍得不好，可以删掉重拍。这是数码照摄像机的特点，也是保证拍摄成功的一个诀窍。

（二）视频编辑

1. 打开程序

打开会声会影程序，看到的窗口如实训图 25 所示。

点击"会声会影编辑器"进入主程序，看到的窗口，如实训图 26 所示。

2. 采集视频

把 DV 和电脑用 1394 连接，然后打开 DV 到播放档位，但不开始播放。回到会声会影工作界面顶端"步骤面板"中的"捕获"按钮，进入"捕获"步骤的"选项面板"。然后，选择该面板中的"捕获视频"选项，再进入相应的"选项面板"，设置将所捕获的视频文件放到硬盘的哪个文件夹下。如果一切正常，就通过软件来控制 DV。单击监视窗下方的播放器，DV 开始走带，监视窗中也会出现图像。在所需要视频开始的地方单击"选项面板"左端的"捕获视频"按钮，开始采集视频，再次单击"捕获视频"按钮，采集视频结束。

实训图 25　打开会声会影程序

实训图 26　会声会影主界面

3．编辑

在这里需要把刚才采集的视频拖拽到视频编辑轨道，然后选中视频编辑；可以修剪视频，把不需要的内容删掉；可以把视频划分为多个场景；可以添加片头、片尾，和拖拽视频是一样的，当然也可以调用其他视频。

4．效果

先点一下"效果"按钮，然后选取效果类别，把需要的效果拖拽到两个场景中间就可以了。

5．标题

点下"标题"按钮，选择喜欢的标题格式，当然也可以自己设计，适当编辑好后拖拽到文字轨道。

6．音频

在音乐轨道上点"音频"按钮，然后在声音轨上点右键，插入音乐文件；也可以把原来的音频分离后删除，还可以调整声音的音量。

7. 分享

最后是输出 DVD，先点"分享"按钮，然后选择里面的"创建光盘"然后一直点"下一步"就可以刻录成自己的光盘了。

四、实训小结

_____
_____
_____

五、评价标准

指标项	标准描述		量化等级				得分
			0.85~1.0	0.75~0.84	0.6~0.74	0.6以下	
设备连接（10分）	10分	能把录像机、摄像机、影碟机等视频源与计算机视频采集卡正确连接					
设备与采集软件操作（20分）	20分	正确使用视频源设备和视频采集软件，能完成把视频信号采集到计算机的全过程操作					
视频编辑（70分）	70分	能用会声会影软件对视频素材进行裁剪、合成等简单编辑处理，编辑合成的视频素材符合科学规律					
总分							

实训四　个人博客制作

一、实训目标

1. 掌握申请个人博客的一般过程和基本方法。
2. 制作一个博客。

二、实训环境

硬件环境：多媒体计算机（并接入 Internet）等。

软件环境：Window98/Me/2000/XP/7 等操作系统。有关素材可以制作或利用互联网络查找。

三、实训步骤

1. 选择博客网址、注册博客

注册博客的网址很多，国内的、国外的都有，这里推荐几个网址。

- 博客中国　http://blog.blogchina.com
- 中国博客　www.blogcn.com
- 天涯博客　http://club.tianyablog.com
- 中国教育博客　http://www.ceblog.cn/index.html

注册方法（以中国博客网站为例）如下。

（1）打开中国博客网站。在 IE 地址栏输入网址 www.blogcn.com。

（2）点击"注册"，进入用户注册页面。如实训图 27 所示。

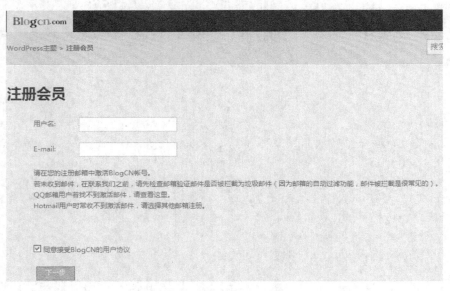

实训图 27　博客注册主页面

（3）填写资料，单击"完成注册"，提交资料，完成注册。

（4）用刚才注册的用户名登录。

2. 编辑博客

（1）进入网站首页，输入用户名登录。

（2）单击"管理首页"设置相关内容，管理外观、音乐管理、相册管理等。如实训图28所示。

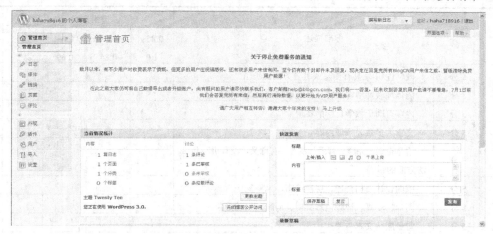

实训图28　管理首页

（3）设置模板。单击"管理模板"进入模板编辑页面，选择自己喜欢的模板。

（4）发表日志。回到"管理首页"，单击"日志"，在日志中可以插入音乐、视频、Flash动画等。编写好之后，单击"发表日志"，如实训图29所示。

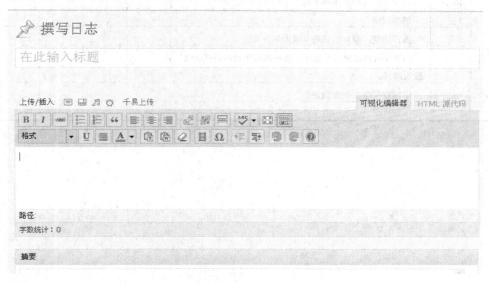

实训图29　发表日志

3．博客的推广

让更多的人浏览自己的博客。

四、实训小结

五、评价标准

指标项		标准描述	量化等级				得分
			0.85~1.0	0.7~0.84	0.6~0.69	0.6以下	
教学性（25分）	5分	教学性明确，具有信息或教育方面的价值					
	5分	能体现教师博客的特征，能够清楚传达教学信息					
	5分	内容有助于教学目标的实现					
	5分	文章大多数为原创内容					
	5分	信息正确、完整、有用、及时、有意义，没有拼写和语法方面的错误					
艺术性（30分）	5分	版面设计结构合理、层次清晰，风格统一					
	5分	图片、动画、视频色彩鲜明、清晰，生动形象					
	5分	背景服从文本与图片					
	5分	页面元素布局及链接符合逻辑及美学观点					
	5分	图片与文本内容相符，图片的应用不会削弱内容					
	5分	列表和表格结构合理，位置适当					
技术性（45分）	10分	至少包括3个模块					
	10分	包含至少两种多媒体素材					
	5分	链接流畅					
	5分	操作简便，媒体信息的呈现和运行稳定					
	5分	图形图片经过最优化处理，视频和音频材料经过压缩，载入迅速					
	10分	可以获得帮助和发表评论					
总分							

实训五 教学课件制作

一、实训目标

1. 掌握制作 Flash 课件的一般过程和基本方法。
2. 学会利用 Flash 制作多媒体课件。

二、实训环境

硬件环境：多媒体计算机、音箱、麦克风。
软件环境：Window98/Me/2000/XP/7 等操作系统。
制作工具：Flash 8，有关素材可从网络课程相关模块中获取，也可以制作或利用互联网络查找。

三、实训步骤

具体要求如下。
① 设计一个教学 Flash 课件
② 要求以一堂课的教学内容为参照，教学内容和课件结构相对完整。
具体步骤如下。
（一）选题
根据专业，以一堂课为教学内容参照确定课件制作的主题。
（二）课件总体设计
根据主题编写文字脚本（类似于教案），确定课件内容的结构框图、课件的基本结构。
（三）素材采集与制作
从互联网上搜索多媒体素材，或利用各种多媒体素材采集与制作的工具制作各类素材。
（四）开始制作
1. 新建文档
选择"文件—新建"命令，新建一个 Flash 空白文档。
2. 设置背景
（1）将"实训图层 1"重命名为"背景"，导入一张实训图片 bj.jpg，如实训图 30 所示。
（2）选择"任意变形工具"，调整背景实训图片，覆盖整个舞台，如实训图 31 所示。

实训图 30 插入背景实训图片

实训图 31 任意变形背景实训图片

知识拓展：为了方便变形，我们通常要把变形的中心移动到舞台"原点"位置（即舞台左上角）。

3．绘制平行四边形

（1）选择"矩形工具"🔲，拖动鼠标，绘制一个长方形，如实训图 32 所示。

（2）选中"选择工具"，移动鼠标指针到长方形的左上角和右下角，当鼠标指针旁边出现一个直角时，按住鼠标左键拖动，将其改变为平行四边形，如实训图 33 所示。

实训图 32　绘制长方形

实训图 33　使用选择工具，改为平行四边形

（3）使用"文本工具"，在平行四边形的上方用蓝色隶书写上课件标题——"平行四边形"。

4．绘制按钮

新建"按钮"实训图层，制作"对角相等"、"三角形全等"、"对边长相等"、"想一想"4 个按钮，并制作"退出"按钮，用于关闭此课件。

5．制作"对角相等"的动画

（1）新建"对角动画"实训图层，并将所有实训图层的过渡帧（普通帧）扩展到第 150 帧。

作者提示：拓展到第 150 帧，是为影片制作留出长度，可以在最后根据实际情况进行删减。

（2）由于课件第 1 帧要制作静止状态，因此表现动画要从第 2 帧开始，单击实训图层第 2 帧，按【F6】键插入关键帧。

（3）在舞台中依照下方的"平行四边形"位置，用红色线条绘制"角度"形状，如实训图 34 所示；最后将其全选并按【F8】键转换为元件，将元件命名为"对角"。

实训图 34　绘制角度形状

（4）双击进入"对角"元件的编辑状态，单击第 3 帧，按【F6】键插入关键帧，将此帧上的"对角"颜色改为白色，按【F5】键将帧扩展到第 4 帧；得到一个闪烁的动画效果；用复制帧的方法将这种闪烁效果再持续一次，复制前 4 帧到第 5～8 帧，再复制第 1～9 帧，以原始状态结束，即第 9 帧与第 1 帧相同，为红色。

（5）退出元件，回到主场景。单击第 2 帧的"对角"实体，在"属性"面板设置其属性为：播放一次，"第一帧"为 1；分别按【F6】键将第 13 帧及第 28 帧转换为关键帧，并将第 28 帧上的"对角"实体顺时针旋转到另一个对角；并在这两个关键帧之间设置动画补间。

按【F6】键将第 32 帧转换为关键帧，选中舞台中的"对角"实体，在"属性"面板中设置其属性为"播放一次"，"第一帧"为 1，让"对角"元件再闪烁一次，两个实训图层结束于第 41 帧，即在第 42 帧插入空白关键帧。

6．制作"被对角线平分为全等三角形"动画

（1）绘制虚线对角线。新建实训图层，位于"对角动画"之上，命名为"对角虚线"；单击

实训图层第 42 帧，按【F6】键插入关键帧，在舞台中依据"平行四边形"绘制黄色虚线对角线，如实训图 35 所示。

（2）制作"三角形"动画。再新建实训图层，位于"对角虚线"层之上，命名为"全等"；单击实训图层第 45 帧，按【F6】键插入关键帧，在舞台中依据"平行四边形"绘制带绿色边框的橙色三角形，如实训图 36 所示。将其全选，按【F8】键转换为实训图形元件，命名为"三角形"。

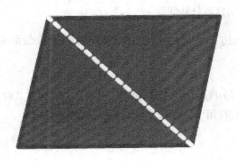 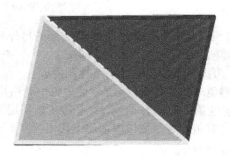

实训图 35　绘制虚线对角线　　　　　实训图 36　绘制带绿色边框的橙色三角形

（3）双击进入"三角形"元件，制作闪烁动画。制作方法与"对角"元件的制作相同。

（4）创建补间动画。退出元件，回到主场景，按【F6】键分别将实训图层第 56 帧和第 65 帧转换为关键帧，并将第 65 帧上的"三角形"实体顺时针旋转到另一半平行四边形上，并为这两个关键帧之间设置动画补间，如实训图 37 所示。

按【F6】键将第 112 帧转换为关键帧，单击舞台中的"三角形"实体，在"属性"面板中设置其属性为：播放一次，"第 1 帧"为 1，让"角度"元件再闪烁一次；在第 77 帧插入空白关键帧结束。

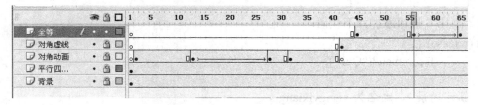

实训图 37　创建动画补间

7．新建"对边长相等"实训图层

（1）单击"对边长相等"实训图层，在第 78 帧按【F6】键插入关键帧，并沿着平行四边形的一条边线，用线条工具画出一条线，并修改线条颜色为白色，如实训图 38 所示。

（2）单击第 80 帧，插入空白关键帧。并将第 78～80 帧复制到第 82～84 帧，并将第 78 帧复制到第 86 帧，实现白色边线的闪烁效果。按【F6】键在第 88 帧和第 96 帧插入关键帧，并将第 96 帧上的边线移动到右边线对齐，接着设置形状补间，如实训图 39 所示。

实训图 38　用线条工具画白色线

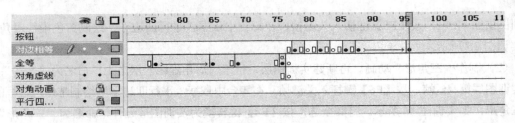

实训图 39　创建形状补间

（3）用上面的方法制作平行四边形的另外一边，表现另一边相等的动画效果，最后别忘了以空白关键帧结束两个实训图层的播放。

8．为按钮添加程序代码，控制播放

为避免动画效果重复播放，要为每个动画片段的最后一帧添加停止代码。分别在"对角动画"实训图层的第 1 帧、第 41 帧，"全等实训图层"的第 76 帧添加 stop();语句。

为"对角相等"按钮添加如下代码：

on (release) {
　　　gotoAndPlay(2);
}

为"被对角线平分为全等三角形"按钮添加如下代码：

on (release) {
　　　gotoAndPlay(45);
}

为"对边长相等"按钮添加如下代码：

on (release) {
　　　gotoAndPlay(78);
}

为"退出"按钮添加如下代码：

on (release) {
　　　fscommand("Quit");
}

9．新建场景 2，命名为 xiangyixiang

（1）在实训图层 1 中插入 bj.jpg，输入标题"想一想"，制作按钮"提示"。
（2）新建实训图层 2，在第 25 帧插入关键帧，输入"面积=底*高"。
（3）在"提示"按钮中输入代码：

on (release) {
gotoAndPlay(25);
}

（4）制作按钮"返回"，输入代码：

on (release) {
　　　gotoAndPlay("menu",1);
}

（5）为"想一想"按钮添加如下代码：

on (press) {
　　　gotoAndPlay("xiangyixiang",1);
}

10. 测试并保存文件

为了使按钮和展示区域界限分明，新建实训图层 8，绘制一条弧线，选择"控制→测试影片"命令，测试课件效果如实训图 40 所示。

（五）多媒体课件的评价

（1）从教学设计、制作与播放效果两个方面进行自我评价。

（2）就教学设计、制作与播放效果两个方面，老师和同学进行观摩、交流、评价。

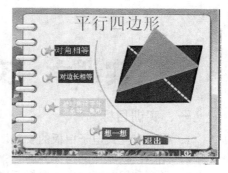

实训图 40　最后界面的效果

四、实训小结

五、评价标准

评审指标	评价标准	权重	评价等级			
			优	良	中	差
			4	3	2	1
教育性 （40分）	选题恰当，符合课程标准要求和学生实际	3				
	突出重点，突破难点，深入浅出，易于接受	3.5				
	以学生为主体，促进思维，培养能力	2.25				
	作业和练习典型，练习量适当，善于引导	1.25				
科学性 （20分）	内容正确，逻辑严谨，层次清楚	2.5				
	模拟仿真形象，举例合情合理、准确真实	1.25				
	场景设置、素材选取、名词术语、操作示范符合有关规定	1.25				
技术性 （20分）	图像、动画、声音、文字设计合理	1.25				
	画面清晰，动画连续，色彩逼真，文字醒目	1.25				
	配音标准，音量适当，快慢适度	1.25				
	交互设计合理，智能性好	1.25				
艺术性 （10分）	媒体多样，选材适度，创意新颖，构思巧妙，节奏合理	1.5				
	画面简洁，声音悦耳	1.25				
实用性 （10分）	界面友好，操作简单、灵活	1.25				
	容错能力强，文档齐备	1				
总分						

实训六 交互式电子白板使用

一、实训目标

1. 学会交互式电子白板的安装。
2. 熟悉白板软件的操作界面。
3. 学会利用交互式电子白板开展教学活动。

二、实训环境

多媒体计算机、白板软件、交互式电子白板系统。

三、实训步骤

(一) 交互式电子白板安装

1. 电脑与交互式电子白板的连接

交互式电子白板一般通过USB-RS232连接线连接计算机（USB接口端连接电脑的USB口，RS232接口端连接交互式电子白板的RS232口）。注意：在进行连接时，交互式电子白板和计算机都必须处于断电状态！

2. 白板软件的安装

虽然不同类型的交互式电子白板的配套软件有一定差异，但安装过程大致相同。下面以巨龙IPBOARD Software V7.0为例，介绍交互式电子白板软件的安装。软件提供两种安装方式：一键安装和分步安装。

（1）一键安装电子白板驱动程序及应用软件。建议第一次安装交互式电子白板时使用此种安装方式。这种安装方式包括安装交互式电子白板的驱动程序、应用软件及USB连接线的驱动程序。其详细安装步骤如下。

① 插入随机光盘《IPBOARD安装软件》。

② 光盘自动运行进入安装向导页面，如没有自动运行，则点击安装程序图标 AutoRun。

③ 进入安装向导页面，如实训图41所示，点击  按钮，安装IPBOARD驱动程序、应用软件和USB连接线驱动；进入欢迎界面后，点击"Next"；

④ 在实训图42所示的页面中，选择中文语言版本，点击"Next"按钮后出现如实训图43所示的页面。

⑤ 在实训图43页面中选择安装类型，可选择完全安装（Complete）和用户自定义安装（Custom）。完全安装包含了软件包中的全部组件；而自定义安装可以选择安装的软件包和路径。

  a. 选择Complete(完全安装)，点击"Next→Install"，即可进行自动安装（实训图44）。默认设置安装路径为："C:\Program Files\Julong Educational\IPBOARD Software\7.0"。如实训图45

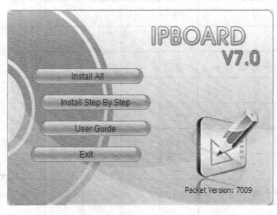

实训图41 IPBOARD交互式电子白板驱动程序、应用程序和USB驱动的安装向导页面

所示。

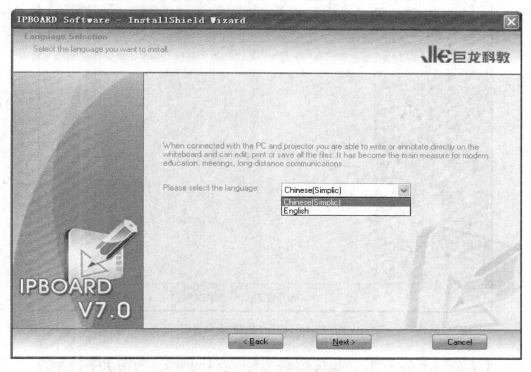

实训图 42　语言选择页面

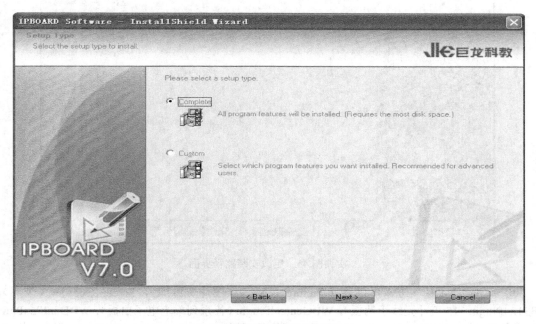

实训图 43　选择安装类型界面

b．选择 Custom（用户自定义安装），并点击"Next"按钮，进入自定义安装对话框，可点击"Change"更改安装路径，如实训图 45 所示。

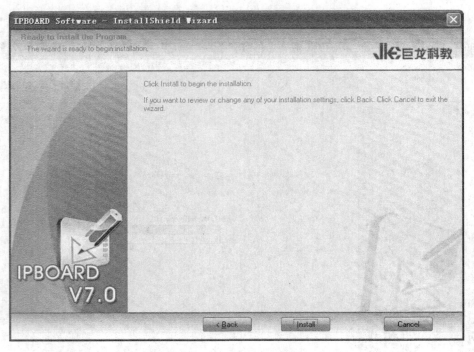

实训图 44 完全安装的安装界面

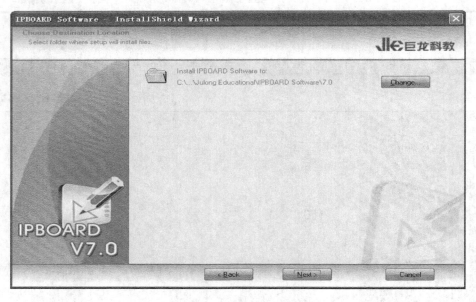

实训图 45 更改安装路径界面

⑥ 点击"Next"进入可供选择 Picture Library（图片资源库）、ScreenRecorder（录屏）、TB3124Plugin（15 英寸无线手写板）、WBGeneralPlugin（各系列单笔电子白板）、WBDualPenPlugin（双笔电子白板）、TB2015Plugin（10.5 英寸无线手写板 V1.0）和 TB2015RIIPlugin（10.5 英寸无线手写板 V2.0）的界面，如实训图 46 所示。点击"Next→Install"开始安装。

⑦ 软件程序正确安装完成后，提供 FTDI 芯片、USB 数据线驱动、或 Silicon 芯片、USB 数据线驱动的选择安装，如实训图 47 所示。

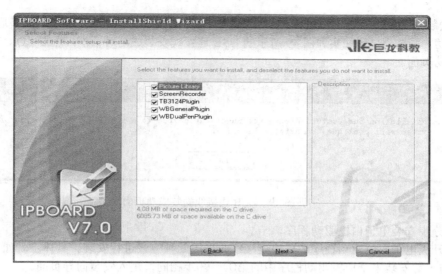

实训图 46　加载资源界面

实训图 47　选择安装驱动界面

此时，请查看产品配套的 USB 连接线的颜色，如果是白色的 USB 连接线，则请选择"Install FTDI Driver now"，然后点击"Finish"，实训图 48 所示对话框中的"是（Y）"按钮，即可完成 USB 连接线驱动程序的安装；若产品配套的 USB 连接线是黑色的，则点击实训图 48 中的"否（N）"按钮，并进入 Install Step By Step → Install USB Driver → Install Silicon Driver 进行驱动程序安装。

实训图 48　USB 连接线的驱动程序安装对话框

⑧ 安装完 USB 连线的驱动程序后，请插入 USB 连接线，以完成正确安装的最后一步。如果安装成功，系统会显示如实训图 49 所示的 USB 连接线安装成功对话框，点击"OK"后，会出现安装成功页面。

实训图 49　USB 连接线安装成功页面

（2）分步安装电子白板驱动程序。
建议升级电子白板驱动程序或更换连接线时采用此种方式进行安装。具体步骤如下。
① 与一键安装电子白板驱动程序中的第①～③步相同，进入安装向导页面。
② 点击 Install Step By Step ，分别进入安装电子白板软件驱动、安装电子白板应用软件和安装 USB 连接线驱动的分步安装向导页面，如实训图 50 所示。

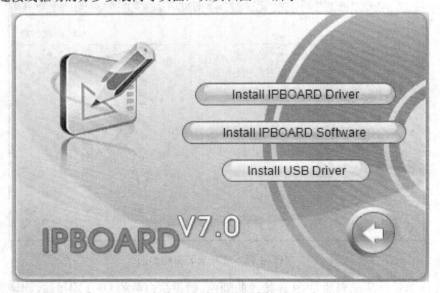

实训图 50　分步安装向导页面

③ 安装白板驱动软件：首先点击 Install IPBOARD Driver 按钮图标，进入电子白板驱动欢迎界面，点击按钮"Next"。进入选择安装语言版本的页面，如实训图 51 所示；选择安装路径，之后按照系统提示，完成电子白板驱动软件的安装。
④ 安装 USB-RS232 连接线驱动程序：使用 USB-RS232 连接线，必须安装连接线的驱动程序，否则交互式电子白板无法与计算机进行数据通信。
a. 点击实训图 50 中的 Install USB Driver 按钮图标，如产品配套的连接线是白色的，则点击 Install FTDI Driver 进行安装，安装成功后会显示如实训图 52 所示的 USB 连线驱动程序成功安装对话框。此时按照"我的电脑→属性→硬件→设备管理器→端口"生成"USB Serial Port"的设备，实训图 53 所示，并需要检查 USB Serial Port 的 COM 号是否在 10 以内，每秒位数设定为 19200。

实训六　交互式电子白板使用

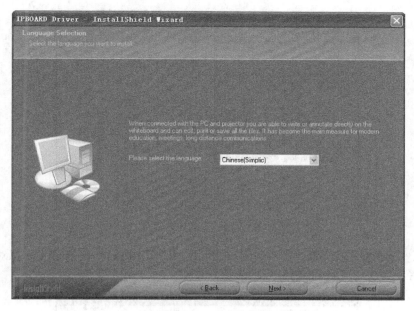

实训图 51　语言选择页面

实训图 52　分步安装 USB 驱动程序成功安装对话框

如产品配套的 USB 连接线是黑色的，点击 Install Silicon Driver 进行安装，此时出现如实训图 54 所示的对话框，点击"Next"按钮。

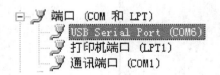
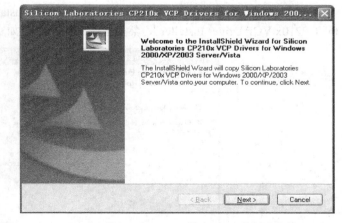

实训图 53　生成"USB Serial Port"的设备　　实训图 54　Silicon 芯片 USB 数据连接线驱动的安装确认提示界面

b. 进入安装协议界面：在弹出是否接受协议的对话框中，选择接受协议（点击"I aceept the terms of the license agreement"），参看实训图 55 所示的选择，点击"Next"。

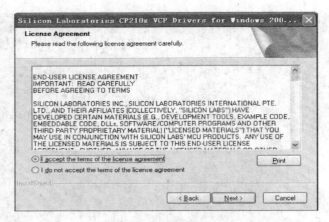

实训图 55　安装协议界面

c. 进入安装路径选择界面，如实训图 56 所示，点击 "Browse…" 按钮便可以对路径进行更改。默认路径是："C:\SiLabs\MCU_6"，点击 "Next"。

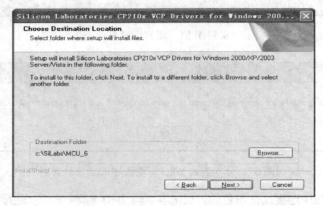

实训图 56　安装路径选择界面

d. 进入确认安装界面，如实训图 57 所示，点击 "Install"。在弹出的对话框中，选择 "Launch the CP210x VCP Driver Installer"，然后点击 "Finish"，如实训图 58 所示。

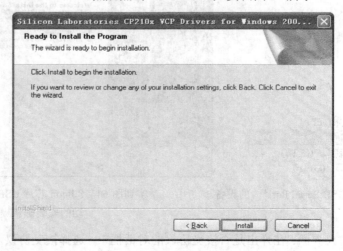

实训图 57　确认安装界面

实训六 交互式电子白板使用

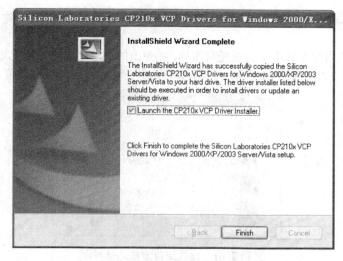

实训图58 选择加载界面

e. 在弹出的对话框中,点击"Install",如实训图59所示,开始安装驱动程序,直到安装完毕。

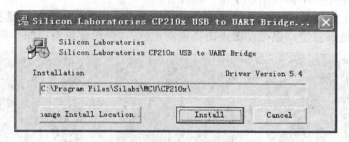

实训图59 黑色USB连接线安装界面

正确安装后,请按照"我的电脑→属性→硬件→设备管理器→端口"的步骤生成"CP210X USB to UART Bridge Controller(COM4)"设备,如实训图60所示,同样需要检查USB Serial Port的COM号是否在10以内,每秒位数设定为19200。

3. 软件的启动与定位

(1) 启动驱动程序。启动交互式电子白板驱动程序的方法是:点击"开始"菜单→进入"所有程序"→选择

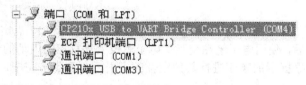

实训图60 生成"CP210X USB to UART Bridge Controller(COM4)"设备

" Julong Educational Software "项→再单击" IPBOARD Software 7 "→再单击下级菜单" IPBOARD Driver 4 ";或是双击桌机的快捷方式图标" IPBOARD Driver 4 "启动白板驱动程序。

白板驱动程序启动后,会在桌面右下角状态栏里出现电子白板驱动的托盘图标 。

如果出现提示错误信息:"和白板通讯失败,请确认白板已经正确和电脑连接",则需要检查交互式电子白板与电脑的连接线是否正确连接,以及电子白板的驱动程序和USB-RS232转接线驱动程序是否安装正确。若确认上述安装和连接都正确无误后,点击交互式电子白板驱动程序的托盘图标,在弹出的菜单中选择"重新连接白板"即可。

（2）定位白板。交互式电子白板必须首先定位校准才可以正常使用。其定位步骤主要有以下两步。

① 鼠标左键点击交互式电子白板托盘图标，在弹出的菜单中选择"交互式电子白板→定位"，进入白板定位界面，如实训图 61 所示。选择以下其中一种定位方式进行定位。

实训图 61　白板定位方法选择界面

a．依上次定位的记录定位：上次使用后没有硬件改动，选择此项（为默认选项）。
b．使用缺省定位：不需要精确定位，选择此项。
c．重新定位：需要精确定位，选择此项（强烈建议第一次使用白板时选择此项）。

② 如果需要精确定位，鼠标左键点击"重新定位"，弹出定位窗口如实训图 62 所示。

实训图 62　定位方式选择窗口

有三种定位方式：6 点定位，9 点定位和 12 点定位。根据自己的需要，选择适合的定位方式后，使用电子笔在交互式电子白板上垂直点击闪动的十字符的中心位置。如实训图 63 所示，并根据提示的顺序进行其他定位的点击，直到点击完毕，完成定位。

实训图 63　交互式电子白板的定位界面

（二）交互式电子白板的基本操作

多功能交互电子白板系统软件配备了三个常用工具栏：主工具栏、开始菜单、功能面板。熟练掌握这三个常用工具栏的使用，可以改进交互白板的使用效率，开展创新的教与学模式，增强教学效果，提高教学质量。

1. 主工具栏

白板软件启动后，主工具栏即显示在桌面上，如实训图 64 所示。功能详见第八章第四节"教学评价"的相关内容。

实训图 64 主工具栏

2. 开始菜单

点击开始菜单按钮会出现如实训图 65 工具栏。

实训图 65 开始菜单

3. 功能面板

交互式电子白板功能面板中各功能键的介绍见实训表 1 所列。

实训表 1 交互式电子白板面板功能键介绍

功能键	功能键定义	控制模式下功能	窗口模式下功能	注解模式下功能
	"定位"	定位	定位	定位
	"控制模式"	无效	切换至控制模式	切换至控制模式
	"注解模式"	切换至注解模式	切换至注解模式	无效
	"窗口模式"	切换至窗口模式	无效	切换至窗口模式
	"新建空白页"	切换至注解模式，并新建空白页	新建空白页	新建空白页
	"前一页"	无效	上一页	上一页
	"后一页"	无效	下一页	下一页
	"普通笔"	切换到注解模式，并使用普通笔	普通笔	普通笔
	"荧光笔"	切换到注解模式，并使用荧光笔	荧光笔	荧光笔
	"电子板擦"	无效	板擦	板擦
	"回放"	无效	回放页面	回放页面
	"打印"	打印	打印	打印

（三）教师备课和授课

1. PPT 课件授课

利用传统的 PPT，在白板上，可以直接上课，PPT 本来所有的效果都能应用，利用白板软件还可在 PPT 上进行批注并可把批注嵌入到 PPT 中。

在白板上的操作步骤如下。

（1）打开课件。在鼠标状态时，双击课件图标，或者在右键菜单中选择"打开"，打开课件。

（2）全屏放映。点击"全屏放映"快捷按钮，进入 PPT 放映状态。

（3）翻页。用笔在板面中任意位置单击，可实现下翻页操作；或点击左下角放映工具条中第三个按钮，也可以实现下翻页功能。点击左下角放映工具条中第一个按钮，可实现上翻页操作。

(4) 标注。选择任意笔可以在板面上标注，如标注内容需要保存，在笔的状态下点击工具条中第二个按钮"保存"，如不需要保存，点击鼠标键可实现清屏。

(5) 放映工具条的移动。用电子笔按住工具条中最后一个按钮拖动，可移动工具条位置。

(6) 退出全屏。点击工具条中第四个按钮，可退出全屏放映状态。

(7) 关闭文件。选择右上角"❌"关闭文档。

2. 白板课件授课

利用白板软件来上课，操作步骤如下。

(1) 课程设计。教师根据教学目标，和教学要求，结合学生实际，精心备课。重点需要注意要使用的工具，要达到的效果，包括图、音、音像和模型。

(2) 收集素材。通过软件自带的资源库、互联网及其他方式，把要用到的文字，图片，声音，视频，动画等放在同一个文件夹里，并把文件夹命好名。

(3) 编辑素材。对与素材中需要编辑的资料，利用专用软件，进行编辑。特别注意的是，PPT中文本框的对象可以事先在 PPT 中编辑好。

(4) 应用资源库。可利用功能面板中的外部资源把需要的素材收藏进来，或通过图库中的新建工具把需要的资源收藏进来，在需要时只需选中素材，在页面中拖出即可。

(5) 背景的选择。可以在定制用户时进行页面背景的设置或在新建页面时改变页面背景图。

在资源库共享背景中，选择一个背景，拖放到每个活动挂图上，作为背景。或者将其他背景图片，放在 C 盘中 AVTIVSTUDIO 文件夹的自建背景里，就可以用同样方法调用。

(6) 利用工具。充分考虑工具的使用，能够更加生动。

(7) 试教整合。让学生事先熟悉白板，有利于上课时的互动。教师反复试教，不断融合、适应。

（四）白板课件授课实例

下面以数学课中的《圆与圆的关系》为例学习白板课件的制作。

1. 新课导入

(1) 生活感知，抽象长方体模型。

教师：利用**智能画笔**或者**一键画图**在白板页面上出示，两个大小不一的圆。

提问：同学们，知道圆与圆之间存在哪些关系吗？看看能说出多少来。

学生：讨论、思考。请两位同学到白板上演示，使用**白板拖动功能**，将任意图形拖拽到任意位置。

教师：与全班同学共同讨论操作结果的正确与否。利用**选择键**选择任意其中一个圆形，进行**拖拽**。

拖拽过程：

① 分离（此时教师可讲解分离关系，没有交点）；
② 外切（此时教师可讲解外切关系，只有一个交点）；
③ 相交（此时教师可讲解相交关系，有两个交点）；
④ 内切（此时教师可讲解内切关系，只有一个交点）；
⑤ 相含关系（此时教师可讲解相含关系，没有交点）；
⑥ 同心圆（此时教师可讲解同心圆关系，圆心重合）；

(2) 在生活的实物中找到圆与圆的关系。

教师：通过上面分析，我们得出结论圆与圆的关系，那么在我们的生活中哪些物体的表面是这种关系呢？让我们一起来看看，在"**生活中的圆**"白板页面中利用**图库功能**，在课前准备好的图库中拖拽出示硬币、卡通挂钟、中国瓷盘、剪纸和中秋月饼。

下面我们就请同学亲自在白板上来画出这些实物的轮廓，亲自组合一下圆的关系。

学生：利用**智能笔工具**，在白板上呈现的实物图周边画出轮廓，不同实物**选择不同颜色**、不同粗细的智能笔加以区分。

教师：将学生所画轮廓拖拽出来，然后分析，让学生了解什么是轮廓，沿着物体的外沿来画；移走实物后，留下的就是轮廓。

2．认识圆

（1）提出问题。

教师：**展示白板课件**。题目为小组共有 6 个人，有一个礼品，设计一个方案，6 人与礼品相同距离的位置上套圈，看谁能套中礼品，条件是方案对每个人是公平的，且必须保持同时套圈。

教师：帮助学生一起分析，提问学生有哪几种方案，根据学生所给方案做出分析。

教师：在白板上展示课前准备好的课件，即直线、三角形、正方形以及圆形四种方案。

直线。将 6 个人依次放置在直线上，利用**智能笔工具**在礼品和排列好位置的人之间画直线，然后打开工具中的**直尺工具**，依次量出每条直线的距离，然后将数值用**硬笔工具**记录在白板页面上。

三角形、正方形与圆形如上所述，依次将小组中人物排列好，并测量出礼品的距离。

结论：在所有图形中，只有圆形保证了每个人到中心礼品的距离相等，满足题目的公平条件。

（2）认识圆的要素。

教师：将圆形方案页中的人物利用**橡皮工具**的区域删除，只留下圆以及所画半径。

我们给这些相同距离的线段命名，同时教师在页面上**书写**"半径"定义：**连接圆心到圆上的任意一点的距离叫做半径**。

（3）提出问题 1。

教师：根据上面的操作，请同学们说说半径有哪些性质？

选中任意一条半径线段，利用白板的**线段旋转功能**，说明圆的所有半径都是相等的。

结论：在同一个圆内，所有的半径长度都相同，半径有无数条，用字母 r 表示。

（4）提出问题 2。

教师：为什么取名叫半径？ 我们把两条半径连接起来，可以叫作圆的直径。

将课前准备好的课件中的**局部遮挡器**移走，$D=2r$ 的公式显示出来。

（5）练习

① 判断是否是半径、直径。

② 根据所给的条件，计算圆的半径或直径。

教师：出题过程中利用**拉幕、聚光灯、计时器以及局部遮挡器工具**。

3．画圆

教师：认识了圆后，我们来看看，我们自己怎么画出一个完美的圆。这里为大家介绍一个工具：**圆规**。

在白板中调用圆规工具，为学生依次讲解：圆规，如何定位圆心、半径以及如何旋转。

4．小结

教师：用所学知识回答下列问题。

（1）汽车的轮子为什么是圆形的？车轴应该安装在什么位置？

（2）在篝火晚会上，人们为什么会不知不觉地围成一个圆圈？

四、实训小结

五、评价标准

指标项		标准描述	量化等级				得分
			0.85~1.0	0.75~0.84	0.6~0.74	0.6以下	
交互式电子白板安装（20分）	20分	能正确连接计算机、投影机与交互式电子白板；熟练安装白板软件以及启动与定位					
交互式电子白板的基本操作（20分）	20分	熟悉交互式电子白板的面板以及浮动工具等的一些基本操作					
用交互式电子白板开展教学活动（60分）	用PPT课件（30分）	能利用白板软件在PPT上进行批注，能把批注嵌入到PPT中					
	用白板课件（30分）	能用白板软件收集、整理资源并上课					
总分							

实训七　信息化教学方案设计

一、实训目标

1. 知道教学设计的基本步骤。
2. 学会编写教学设计方案的基本方法。

二、实训环境

网络型多媒体教室、《现代教育技术》网络课程或网上资源、教学设计案例、中学教材等。

三、实训步骤

结合所学专业，从小学教材中选择一节或一课的内容。设计一个运用多媒体教学手段进行教学的教案。内容包括：课例名称、学科年级教学环境、内容-目标分析、学习者分析、教学媒体的选择（或学习资源的设计与利用）、教学活动过程流程图、形成性评价的设计。

（1）确定选题。结合所学专业，根据现有资源。从中小学教材中选择一节或一课的内容，设计一个运用多媒体教学手段进行教学的案例。

（2）分析教学任务、确定教学目标。这个环节要做的工作是：用特定的方法分析教学任务，处理好教学内容，并参照学生的特征确定和陈述出教学目标。

（3）分析学生特征，确定学生的准备状态。这个环节要做的工作是：使用评价的工具和方法对学生学习前的起点行为进行分析。所谓起点行为是指学生已有的与新学习有关的能力或倾向的准备水平。教学的起点总是以学生已有的水平为依据，起点过高或过低都不能收到好的教学效果。在教学设计实践中，分析学习者的工作常常与前一环节的工作交织在一起进行。

（4）组织教学资源，设计课堂教学结构流程，形成教学方案。根据学生现有的准备状态，要完成的教学任务，要达到的教学目标及要学习内容等情况，综合地、整体地选择教学方法和媒体，合理地确定教学组织形式和程序，形成行之有效的教学方案，并设计课堂教学结构流程图。

（5）设计学习评价方案。这个环节要做的工作是：根据教学目标，运用评价的手段和方法，设计形成性练习。在教学过程中，对学习效果给予价值上的判断，目的是检验教学设计的方案在实施中的效果如何。若存在问题，便及时调整、补充教学方案。

四、实训小结

五、评价标准

指标项	标准描述		量化等级				得分
			0.85~1.0	0.75~0.84	0.6~0.74	0.6以下	
方案的完整性（20分）	3分	按知识点划分教学内容与目标					
	3分	按知识结构和学习能力分析学习者特征					
	5分	描述教学媒体（或资源）的选择方案					
	5分	画出教学结构流程图					
	4分	有一套课堂教学的形成性练习和评价方案					
内容的科学性（20分）	8分	准确分析教学内容和学习目标					
	12分	准确表达教学内容（多媒体演示）					
技术运用的合理性（25分）	4分	技术的运用符合教学大纲和内容标准的要求					
	6分	技术的应用和学生的学习之间有明显的关联，有利于突出重点、突破难点					
	6分	技术的应用能激发学生的兴趣，符合学生的年龄特征，有利于学生的学习以及高级思维能力的培养					
	4分	技术的应用适合不同的学习者					
	5分	技术的运用对教案的实施很有帮助，是使教案成功实施必不可少的一部分					
方案的可操作性（20分）	10分	教案应可以很容易地进行修改，以便可以应用到不同的班级					
	10分	为教案的重复使用提供了一个完善的模式及原则					
学习评价的有效性（15分）	5分	对学生的学习绩效评估标准之间有明确的关系					
	5分	学生的学习目标和学习效果评价标准之间有明确的关系					
	5分	教案中设计了一些评价工具和方法，用于进行务实的评价和评估					
总分							

参 考 文 献

[1] 祝智庭，沈书生，顾小清．实用教育技术．北京：教育科学出版社，2008．
[2] 周跃良．现代教育技术．北京：高等教育出版社，2008．
[3] 南国农．信息化教育概论．北京：高等教育出版社，2004．
[4] 张际平，金踰山．交互式电子白板的原理与应用．上海：华东师范大学出版社，2010．
[5] 张剑平．现代教育技术——理论与应用．第 2 版．北京：高等教育出版社．2006．
[6] 刘珍芳，昝辉．多媒体教育课件的设计与成效．北京：中国水利水电出版社，2009．
[7] 刘珍芳．幼儿教师信息素养培养研究（电子书）．杭州：浙江大学出版社，2011．
[8] 黄大亮．现代教育技术．北京： 化学工业出版社，2008．
[9] 符传谊，徐华勇．现代教育技术．长春：东北师范大学出版社，2012．
[10] 尹俊华 主编．教育技术学导论．第 2 版．北京：高等教育出版社，2002．
[11] 南国农，李运林 主编．电化教育学．第 2 版．北京：高等教育出版社，1998．
[12] 李克东．新编现代教育技术基础．上海：华东师范大学出版社，2002．
[13] 章伟民 等．教育技术学．北京：人民教育出版社，2000．
[14] 黎加厚主编．教育技术教程．上海：华东师范大学出版社，2002．
[15] 顾明远．教育大辞典（增订合编本）．上海：上海教育出版社，1998．
[16] 桑新民．学习科学与技术——信息时代大学生学习能力培养．北京：高等教育出版社，2004．
[17] 王逢贤．学与教的原理．北京：高等教育出版社，2000．
[18] 李艺．信息技术课程与教学．北京：高等教育出版社，2005．
[19] 李运林，徐福荫编著．教学媒体的理论与实践．北京：北京师范大学出版社，2002．
[20] 祝智庭．因特网——教育资源利用．北京：高等教育出版社，2001．
[21] 荣静娴，钱舍．微格教学与微格教研．上海：华东师范大学出版社，2000．
[22] [美]沃尔特·迪克等著．教学系统化设计．第 5 版．汪琼译．北京：高等教育出版社，2004．
[23] 何克抗，郑永柏，谢幼如．教学系统设计．北京：北京师范大学出版社，2002．
[24] 李秉德主编．教学论．北京：人民教育出版社，1991．
[25] [美]布卢姆著．教育评价． 邱渊等译．上海：华东师范大学出版社，1987．
[26] 卢慕稚等编．新课程与评价改革．北京：教育科学出版社，2001．
[27] 邬美娜．教育技术学．合肥：安徽教育出版社，2004．
[28] 李玉平微课程．http://whliyuping.blog.163.com/．
[29] 广东-佛山-微课天下．http://weike.seeworld.org.cn/weike/index.html．
[30] 梁乐明，曹俏俏，张宝辉．微课程设计模式研究——基于国内外微课程的对比分析．开放教育研究，2013，(2)．
[31] 江永春，郭春锋等编．数字音频与视频编辑技术．北京：电子工业出版社，2011．
[32] 刘甲．基于教育生态学视角下的网络教育资源再生研究．杭州：浙江师范大学，2012．